U0337027

你可以说"不"

"不"

职场女性如何减轻没有回报的工作负担

The No Club

Putting a Stop to Women's
Dead-End Work

［美］
琳达·巴布科克
（Linda Babcock）

布伦达·佩泽
（Brenda Peyser）

利塞·韦斯特隆德
（Lise Vesterlund）

洛里·R. 魏因加特
（Laurie R. Weingart）

著

朱彤

译

机械工业出版社
CHINA MACHINE PRESS

图书在版编目（CIP）数据

你可以说"不"：职场女性如何减轻没有回报的工作负担 /（美）琳达·巴布科克（Linda Babcock）等著；朱彤译. -- 北京：机械工业出版社，2024. 11.
ISBN 978-7-111-76916-3

I. C913.2-49

中国国家版本馆 CIP 数据核字第 20249A4W31 号

机械工业出版社（北京市百万庄大街 22 号　邮政编码 100037）
策划编辑：张　楠　　　　　　　　　责任编辑：张　楠　林晨星
责任校对：张勤思　张雨霏　景　飞　　责任印制：常天培
北京铭成印刷有限公司印刷
2025 年 3 月第 1 版第 1 次印刷
147mm×210mm・11 印张・1 插页・204 千字
标准书号：ISBN 978-7-111-76916-3
定价：69.00 元

电话服务　　　　　　　　　　　网络服务
客服电话：010-88361066　　　机　工　官　网：www.cmpbook.com
　　　　　010-88379833　　　机　工　官　博：weibo.com/cmp1952
　　　　　010-68326294　　　金　　书　　网：www.golden-book.com
封底无防伪标均为盗版　　　机工教育服务网：www.cmpedu.com

献给 MJ. 托奇

目录 ⟨⟨⟨❀⟩⟩⟩

第一章
拒绝俱乐部

The No Club

Putting a Stop to Women's
Dead-End Work

在当地的一家餐馆里，五个女人正围坐在桌旁喝着红酒，都想知道谁会最先承认自己的生活已经一团糟。虽然我们五个人彼此之间并不太了解，但我们有一个共同点，就是都在工作中苦苦挣扎，备受煎熬，生活、工作样样都不如意。

布伦达给我们的杯子满上酒，琳达适时开口："我请你们来是因为我需要帮助，我想你们应该也需要。我被工作压得喘不过气来了。我已经无法掌控自己的时间，跟不上每件事情的进度，却还有源源不断的事情向我涌来。每次有人叫我做什么事，我内心都很想拒绝，可我做不到。我的生活现在真是一团糟。难道只有我自己是这样的吗？"我们其他人异口同声地回答："不！"大家面面相觑，陷入了沉思。这就是拒绝俱乐部的第一次聚会。

事情要从两周前说起。那天，琳达发现自己的工作实在是多得做不完了，她是这样回忆的：

> 我实在是受够了，接连不断的会议让我几乎没有任何时间做研究。我是卡内基梅隆大学的经济学教授，做研究对我来说不仅是我工作的关键部分，也是我绩效评估的首要影响因素。这意味着，我在研究上花了多少时间是很重要的，这也使得我必须给自己安排一些"非教学日"来专注于研究工作。

> 有一天我不用给学生上课，却一大早就奔波于各

项会议。那天我几次匆忙穿梭于会议室之间，注意到坐在大厅对面办公的同事乔治却始终都坐在他的办公桌前。他一整天都没有挪动过位置，我想不明白他怎么能在办公室待这么长时间。他打趣我天天忙东忙西的，我便问他每天是怎么过的。乔治给我看了他的日程安排，当我把他的日程表和我自己的比较时，我惊呆了（见表1-1）。

表　1-1

时间	琳达的一天	乔治的一天
8:30 ～ 10:30	参加伦理审查委员会会议	做研究
10:30 ～ 12:00	参加课程委员会会议	做研究
12:00 ～ 13:30	听学生汇报	听学生汇报
13:30 ～ 14:00	接受采访	做研究
14:00 ～ 15:00	参加高管教育会议	做研究
15:00 ～ 16:00	做研究	做研究
16:00 ～ 17:00	准备女性小组发言	做研究
17:00 ～ 18:00	参加教师会议	参加教师会议

我一整天里只有一个小时可以用来做研究，而乔治却有整整七个小时。他只有两项非研究性质的任务，而我却有七项！为什么他能如此专注于研究工作，而我却不能？研究工作对于我们两人的工作来说都是最核心的部分啊！我看了看我的日程安排，发现每一项都是我自己同意的。怎么会这样？我需要外界的帮助。于是我向四位朋友求助。

发送时间：2010 年 2 月 12 日 13：15

嗨，布伦达、利塞、洛里和 MJ：

邀请各位参加"拒绝俱乐部"的成立大会。我决定成立这个俱乐部，让聪明的女性能坐在一起喝上几杯，畅谈在应该说"不"却说不出口时遇到的困难。这是我在生活中面临的最困难的事情之一，而我认为，我们可以互相帮助，携手解决这个问题。我知道你们一定会接受我的邀请，所以请填写下方链接中的表格吧！让我了解一下你们能够参加成立大会的具体时间。我提议我们下午五点钟在 Union Grill 见面，一同畅谈、畅饮。如果你们想早一些，我也完全可以。

我认为这次会面对大家大有裨益，最起码也能让你们这些优秀的女性互相认识。

谢谢！

琳达

发完这封邮件，我便感到十分紧张：我是五个人中唯一一个认识所有人的。我犹豫起来，不知道这件事到底可不可行。我邀请每一位女性都是有原因的。布伦达和我共事多年，我们关系很好。她是卡内基梅隆大学公共政策学院的副院长，她总是乐于助人，也总是第一个向他人施以援手。这对所有人来说都是件好事，除了她自己。我发现她做了很多别人不会做的事，但她却没有从中得到应有的认可和回报。我还邀请了匹兹堡大学的经济学教授利塞，我与她是在参加哈佛大学性别议题会议的回程航班上相识的。在飞行途中我了解到，这位著述颇丰、人生看似非常顺利的学者，在工作中竟然承受了相当大的压力，这让我感到非常惊讶。我还邀请了洛里，她是卡内基梅隆大学商学院的教授，我和她都对谈判研究感兴趣，还曾经共同教授一门课程。她看起来总是一副一切尽在掌握之中的样子，但我怀疑她其实并没有看起来的那么轻松。MJ 与我则是在妇女与女童基金会（Women and Girls Foundation）的一个活动中相识的。她对我们地区的女性组织做出了巨大的贡献，而当地的人们总是希望免费从她那里获取专业知识。她的主业是自营咨询业务，因此需要通过各种机会来提高自己的知名度，但她却分身乏术。如我所愿，四人都同意加入俱乐部。

布伦达很兴奋，她把要成立俱乐部的事说给她的丈夫听，她的丈夫一听就笑了。"这个俱乐部可太适合你了，"他说，"你知不知道，每次有人叫你帮忙时，你甚至都没听清具体需要帮什么忙就答应了。"丈夫的话让她很吃惊，因为她一直认为自己是个很有主见且不那么容易被说服的人。布伦达曾在私营部门和高等教育机构担任数十年高管，曾为《财富》杂志评选出的 100 强企业提供咨询服务，还主持建立了卡内基梅隆大学澳大利亚校区（这是澳大利亚的第一所外国大学），同时负责多个研究生项目的创建与发展。布伦达拥有这样丰富的工作经验，你肯定以为她能够分清工作的轻重缓急，在面对大量工作时也能游刃有余，但事实上她已经被工作压得喘不过气来，一刻都没闲下来过。虽说她天性喜欢早起，但仍需比习惯的时间更早起床工作——她凌晨四点半就开始发邮件，只是为了避免工作堆积。她认为加入俱乐部对她来说没什么损失。在收到邮件后的一周里，她开始有意地注意自己在面对别人的请求时是如何回应的。她发现丈夫说对了，她确实经常毫不犹豫就答应一些事情。

　　因为太忙了，利塞好几天后才回复邮件。她既要完成大量的授课任务，又要负责为她所在的系及公共政策学院招聘新教师，同时要指导八个博士生完成研究项目。此外，她还在四家学术期刊的编辑委员会中任职，委婉地说，这份额外的工作令她举步维艰。此外，由于获得了美国国家科学基金会为期三年的研究基金，她的研究任务堆积如山。她白天处理工作时，就像在玩"打地鼠"游戏一样，哪件事冒出来就处理哪件，晚上则彻夜不眠地整理未完成事项清单。她已经这样痛苦地同时处理多项任务很久了。虽然拒绝俱乐部似乎很适合利塞，但她并不确定自己是否有时间参加——也正因为如此，她明白自己应该参加。她给琳达回了邮件，告诉她自己会应邀参加。

洛里则很确定自己并没有"不懂得如何拒绝"这方面的问题。她知道自己工作量很大，但她能接受。她做事有条不紊，能力出众，时间管理得当。她的研究工作繁忙，既要撰写论文和学术专著，又要指导博士生，同时还得教授三门 MBA 课程。此外，她担任了一个新成立的专业协会的主席，并为 MBA 项目主持领导力培训中心的设计与落地工作。即使工作这么多，她也认为自己能够胜任。她有一整套详细的工作、家庭和个人日历，以便详尽记录所有事情，但日历上没有写的事情就总是无法完成。她承认自己的时间很紧张，但不确定这是出于自愿还是偶然。她认为自己并不需要别人的帮助，但她和琳达是朋友，而且这也是一个认识新朋友的机会，于是她觉得"管它呢，何不参加看看"。

MJ 是一名律师，职业生涯早期在旧金山担任检察官，曾被《加州律师》杂志评选为加利福尼亚州最有效率的检察官之一。后来她和家人搬到了美国东部，创立了支点顾问公司（Fulcrum Advisors），教导律师如何有效处理案件。同时，她还与多家律师事务所和公司合作，招聘、留用和提拔了许多有才能的女性。MJ 参与了数十个女性组织和社区组织的工作，其出色的执行力赢得了良好的口碑，这也使她源源不断地收到请求，请求她提供专业支持。她很少拒绝，因为她觉得自己的工作事关重大。她很善于发现不合理之处，每次看到都会指出来——后来，她在我们身上发现了很多问题——就像我们其他几人一样，她意识到她自己也需要被指出错误，因此决定加入俱乐部。这是她又一次答应为一个女性组织发表（免费的）演讲。MJ 兴奋地接受了琳达的邀请。“我参加！我从不拒绝任何人，但是这样负担太重了。一小时前，我刚对别人说了‘也许可以吧’，但我本该说‘不’的。希望我们能快点见面！”

2010 年冬天，在匹兹堡最阴沉的季节，我们在一家温馨的餐馆里举行了拒绝俱乐部的首次聚会。大家一起吃了顿饭，喝了几瓶十美元一瓶的红酒（真的！）。我们围坐在桌边相互分享，更坦率地说，是在坦白。每个人都描述了自己接受过的请求（居然每个人都说了很长一串），然后对比了我们拒绝过的请求（这部分则非常少）。由于我们发现自己很难说“不”，所以我们就“怎么拒绝别人”征求彼此的意见，希望能更好地控制自己的工作量。意识到俱乐部提供的额外帮助能够有效改善我们的情况，我们便一致同意每隔几周就聚会一次。离开时，每个人都感觉卸下了心里的重担，变得振奋起来。我们都未曾意识到，组建俱乐部对我们每个人来说都将意味着一次巨大的转变。首次聚会为我们每个人的成长都奠定了基础，也点燃了我们对该议题展开研究的微小火花。此后，这簇火花引领着我们指导女性、为公司提供咨询服务，并最终凝结成这本书——分享我们各自的心得，帮助其他女性解决她们的困扰。

我们的定期会面大概算是俱乐部活动的亮点。我们都严格要求自己对承担的工作负责，不论工作是否过多。因此，当我们围着桌子，承认自己最近做过的错误选择时，每个人都既焦虑又尴尬，有时甚至流下了泪水。毕竟，坦白承认自己连续四次犯同样的错误是很困难的。更糟糕的是，有时在场的其他人都能意识到你的错误，但只有你自己没有意识到。让我们感到欣慰的是，除了自己之外，其他四位女士同样不知所措，大家可以互相帮助，一起想办法。然后，我们开始质疑自己为什么会陷入这样的境地，并意识到还有许多人同样如此，也许正在读这本书的你也是如此。

每次聚会，我们都坦诚相待、互相支持，真心实意地希望彼此能成功学会拒绝。MJ 是我们的主心骨，她在聚会上表现突出，直言不讳，毫不遮掩。常常是我们话说到一半，看见她眉毛一挑，我们便会停住，然后意识到自己确实承担了太多的工作。但是，我们之后得知了一个可怕的消息。在俱乐部成立后不久，MJ 便确诊了卵巢癌，随后经历了长达四年的治疗。我们为她的每一次进步欢呼，对她的新发型惊叹不已。在治疗期间，MJ 仍坚持参加俱乐部的聚会，并为我们蓬勃发展的研究工作贡献力量。她一边坚持自己的专业工作，一边全身心投入俱乐部。她告诉我们，俱乐部对她意义重大，在她心中占据着重要的地位。2014 年 2 月 15 日，她离开了这个世界。我们悲痛欲绝，一起为她悼念，难以想象没有她的俱乐部会是什么样子。她的笑容总是能照亮整个房间，她使人如沐春风。没有了她，我们感到俱乐部变得不再完整、不再圆满。在这之后的好几个月里，我们的生活相比之前都变得更加艰难。我们花费了一些时间才重新坚强起来，以正确的心态面对生活。在因为失去朋友感到悲伤的同时，我们也希望能不辜负她。MJ 生前总是帮助女性在职场中取得成功，这份遗志在俱乐部中延续了下来并赋予了俱乐部更远大的目标。在我们努力克服自身困难的过程中，我们逐渐明白了为什么其他女性会陷入同样的困境，于是我们开始思考应如何改善这种状况。继续做 MJ 所做的正确的事情，意味着我们必须不断努力，不仅是为了更多的女性，也是为了我们自己。当我们继续接受别人的请求并做出过度承诺时，MJ 挑起眉毛的形象便会浮现在脑海中，这促使我们不断前进。我们开始把她当作一位守护天使，尽管她总是喜欢调侃嘲讽，但她也总是会在我们做出错误决定时，毫不迟疑地指出我们的错误。

有一次，一家学术期刊邀请利塞担任编辑。人们总是期望教授接受这类邀请，作为对其专业领域的回报。但是，编辑工作每周都会带来许多小时的额外工作，且报酬也不多。利塞已经在好几个编辑委员会任职了，再接受一个编辑职位会占用她所剩无几的研究时间。在一次俱乐部的聚会上，利塞说她很纠结，并提出了很多她应该接受这个职位的理由。我们其他人都知道她的工作已经超负荷了，如果再接受一个编辑职位，她的工作量将会更大。我们都坚定地认为她必须拒绝这个邀约，尤其是她已经承担了其他几个编辑委员会的工作，也收获了一定的知名度，接受这份额外的工作就显得没那么必要了。那利塞是如何决定的呢？她还是接受了，但不出所料，这个决定一直困扰着她。一年多过去了，她总是要抽出晚上和周末的时间审阅稿件，这不仅耽误了她自己的研究工作，还迫使她必须付出更多的努力去完成教学工作和系里的任务。其实包括她自己在内，我们都很清楚她承担了太多的责任。但她怎么能改变这个决定呢？那样岂不是会比当初直接拒绝更糟糕吗？一次俱乐部的聚会让她意识到，虽然辞去这个工作有些抹不下脸，但让自己保持清醒更重要，于是她毅然辞职。她辞职后，我们都在俱乐部的聚会上为她举杯庆祝。

　　尽管我们的进展很慢，但我们正在不断学习。我们意识到自己总是过于频繁地接受他人的请求。相比于有策略地分配自己的时间，我们总是被动地四处奔波，试图满足他人的需求和期待。于是我们每人都列了清单，细数让自己痛苦挣扎的工作。其中有很多工作似乎与我们的正职工作都没什么关联，比如在负责为公司挑选新的在线日历系统的委员会中任职，确定新的差旅供应商，就新采用的降风险程序提供反馈意见等。我们把这类工作称为"杂活儿"（crappy tasks），并惊讶地发现，自己经常被要求做这类工作，也惊讶于自己总是很快就答应承担这类工作。

索尔克研究所（Salk Institute）的前所长伊丽莎白·布莱克本（Elizabeth Blackburn）指出："通常情况下，这些发生在女性工作者职业生涯中的情况，看起来都不是什么大事，但我曾听说过一句话很契合这种情况——'就算是一吨羽毛，也仍有一吨重'。"即便应允的每一件事情都是小事，但如此多的小事叠加起来，便会累积成沉重的负担。我们被这些看似不重要的工作压得喘不过气来，导致自己在一些事情上"勉强过得去"，而在另一些事情上做得很糟糕。虽然我们正处在职业生涯的冲刺阶段，经常需要工作很长时间，但我们却没有正确地选择对职业生涯发展来说真正重要的工作。

随着时间的推移，我们逐渐意识到，那些"杂活儿"并不一定就毫无价值。对我们来说乏善可陈的工作，在我们任职的组织看来却可能相当重要。例如，多年来，编排全学院课程表的工作一直由布伦达负责，尽管严格来说，这项工作实际上是同时分配给她和一位男性同事来做的。安排好每学期的课程表很重要，而且因为其中包含了很多灵活的部分，编排课程表的工作是非常复杂的。例如，必修课程不能安排在同一时间，否则学生就无法按要求修完课程；研讨课需要安排在能够移动桌椅的教室；教师希望尽量在同一天教授完所有课程，这样他们就可以把其他时间都留出来做研究。因此，课程表的安排对学生和教师，以及学院的顺利运转都至关重要。但没有人真正了解其中的奥秘，除非出现问题，否则不会有人主动来关心这项工作的进展。布伦达花费了大量时间来确保课程表的编排不出差错，但这并不会对她的职业发展起到什么作用。这项工作对她所任职的学院至关重要，但不会为她赢得赞许、加薪或升职。除非她把任务搞砸，否则在这项工作上付出的劳动就不会有人注意到。

考虑到现实情况，我们称这些"杂活儿"为"不可晋升型任务"（non-promotable task），因为它们虽然对我们任职的组织很重要，但占用了我们完成核心工作的时间，而后者恰恰对我们的职位晋升很重要。在某些情况下，比如在布伦达的这个案例中，为这种任务所付出的劳动是不被人看见的。还有一些时候，这些任务不需要任何独特的技能或能力，随便什么人都能完成。在你的工作中，你也许就能发现这一类不可晋升型任务。例如，也许你在工作中需要准备做报告用的幻灯片，组织慈善筹款活动，筛选暑期实习生，接手耗时但回报低的客户，或者只是帮助他人完成工作，等等。

我们注意到，我们的许多同事似乎并没有被这类"没有前途"的任务困扰，他们看起来往往更像是在搭便车。我们希望能和他们一样，有更多的时间从事真正能够促进自身职业发展的工作。虽然我们并不真正理解问题的根源（都怪红酒），但我们认为，只要不再随意接受他人的请求，生活就会有所改善。

事实证明，俱乐部提高了我们拒绝别人的能力。我们对自己的进步感到非常满意，拒绝俱乐部见证了我们的成长。我们一起学会如何识别不可晋升型任务，训练说"不"的能力。当我们中的任何一个人犹豫不决时，其他人就会指出具体的问题所在，并给出建议，帮助大家树立拒绝他人的信心。我们还为应对他人的请求写了情景剧本，以角色扮演的形式模拟练习，并为可能出现的反驳做好应对准备。在彼此的帮助下，我们逐渐锻炼出自己拒绝他人的能力，越来越擅长说"不"了，从而为那些能够促进职业发展的工作腾出了更多空间。我们为自己变得善于拒绝而感到高兴，但我们失望地发现，当我们拒绝后，任务往往会被重新分配给另一名女性员工。

说"不"并不能解决问题——不可晋升型任务的问题比这严重得多。为了了解更多信息，我们开始寻找相关的研究报告，试图了解都是什么样的人在做不可晋升型任务以及为什么会是这些人。但我们只找到了有限的几篇文献。因此，我们开始自己行动，列出问题，提出假设。我们在匹兹堡大学的实验经济学实验室（PEEL）展开了研究，采访了来自不同行业和工作岗位的女性员工，调查分析，与各组织密切合作来收集数据并了解她们应对这一问题的经验。

在我们自己及他人的工作经历中，我们发现了大量确凿的证据，可以证明女性确实比男性承担了更多的不可晋升型任务。男性通常不会被这些任务束缚，可以自由地专注于有利于他们晋升的工作，而女性的职业生涯则因此而停滞不前或频频受阻。在探究这种情况背后的原因时，我们的开创性研究发现了这种情况的两个驱动因素。首先，在委派不可晋升型任务时，委派给女性的频率会高于男性。其次，当面对任务请求时，女性比男性更有可能同意接受任务。重要的一点是，我们发现这些驱动因素背后的关键原因在于社会的集体期望，即人们认为女性会比男性更愿意从事无报酬、无关晋升机会的工作。这一发现不仅点明了高效的解决方案，而且清楚地表明，女性无法独立解决这个问题。这是组织的问题困境，而解决这个问题会触及组织的利益。

我们在本书中指出，不可晋升型任务不仅会对女性的职业和生活产生负面影响，而且会对其所在组织的生产力和盈利能力产生不利影响。因此，解决不可晋升型任务的分配问题既有利于员工的利益，也有利于组织的利益。在本书中，我们展示了应如何由女性员工发起倡议，由组织主导变革，通过自下而上及自上而下的协调方式来解决这一问题。

在俱乐部的聚会中谈论我们对不可晋升型任务的研究后，我们便开始倾听其他女性员工的分享，听她们倾诉自己的挣扎、痛苦与无助。我们听到了太多故事，很遗憾无法在此一一讲述。在本书中，我们收录了其中一些故事，以展示不可晋升型任务对她们的影响，并帮助你反思这类任务可能对你造成的伤害。这些女性来自不同的行业、岗位，有着不同的经验水平、种族和社会经济背景。为了在讲述她们故事的同时不致引来对她们的潜在报复，我们在讲述时更改了她们的姓名，有时还更改了

一些容易被识别的细节（例如她们所处的行业或工作职称）。在
这些故事中，只有当一位女性明确告诉我们她的种族影响了自
己的工作时，我们才会明说她的种族。所有这些非常个人化的
例子都有助于我们理解不可晋升型任务产生的影响，我们希望
这些故事也能对你有所帮助。

　　我们很感激她们的信任，能够收集到这些故事并通过这本
书来讲述是一件充满爱的事情。我们希望通过分享我们共同的
故事和研究成果来推动性别平等。女性背负了过重的不可晋升
型任务的负担，这是阻碍她们前进的"锚"，我们将在本书中与
你分享将女性从这类任务中解放出来的直接解决方案。我们花
费了十年时间弄清楚在分配不可晋升型任务时都有哪些挑战与
困难，并最终找到了解决方案。通过我们的研究以及与各组织
合作，对于什么方法有效、什么方法无效，我们了解了许多。
在本书中，我们将与大家分享有效且易行的解决方案。我们要
明确指出的是，我们的任何解决方案都不会建议女性改正自身，
这是因为：

　　　有问题的不是女性。
　　　不恰当的组织惯例才是问题所在。

　　因此，这并不是一本让女性反思并改正自己的书。相反，
我们关注的是女性个体及她们的盟友如何与其所属组织合作以
系统地解决这一问题，并帮助女性及其所属组织发挥各自的

潜能。

这本书还讲述了我们的个人探索之旅，在探索过程中，我们了解到了不可晋升型任务这一概念以及如何在自己的职业生涯中处理相关问题，更重要的是，我们了解到了如何在所属组织中发起改革倡议，以帮助所有女性。我们认识到，我们能够在各自的岗位上取得成功，除了自身努力外，还因为足够幸运——我们上过好学校，在充满人情味儿与支持的社区中长大，拥有稳定、舒适的工作与生活，是终身教授或大学高层领导。作为白人女性，我们都没有面临过完全的种族歧视或阶级歧视。我们相信，我们面对不可晋升型任务的挑战所积攒的经验同样适用于其他所有女性，但同时我们也认识到，对于比我们拥有更少"特权"的女性来说，她们面临的挑战要更加严峻。

虽然这本书讨论的重点是性别问题，但若对该主题只采取针对性别的单一研究方法，那就大错特错了。女性之间存在着许多方面的差异，当有数据可以支持研究某一差异类型时，我们就会详细讨论特定群体的女性是如何以不同方式应对不可晋升型任务的。有关不可晋升型任务的研究仍处于起步阶段，因此很少有数据能够让我们细致地了解种族和阶级等各个方面的因素是如何与性别交织在一起，从而产生影响的。我们从许多女性那里收集到了各种各样的案例，希望弥补这一不足。

现在，是时候将女性从繁重的不可晋升型任务的负担中解放出来了。我们推测，你与我们一样，已经对此深感疲惫。我们愿意伸出援助之手，与你并肩前行。请跟随我们翻阅此书，我们将引导你评估你所属组织各项任务的优先级，帮你认清什么任务对你来说是不可晋升型的，同时为你制定策略，帮助你改变那些对你职业发展无益的工作内容。此外，我们还将助力，使你成为组织中推动制度改革的先驱，与其他女性携手共同应对这一问题。通过共同努力，我们就可以重新分配工作，并采取一些早就该实施的批判性措施，结束女性无休止的工作，最终实现职场的性别平等。

第二章

什么是不可晋升型任务

The No Club

Putting a Stop to Women's
Dead-End Work

弗朗西斯卡是当地一家著名律师事务所的初级律师,她入职三年了,非常喜欢自己的工作,尤其喜欢处理客户工作。当老板给了她许多正向反馈并让她协助招聘暑期实习生的时候,她感到非常兴奋,受宠若惊。她觉得老板愿意让她负责事务所的招聘事务,是信任她的表现。这项任务包括收集和评估候选人简历、就面试人选与面试时间等问题提出建议,以及总结面试官对候选人的反馈意见。

弗朗西斯卡认为这样的机会对她的晋升有帮助,可令她没想到的是,招聘暑期实习生竟是一项耗时的任务。在这之后的三年中,由于她在招聘事务上投入的时间过多,她的可计费小时数保持在较低的水平。但因为在招聘暑期实习生和客户工作两方面她都表现得非常出色,她对自己的晋升之路充满信心。直到入职第六年评估工作时,她才意识到情况有些不对劲——虽然她的薪水有所增加,但获得的反馈却好坏参半。同时,老板也向她表明,想要成为事务所的合伙人不会那么容易。虽然她的工作做得很扎实,但她的可计费小时数低于目标值,事务所也没能有效利用她的法律专长。

事务所赞赏了弗朗西斯卡在招聘暑期实习生的任务中所付出的努力,然而相较于她所承担的客户工作,这项招聘任务显然没那么重要。尽管她的老板将这项任务委派于她,但并不看重它。此刻,弗朗西斯卡才深刻领悟到,各种任务并不是同等重要的,即便是那些上级要求她额外完成的以及必须完成的任务，在重要性上也存在显著差异。对弗朗西斯卡所在的事务所而言，客户工作和可计费小时数的重要性不言而喻，这两项才是事务所职员通往成功的关键所在。尽管招聘暑期实习生对事务所的运营有所助益，但它与提升收入或扩大客户基础等衡量晋升条件的关键指标并无直接关联，因此，从事务所整体目标的角度来看，招聘暑期实习生只能被视为次要任务。

虽然我们四个人都比弗朗西斯卡资历深，但我们仍对她的困境有所共鸣。在过去十年中，我们在多种场合向公司员工、女性职业协会成员、机构领导和学术同行等各类听众介绍了我们的俱乐部以及我们一起做的各项研究。在这些活动中，常有像弗朗西斯卡这样的女性与我们分享她们的故事，而我们也总能从她们身上看到自己的影子——我们也曾把大量时间花在对所属组织重要但对个人事业无关紧要的任务上。在俱乐部初创时期的研讨会上，我们就这种类型的任务讨论了很多，但谈得越多，产生的疑问便越多。这类似乎会拖累我们的任务都有些什么特点？我们能否在职场中明确辨别它们？如果这类任务对组织的运营不可或缺，那为什么负责这些任务的人却没有得到应有的表彰与回馈？长期从事这类任务的潜在影响是什么？又是什么原因导致女性时常成为承担这类没有直接回报的任务的首选对象？在本书中，我们将系统性地剖析上述问题。但在此之前，我们的首要任务是界定并深刻理解这类任务的本质。

⤜⤚⤙ 不可晋升型任务 ⤘⤙⤚⤜

我们将这类任务命名为"不可晋升型任务"。

不可晋升型任务对组织很重要，但对个人的职业
生涯提升没有任何帮助。

"提升"这个词其实常见于多种场景，例如获得职位晋升、
改进业绩考核表现、获取优质的工作机会、改善薪酬待遇以及
增强个人的市场竞争力，等等。

不可晋升型任务普遍存在于各类职业领域，而不仅限于办
公室工作。以在 Rudy's Bar & Grill 调酒的莎莉为例，她的工作
职责包括为顾客提供酒水和优质服务，这些工作内容能给酒吧
带来收入，也能让她获得小费，是调酒师的可晋升型任务。然
而，在招到新调酒师时，老板会指派一名经验丰富的员工给新
人培训，确保新人能迅速适应岗位（调酒师们在有限的吧台空
间内一起工作，他们需要相互协调，及时为顾客提供服务——
调酒师们既要避免在狭窄的吧台空间相撞，又要确保鸡尾酒的
口感始终如一）。被老板指派去指导新人，意味着莎莉的能力
得到了认可，但与此同时，接受这项任务意味着她服务不了那
么多顾客，收到的小费也会相应减少。频繁承担培训新人的任
务会使莎莉失去当班的部分收入。如此看来，对莎莉来说，培
训新人便是一项不可晋升型任务。酒吧因为有了训练有素的调

酒师而受益，但莎莉却不能从中获利，相反，她赚的钱还少了。尽管老板鲁迪对莎莉的努力表示赞赏，但在评估员工绩效时，培训工作却因为不能直接产生销售额而受到忽视，被视为不那么重要的工作。与弗朗西斯卡相似，莎莉也为了不可晋升型任务而"牺牲"了自己。

其实组织意识到了有些工作虽极具价值，但在现行体系下并未被给予相应的回报。2021年，麦肯锡携手"向前一步"⊖（Lean In）这一机构，对423家组织的65 000名员工做了一项关于职场女性问题的深度调研。调研显示，87%的组织承认员工为增进同事福祉所做的工作对组织的运作至关重要，但只有25%的组织表示在绩效评估中正式认可了这类工作贡献。同样地，尽管有70%的组织认为有关提升多元化、公平性和包容性的工作至关重要，正式认可这类工作贡献的组织却只有24%。

虽然我们常说任务有可晋升型和不可晋升型之分，但事实上大多数任务都具备一定的促进晋升的可能性，只是程度不同而已。让我们把任务想象成一种具有两种倾向性的统一体（见图2-1）：

⊖ Facebook 的首席运营官谢丽尔·桑德伯格女士的畅销书《向前一步》重新激发了全球对于性别问题的关注。在此书中，桑德伯格提出了具有可行性的建议，她希望帮助女性员工实现她们的目标，让人们将关注点从女性员工做不到什么转到女性员工能做到什么。出版此书之际，桑德伯格女士建立了"向前一步"这一非营利机构，开展抵抗性别偏见的活动，为广大女性员工争取更多机会。——译者注

低可晋升度   高可晋升度

$$\longleftrightarrow$$

图　2-1

一项任务的可晋升度越高，就越有可能在薪酬、绩效评估、任务分配、职位晋升和工作地位等方面促进你的职业发展。这种促进作用可能当下就生效，也可能在未来某个时刻凸显。

组织的核心追求
决定任务的可晋升性

在评估某项任务是否具备可晋升性之前，先要了解你所在的组织最关心的是什么，即它的"核心追求"是什么。所有组织都高度重视实现其目标，因此与这些目标密切相关的任务便具有高价值。相反，对于实现组织目标而言贡献较小的任务，其价值就低。这究竟是什么意思呢？对营利性公司而言，其发展目标显然是追求利润、市场份额和市值增长，而与这些目标最为直接相关的任务自然会被视为公司价值创造的重中之重——对咨询公司而言，就是吸引并维系高净值客户；对制药公司而言，就是开发最新型的突破性药物；对零售商店而言，就是提高顾客流量和销售额；对餐馆而言，就是快速翻台。以此类推。

非营利组织的发展目标虽比较难量化，但目标定义明确，并且它们会将目标反映在组织的使命宣言中。比如，匹兹堡动物园的使命宣言是：

> 匹兹堡动物园与 PPG 水族馆致力于构建人类与动物之间积极而持久的联系。我们举办展览、实施教育计划并开展众多保护项目，共同致力于揭示自然世界的内在关联，旨在确保地球永续作为所有生物共享的家园。

由此，我们可以推断，匹兹堡动物园看重让更多的游客了解自然世界，保护濒危物种和受威胁物种，以及为动物园筹集运营资金。这就是它的核心追求。

在本章的末尾，我们将指导你一步步探索你所属组织的核心追求，你将审视组织考核什么、表彰什么、着重分享什么新闻等，进而了解组织到底重视什么。一旦明确了所属组织的核心追求，你就可以评估哪些任务有助于你的职业晋升，而哪些任务不具备此种效用。

如何判断一项任务能否帮助你晋升

如果你是一名警探，破案无疑是可晋升型任务；医院护士的可晋升型任务以患者护理为核心；建筑设计师需要凭借出色的建筑设计方案吸引客户以实现晋升。对每个人而言，判断任务是否具有可晋升性应基于自身的工作内容、技能和经验水平，以及所属组织的目标。此外，今天有助于职业晋升的任务也许明天就不再具有可晋升性了，因为有助于晋升的任务会随着学习新技能、自我成长和承担新职责而发生变化。

你需要判断的是当下哪些任务是可晋升型的。那要怎么判断呢？你可以参考职位描述来进行判断，但大多数职位描述只提供了该职位日常工作的大致蓝图，并未提供有助于判断可晋升性的具体信息。你也可以询问上级，但他们可能并不了解你的工作细节，或者不愿意讨论哪些任务有助于你晋升。绩效评估表虽然也是了解信息的途径，但其提供的信息恐怕也不够充分，因为绩效评估表通常只会概述对员工如何开展工作的期望，而不会详细列举能够推动晋升的具体工作内容。

你需要自主判断哪些任务对个人职业发展的成功至关重要，哪些则相对次要。由于并无明文规定哪些任务直接与晋升相关而哪些无关，因此这一切都依赖个人洞察。为帮助你成功辨别，接下来我们将探讨区分可晋升型任务和不可晋升型任务的关键特征。

可晋升型任务有助于实现组织的核心追求

无论你做什么工作，其中总有一些与组织的核心追求紧密相关且影响更深远。以蒂娜为例，她在一家房地产公司做房地产经纪人，那么她应该优先将时间和精力投入联系客户和销售的工作中，因为这两项任务比归档房地产照片等对公司的业务发展更重要。如果蒂娜能够成功将新商场的空铺卖给美国第二大零售商塔吉特（Target），那么她便能对公司的发展产生巨大的推进作用——对她的公司来说，能从知名客户那里获取巨额营收至关重要。对蒂娜来说，出售房地产是可晋升型任务，向知名客户出售商用房地产则是高可晋升度任务，而归档照片几乎不具备任何可晋升度。

可晋升型任务都是易被人注意到的任务

一项任务越易被人注意到，它就越有可能是可晋升型任务，因为完成这类任务所付出的努力以及产生的影响可以被直观地看到。

任务本身的性质决定了你的付出是否更易被人看见。如果你在一家汽车经销商工作，那么销售新车的延保服务就是可晋升型任务，因为销售合同上写了你的名字。如果你在一家制造业公司工作，开发了一条有望大幅提升公司营收的新产品线，那么相关的销售业绩就会让你的努力被看见，也让这项任务具有可晋升性。

开展工作的方式也会影响任务的可见度。举个例子，若你在公司做工作汇报的时候，老板恰好在场，那么相比于老板不在场的情况，这项任务所具有的可晋升度便更高。

相比之下，远程工作会使团队成员对各项任务的具体分工趋于模糊，而在新冠疫情的影响下，越来越多的工作以远程方式开展，这使原本在线下办公环境中易被人看见的努力和付出不那么容易被看见了。

可晋升型任务往往需要那些能让你脱颖而出的技能

组织时常雇用恰好能填补组织所缺技能项的员工。如果你就是这样的员工，那么完成那些需要发挥你专长的任务，对组织来说就是高效利用人力资源，对你自身的职业发展而言亦然。设想有一位很擅长喉癌手术的外科医生，若她的日常工作仅限于扁桃体切除手术，那么她对医院的价值就会大打折扣，因为扁桃体切除手术是一种相对来说更常见且很多外科医生都能胜任的手术。尽管扁桃体切除手术也具备一定的可晋升度，但喉癌手术无疑蕴含了更高的可晋升度。

间接可晋升型任务为未来接手可晋升型任务铺路

以上列举的三种特征都直接影响了一项任务的可晋升性。还有一些任务能够起到间接的推动作用，这类任务往往能够磨炼你的个人技能，并有可能帮助你在未来获得成功。试将接手这类任务视作一种投资，其回报会在未来逐一显现。一家与我们有合作关系的科技公司要求程序员审核彼此写的代码，虽然说这项任务短期来看并不能促进程序员的晋升，但能让程序员有机会互相学习。程序员因这项任务提升了编程的能力，因此也会有机会接触到更多的可晋升型任务。

间接可晋升型任务助你在未来获得可晋升型任务

有些任务能帮助你结识组织内的关键人物或深化你和他们的关系，因此也有可能对晋升起到间接的推动作用。

以洛里为例，她应邀加入了大学的一个委员会，负责审定并推广学术实践项目，推动学校的学术进步。

尽管这项任务与校内全体人员都紧密相关，也是教务长的一项重要举措，但对于一名普通教师来说，并不会带来直接的晋升机会。洛里在委员会工作中主持了多次公开会议，其间她详细介绍了委员会所推广的实践项目，悉心解答他人疑问，并在激烈的讨论中巧妙引导议题方向，为项目革新据理力争。尽管教务长之前从未与她共事过，但因这些会议，对她的能力印象深刻，在他升任大学校长后，便特邀洛里担任临时教务长。洛里在委员会承担的不可晋升型任务让她接触到了重要的人脉，而这种人脉又为她提供了新的职业发展机遇。

虽然这份经历促进了洛里的职业发展，但我们需要强调，像这样成功的结局其实是非常罕见的。在每一个让洛里受益匪浅的"机会"背后，都潜藏着许多"默默无闻的耕耘"和也许未见成效的努力。洛里的经历揭示了一个重要的道理：接受并出色地完成那些能够充分展示个人专业能力且能让自己被高层看到的任务，对未来职业发展有重大意义。然而，你选择这类任务时，必须谨慎（详见第八章）。

　　现在，想必你已经对可晋升型任务的特征有所了解了，那么让我们把目光转向它的对立面，即那些对组织很重要但对个人职业发展却没什么促进作用的不可晋升型任务。

如何辨别
不可晋升型任务

　　尽管不可晋升型任务能为你就职的组织创造价值，但对你自己的职业晋升之路却毫无裨益，甚至这类任务做得太多还会导致职业发展停滞不前。对此，哈佛商学院教授罗莎贝斯·莫斯·坎特（Rosabeth Moss Kanter）创造了一个与不可晋升型任务密切相关的术语——"办公室内务"（office housework），用以描述诸如买咖啡、策划聚会、记笔记等任务。诚然，办公室内务无助于职位晋升，但不可晋升型任务的范畴远不止于此，它们具有与可晋升型任务完全相反的特征，具体体现在以下几个方面。

不可晋升型任务无助于实现组织的核心追求

尽管执行不可晋升型任务很重要，而且可能是你核心职责的一部分，但其对组织的使命与核心追求影响甚微。以整理会议纪要为例，尽管其目的在于记录决策过程与行动事项，但这项任务本身并不能直接推动组织实现核心追求。担任会议记录员的时候，你往往无法充分参与会议讨论，也无法让人注意到你的专业能力，因此此类任务对个人职业成长的助力有限。进一步讲，即使你花费了很多时间写出来一份漂亮的会议纪要，你可能会得到同事的衷心感谢，但也仅此而已了。参考弗朗西斯卡在律师事务所招聘暑期实习生的工作经历，此类工作与增加组织营收没有紧密联系，因此往往不会被视作晋升考量的关键因素。

不可晋升型任务往往是人们注意不到的任务

如果工作是在幕后进行的，没有人知道你都做了什么，那你的付出就换不来认可。以教育领域为例，假设你在学校负责教二年级，学校所在的整个学区的老师都来向你请教如何更加有效且有创造性地教学生阅读。他们因为你的指导而成为更好的老师，这对他们的晋升来说是有帮助的，但对你来说，却不是如此。尽管你的专业知识对他人产生了深远影响，但这种交流多为私下交流，你的校长很可能不知道你花时间做了这件事。

这项任务对上级领导来说是不可见的，因此对你而言便是不可晋升型的。

不可晋升型任务不需要特殊技能，许多人都能做（不是只有你能做）

不可晋升型任务，简而言之，就是那些不需要特殊技能，几乎任何人都能胜任的任务。举个例子，新员工初入职场，面对复杂的职场规则、报销流程等，往往一头雾水。这时，组织内几乎所有人，只要稍有经验，都能轻松帮他们解惑，这无须深厚的专业知识或技能。虽然帮新员工解惑对组织及新员工都有帮助，但这无疑会挤占帮助者的核心工作时间。

任务的可晋升度
会随着时间的推移而消散

有时，一项起初看似有利于职业晋升的任务，随着时间推移却会沦为不折不扣的不可晋升型任务。比如，在精品公司做税务会计的卡瑞娜就经历过这样的事。几年前，税法大幅修订，这给小型企业带来了不小的影响，而它们是卡瑞娜所属公司的主要客户群体。卡瑞娜敏锐地洞察到这一点，于是写了一份报告，分析了税法的变化并提出建议，还与公司的其他会计师分享。她的这一做法让同事理解了新税法的复杂性，也赢得了老板爱德华多毫不吝啬的称赞。随后，老板要求她每月撰写一份内部通讯，和同事分享她的个人见解。面对这一重任，卡瑞娜感到十分荣幸，将其视为老板对自己知识和技能的高度认可，欣然接受。之后，她每个月都撰写一份时事通讯，向同事介绍最新的业界情况，并对一些比较晦涩难懂的税务问题加以阐释。这极大节省了同事的时间，然而对她来说却逐渐成为一项繁重的任务。更让她头疼的是，同事开始请她协助解决客户遇到的税务难题，因为在他们看来，卡瑞娜是这方面的专家。卡瑞娜每周至少要花 10 个小时来处理通讯稿件和其他人的工作，这相当于增加了整整 25% 的额外工作时间。为了应对这些额外的工作，她不得不减少与客户打交道的时间。不知不觉中，同事的薪资涨幅已经超过了她。

这项起初看似颇具前景的任务，很快就失去了它原有的价值。最初撰写的那份报告让卡瑞娜的能力和才华备受瞩目，然而当爱德华多将写通讯归入她的日常工作职责时，所带来的每月的额外工作量迅速超过了所能带来的益处，最终降低了卡瑞娜的工作效率。此类情况反复上演——一项任务初次执行时能给你带来曝光度，但持续地做同一项任务并不会带来额外的益处，反而会不断产生额外成本。

通过访谈和调查，我们收集到数百个来自不同年龄段、种族背景、行业和职业的女性的真实经历。基于收集到的资料，我们整理出最常见的十大不可晋升型任务。这些任务或许你曾经历过部分，甚至全部（但愿不是全部），至于这些任务对你来说是否构成晋升障碍则取决于你具体的工作情况。如果一项任务是你的核心工作职责，则可能是可晋升型的（例如，假如你是编辑，编辑和校对就是可晋升型任务；如果你是人力资源部门的，招聘、办理入职、培训和指导等就是可晋升型任务）。

拒绝俱乐部总结的
十大不可晋升型任务

1. 帮助他人完成工作，并在他人缺席时代行其职。

2. 组织和协调（但不是管理）他人的工作。

3. 编辑、校对和汇编（尤指处理他人的成果）。

4. 后勤规划及安排特别活动。

5. 承担各种类型的治理任务，如安全委员会、伦理审查委员会、多元化委员会、气候委员会和审查委员会的任务。

6. 招聘新员工。

7. 解决同事之间的冲突。

8. 帮助同事解决其个人问题。

9. 办理入职、培训和指导方面的协助工作。

10. 承担办公室内务，如买咖啡和打扫卫生等。

这些任务对许多人而言或许耳熟能详，因为其中许多都被誉为积极的组织公民行为[○]（organizational citizenship behaviors）。这些任务尽管对组织有利，但对那些积极践行的"好公民"而言，也许会成为他们在日常工作中额外的重负。

不可晋升型任务是隐藏在人们眼皮子底下的盲点

我们识别了不可晋升型任务之后，就再也无法视而不见。它们无处不在。这类任务成了我们经常提起的话题，与同事共进午餐、与朋友外出、在家里交流时都会提起。面对我们的讲述，周围人的反应各不相同。一部分人，尤其是女性，对我们承担了过多的不可晋升型任务表示同情，并迫不及待地告诉我们，她们也有相同的经历。另一部分人，通常是男性，则会疑惑地看着我们，问我们为什么"允许"自己陷入这种境地，并告诉我们"别再做"那些没前途的工作了。在这个过程中，我们的女性朋友和女性同事相比于男性朋友和男性同事而言更具同理心，也更愿意分享自己的经历。这是为什么呢？是否女性员工更容易困于不可晋升型任务？为了找出答案，我们启动了

○ 组织公民行为指雇员做出超出自身岗位职责的工作以促进组织发展的行为。——译者注

研究计划。在下一章中，我们将深入探讨这项研究的成果。

在继续开展工作之前，你需要识别哪些任务是可晋升型的，哪些是不可晋升型的。为了帮助你识别，我们结合自身的任务分析经验和与其他女性员工的交流，设计了一系列相关的练习。这些练习曾经让我们深受启发，我们相信它们也会让你有所感悟。在我们俱乐部成立之初，我们并没有系统性地思考过这些问题。在某些情况下，我们甚至不知道答案（例如，"在伦理审查委员会任职是否有助于所属组织实现核心追求？"）。在完成练习后，请花些时间审视一下结果，并思考如何平衡可晋升型任务和不可晋升型任务。做练习时，你会发现本章的练习有点难度，但它们能够为本书后续章节中较短的练习打下重要的基础。如果你此刻认为这些练习过于艰巨，在现阶段还无法完成，那么请继续阅读本书，稍后再做练习。你只需按照最适合你的方式来阅读和使用本书。除练习外，我们在本章末尾还提供了数据库分析师玛丽亚如何评估她工作中的可晋升型任务和不可晋升型任务的案例，作为实际案例参考。

练习 1 ❋

了解你的可晋升型任务和不可晋升型任务组合

这些练习可能需要你投入一定的时间和精力，但正如一切高质量的培训课程，你的付出会与收获成正比。这些练习曾引导我们清晰地认识到，为什么我们没有足够的时间来做那些对于个人职业生涯来说真正重要的工作。我们希望你能早日厘清这一点。

练习1.1：探索组织的核心追求

步骤1. 你的组织在书面文件中是如何阐述其价值观的？请在组织的使命宣言、战略计划、给股东或其他支持者的年度报告中，以及组织对外发布和传播的所有营销信息或官方材料（纸质版或电子版）中查找相关信息。

步骤2. 组织会衡量什么指标？请查阅上述搜集到的文件。组织的关键绩效指标（KPI）是什么？可能涉及销售额、利润额、专利数量、患者治愈率、客户满意度、所获捐赠额或者品牌知名度等方面。组织对KPI的选取与追踪，无疑会体现其对"成功要素"的认知与侧重，因此，务必关注组织用于衡量自身成就和调整战略方向所倚赖的KPI类型。

步骤3. 组织的新闻稿、网站文章或通讯稿都包含哪些重要信息？这些传播的信息隐含了有关组织价值观的线索。

步骤4. 什么工作最受人关注？什么成就会让你的老板或同事感到兴奋或焦虑？在日常会议、来自高层的电子邮件以及工作闲聊中，哪些业绩最常被提及？哪些员工会获得认可？为什么？如果你所属组织的规模较大，那么请只关注你所处的部门或子部门。

步骤5. 查看你在步骤1～4中列好的清单，思考它们共同的主题是什么。这些清单概括了你所属组织最重要的东西，即组织的核心竞争力。

练习 1.2：你在工作中都做些什么

步骤 1. 列出你执行的所有任务。写下你能想到的一切任务。这些任务不一定是你工作的正式组成部分。不要评判它们，列出即可。

步骤 2. 你很可能记不住自己做过的所有任务，因此你可以查看一些资料来唤醒自己的记忆，例如查看过去一个月的日历记录、电子邮件和短信往来记录、你的职位描述信息以及最近的绩效评估结果。利用这些资料补充完善你在步骤 1 写下的清单。

步骤 3. 将步骤 1 和步骤 2 列出的内容整合到表 2-1 中的"任务"一栏，给任务分类并加上标签（稍后会用到），并将相似的任务（子任务）归入同一个任务类别中。

表 2-1

任务 （练习 1.2）	小时 / 周 （练习 1.3）	可晋升度 （练习 1.1 和练习 1.4）
任务类别 A • 任务 1 • 任务 2		
任务类别 B • 任务 1 • 任务 2		
任务类别 C • 任务 1 • 任务 2		

练习 1.3：统计你在各项任务上花费了多少时间

步骤 1. 尽可能精确地估算出一周内你花在每项子任务上的时间。对于并非每周定期执行的子任务，可先统计你在一个月内在这些任务上花费的大致时间，再将其除以 4，得出平摊到每周的大致时间。

步骤 2. 尝试在日历上详细记录一整周的工作时间分配来帮助自己进行估算。请记录你为工作所做的每一件事（无论是在工作场所之中还是在工作场所之外），以及在每项子任务上花费的时间。也可以使用在线日历并输入每项子任务的开始和结束时间，这有助于完成这一步。

步骤 3. 在表 2-1 的"小时 / 周"一列中填写你估算出的时间数值。

练习 1.4：你的任务具备多高的可晋升度

现在是时候按照可晋升度的高低来给任务分类了。

步骤 1. 针对每项子任务进行四个维度的自我提问：

　　a. 任务是否直接服务于组织的核心追求？利用练习 1.1 中的分析，明确每项任务是否与组织的核心追求保持一致。

　　b. 他人能否看到我在完成任务过程中的表现？

　　c. 是否需要特定的技能才能完成该任务？

　　d. 这项任务能否让我发展有用的技能或人际关系，从而帮助我在未来获得从事可晋升型任务的机会？

基于这四个维度，分别以高、中、低三个等级给每项子任务打分，然后综合所有评分，对每个任务类别做出总体性的评估。将评估结果写在表2-1中的"可晋升度"一列。由于每个人的任务所具有的可晋升度各异，你应该会看到一个分数高低不均的结果。

步骤 2. 为更全面、更准确地判断任务的可晋升度，可以寻求外部帮助加以补充和验证（你有可能持有错误的观点，只是自己不知道而已）。你可以咨询你的职场导师或支持你的同事，条件允许时，还可以与直属上司开会讨论相关问题，或者也可以等到绩效评估时再和上司讨论。然后，根据你收集到的反馈，更新表2-1中的评估结果，明确哪些任务对你而言具有较高的可晋升度。以下三个问题有助于你确定讨论的框架：

- 我是否应该调整时间分配，在某些任务上花费更多或更少的时间？

- 对于我这个职位以及更高职位的人来说，组织最看重的特质是什么？

- 在晋升考量时，组织是否会特别关注某一类任务？

案例研究：玛丽亚对自己的任务组合的评估

玛丽亚是时尚行业一家大型国际公司的数据库分析师。工作初期，她对从事技术性很强的工作充满热情，日常工作包括解决复杂的数据库系统问题和编写数据挖掘算法，并就如何使用公司搜集的信息提出了独到见解。她的分析为业务决策提供了依据，例如：哪些产品线应继续生产或逐步被淘汰？某些特定店面是否应该关闭？哪些地区是新零售店选址的首要目标地……玛丽亚对经理提出的所有问题都对答如流，因为这正是她所热爱的工作。然而，在我们与玛丽亚接触时，她已经工作五年了，早已没有刚开始工作时那么开心。由于工作繁忙、人手紧张，玛丽亚的老板给她分配了越来越多的行政工作。早期那些有趣且具有挑战性的工作不复存在，取而代之的是其他一些对智力要求不高的工作，而她需要花更多的时间来协调同事的工作。因此，她对自己工作的满意度急剧下降。我们推测她的不满情绪与不可晋升型任务有关，因此我们引导她通过练习对工作内容进行分析。

　　玛丽亚的第一步是按照练习 1.1 的说明探索其所属公司的核心追求。

步骤 1. 玛丽亚的公司注重的是市场份额争夺、新业务开发、组织内部流程优化、声誉管理、高效的供应链管理和利润最大化。

步骤 2. 该公司衡量的指标是销售额、市场份额、新销售合同数量、客户满意度、广告转化率、采购成本、媒体正面报道数量、客户忠诚度、生产成本、利润率以及运营开销。

步骤 3. 该公司视为重要信息的内容是销售额、新战略性招聘、利润率变化、公司所获奖项、新产品线和新系列发布、新店开张和成本节约措施。

步骤 4. 玛丽亚所属部门会庆祝的成就包括创造性地解决数

库系统问题，在紧迫的项目截止日期前完成或超额完成任务，从数据中获得新的见解以及成功向高层管理人员做汇报。

步骤5. 玛丽亚总结公司的核心追求：吸引和留住客户，抢占市场份额并有所增长，拥有盈利能力，锐意创新。

接下来，玛丽亚根据练习1.2提出的要求列出了她的任务清单，以了解她在工作中的实际工作内容（见表2-2）。她的任务清单包括职位描述中的任务（搭建系统和编写算法），以及职位描述以外的任务（完成他人没有时间完成的工作、做会议记录等）。尽管知道自己在行政工作上花费了大量的时间，但当她将花在行政工作上的时间与花在搭建系统和编写算法上的时间做了比较之后，还是感到非常惊讶——二者花费的时间居然一样多！

表　2-2

玛丽亚的任务 （练习1.2）	小时/周 （练习1.3）	可晋升度 （练习1.1和 练习1.4）
搭建系统和编写算法 • 编写并执行查询语句 • 准备包含研究结果和建议的总结报告	12	总体：高 高 高
组织社交活动 • 组织生日派对、宝宝派对 • 组织节日聚会 • 组织慈善高尔夫球比赛	1.5	总体：低 低 低 低
帮助他人工作 • 完成他人没有时间完成的工作 • 提醒他人项目的截止日期，并对他人施以援手	8	总体：低 低 低

（续）

玛丽亚的任务 （练习 1.2）	小时 / 周 （练习 1.3）	可晋升度 （练习 1.1 和 练习 1.4）
协调和辅助他人工作 • 管理大型数据库项目：制订项目计划；在项目会议上做会议记录；协调他人工作；提醒截止日期 • 准备团队与首席分析官的月度会议：为另一位小组成员整合做报告要用到的阐述团队分析与发现的资料；向负责做报告的小组成员解释资料内容	9	总体：中 中 低
承担行政工作 • 汇总部门时间跟踪系统中的记录，并按项目或活动编写员工时间报告 • 为整个团队（约 50 人）组织每周的员工会议：制定议程，制作幻灯片，安排后勤工作 • 管理行政助理和初级项目经理 • 在员工会议上做好会议记录并分发会议纪要	12	总体：低 低 低 低 低
提出想法和制定策略 • 为新项目提出想法并制定策略，以增加公司收入	2	总体：高 高
承担委员会的工作 • 作为部门代表参加公司级的安全和诚信委员会	1	总体：低 低

接下来，玛丽亚仔细评估了自己所承担的任务的可晋升度。以下是她对各项任务的详细评估结果。

● 搭建系统和编写算法。

这些任务有助于她的公司了解客户的购买决策机制、评估广告效果以及优化采购和分销流程的效率，这些都对吸引客户和提高利润率有直接影响。这些任务显然需要专业技能，而且与公司的核心追求紧密相连。她在这些任务中学到的新技能越多，就能越快成长，因此它们是间接可晋升型任务。总体而言，这些任务的可晋升度较高。

● 组织社交活动。

没有人注意到她安排了这些活动——这些任务是无形的。社交活动与公司的核心追求没有直接关系，对公司的成败也没有显著影响。组织这些活动不需要专业技能，任何人都能做。她在这些任务中学不到任何新技能。组织慈善高尔夫球比赛是其中最具可晋升性的任务，因为这项任务能让她接触到自家公司和其他公司的高层管理人员，但这似乎并没有给她的职业生涯带来什么直接变化——可晋升度低。

● 帮助他人工作。

尽管能够帮助他人为公司创造财富，但这些任务对玛丽亚自身却没有什么益处。她的上司并不知道她是部门里许多人的得力帮手。这类任务是无形的任务，可晋升度低。

● 协调和辅助他人工作。

数据库项目管理中的某些任务，如制订项目计划和协调他人工作等，能被公司注意到，且有一定的专业技能要求，有助于为公司实现核心追求做出贡献。然而，诸如做会议记录、提醒截止日期等日常事务性工作，无助于培养新技能，因此这类子任务只有中等的可晋升度。筹备团队的月度会议是一项苦活儿，而且她也不是负责演讲的人，这类子任务不仅无助于她发展个人技能，也难以引人关注，可晋升度低。

- 承担行政工作。

这些任务的性质较为基础，技术门槛低，任何人都可以做，且常被无视。它们对组织的业务目标没有直接贡献，可晋升度低。

- 提出想法和制定策略。

这类任务之所以备受瞩目，是因为其对于决定公司能否存续的净利润有深远影响。玛丽亚可以帮助公司提升广告效果（以吸引新客户），引导下一季的产品设计方向，乃至发掘成本优势。这些都与公司的核心追求直接相关，且在任务执行过程中能够充分运用她的专业技能，因此可晋升度较高。

- 承担委员会的工作。

起初，加入各类委员会能够帮助玛丽亚拓宽人脉、搭建对接高层的桥梁，这间接促进了她的晋升。然而时至今日，公司上下每个人都认识她，因此委员会的工作对她的职业生涯不会产生新的益处。这些工作并不需要特殊技能也能做，同时任职多个委员会实非必要。可晋升度低。

第三章

不可晋升型任务
让女性不堪重负

The No Club

Putting a Stop to Women's
Dead-End Work

当洛里第一次参与某重要的委员会会议时，她惊讶地发现参会者几乎全是女性。要知道，卡内基梅隆大学的高级教师中男性占据了八成之多，而这次据说涉及校方重点推进工作的会议，为何却没有什么男性参与？她查看了一下委员会成员的名单，暗自猜测或许是因为还有些人没到，但最后发现实际上无人缺席。

与此同时，布伦达与一位男性同事的共事经历也颇为耐人寻味。还记得第一章中提到过的由布伦达负责编排课程表的事情吗？尽管这项任务在名义上由两人共同负责，但实际上布伦达自己承担了其中绝大部分的工作。合作之初，男性同事频繁因故临时推脱，迫使布伦达不得不在最后一刻匆忙赶工。这让她的生活陷入困苦之中。于是她决定始放弃等待，独立完成整个课程表的编排工作，而男性同事所做的，仅仅是对最终版本的课程表进行审核。事实上，布伦达深知男性同事期望她能独立完成编排课程表的任务，而她也别无他法，最终只能独自承担。当她将最终版本交给男性同事审核时，他总是不置可否，也不花时间认真看，常找借口说自己有其他事情要做。在这项不可晋升型任务中，布伦达实质上承担了对方的未尽之责。

每当俱乐部的聚会上有人提及此类经历时，总能激起共鸣，因为大家都有过类似的经历，比如洛里就曾置身于全是女性的委员会，布伦达则目睹过许多男性同事对大量棘手的工作"敬而远之"。不知道此类经历是只有我们遇到过，还是广泛存在于各行各业中？

面对疑惑，我们决意探明不可晋升型任务在不同性别间的分配差异。于是我们广泛研究了社会学、组织行为学、教育学、政治学、经济学、法学、心理学和妇女研究等领域的研究文献，这些研究涉及各行各业的员工调查，以及对特定职业和组织的深度案例剖析。虽然这些研究都没有直接将不为人注意的和没有挑战性的任务归为不可晋升型任务，但研究结果表明，具有这两个特点的任务确实具有不可晋升的特性。现有的研究为我们制订自己的研究方案奠定了坚实的基础。通过试验、调查、访谈以及分析员工工作时如何分配时间（来自组织数据），我们探究了女性员工是否承担了更多的不可晋升型任务，并进一步揭示了导致这一现象的深层原因。

我们开展的每一项研究、研读的每一份文献都证实了我们的猜想：女性员工承担的不可晋升型任务比男性员工多得多。总的来说，这种性别鸿沟跨越了组织类型与职位级别的界限，普遍存在。在后续的章节中，我们将用大量数据直观展现该现象的普遍性，并通过众多女性分享的亲身经历来进一步证实。

在展开论述前，我们有必要对本书采用的"二元性别"框架做出重要说明。⊖鉴于过去几十年的职场性别研究多将性别简化为两个类别，即男性和女性，本书在讨论性别与不可晋升型

⊖ 现代性别研究理论对性别的划分超越了传统的二元划分法，多者分出数十种类别。——译者注

任务的关系时，便也遵循了这一框架，仅聚焦于男性和女性的范畴。我们知道这种狭隘的研究方式会限制我们研究成果的普适性，因而期待未来的研究能够以一种更具包容性的性别观来审视不可晋升型任务的性别议题。

让我们从研究的开端——大学教师开始，之后还会涉及许多其他职业，而对于那些职业，我们发现女性员工同样承担了更多的不可晋升型任务。

女性教师承担了大部分的不可晋升型任务

在上一章中，我们说明了，即便明确了组织的核心追求，辨别任务是否具有可晋升性也依然是一件复杂艰巨的事情。对于大多数享有终身职位的教师来说，情况却并非如此。在研究型大学中，他们的工作有两大核心部分：一是教书育人，二是开展能促进艺术、人文和科学发展的研究。在我们讨论的学术环境中，可晋升型任务和不可晋升型任务之间具有明确的界限。所有晋升决策都是基于教学和研究两部分而确定的，除此之外的任何任务都被归类为服务，而因为大学非常需要这类服务，学校希望每位教师都能额外承担一些（例如参与特殊项目、参加管理委员会以及指导学生等）。这类服务具有不可晋升型任务的所有特征：不仅占用了可晋升型任务（教学和研究）的时间，而且大多属于隐性工作，内容常是"因循守旧"的例行公事，对大学的核心追求贡献有限，同时还基本无益于个人专业技能的提升。

我们知道这类服务是不可晋升型任务，而一项针对我们教师同行的调查表明，他们对此认知清晰。我们教导过的博士生，现墨尔本大学经济学教授玛丽亚·雷卡尔德（Maria Recalde）参与了我们的合作研究。我们共同设计了一项试验，试验中，我们给教师展示了四项任务，告知他们这是一名助理教授在50个小时的额外工作时间内需要完成的任务，并要求他们依据任务对助理教授晋升的可能性影响大小对任务进行排序。这四项任务分别为：撰写一篇研究论文；在学术会议上做研究报告；参与本科生课程修订委员会的工作；承担教师委员会的工作。调查结果显示，90%的受试者认为，从个人晋升的角度看，相较于课程修订委员会或教师委员会的工作，撰写论文和参加学术会议显然更重要。无论是男性受试者还是女性受试者，都能够清晰分辨哪些任务能够帮助人们发展而哪些不能，并得出一致的结论。

但在实际中，这类服务的承担者却存在显著的性别差异。大量研究已经注意到了这个问题，其中包括一项涉及美国大学5000多名教师的广泛调查、一项针对马萨诸塞大学阿默斯特分校300多名教师的深入研究，以及一项考察了美国大学1400多名政治学教师的研究。这些研究一致表明，女性教师在那些普遍被认为是不可晋升型任务的工作上比男性教师投入了更多的时间。

以某大型公立大学为例，女性教师在教师委员会中比例过高，这导致她们几乎承担了男性同事两倍的工作量。尽管在教师委员会任职听起来似乎关乎核心职责，但我们的调查显示，此类任职对于教师来说本质上只涉及不可晋升型任务。

针对高等院校相关问题的研究还表明，投身于不可晋升型任务的工作时长因种族而异。一项研究发现，有色人种教师每周在不可晋升型任务上投入的时间比白人教师多出 3 个小时。这一发现得到了许多其他研究的证实，它们共同揭示了不可晋升型任务的负担对有色人种（尤其是非裔和拉丁裔教师）更为沉重。他们在不可晋升型任务上投入的时间大大超过白人同事。研究揭示了一个严峻的事实：尽管不可晋升型任务对一般女性来说构成了挑战，但对于有色人种女性来说，问题更加严重。不可晋升型任务，尽管对大学的发展有所裨益，但对教师的职业生涯发展没有益处。让女性，尤其是有色人种女性，承担这些费时费力的任务，会导致她们没有足够的时间做研究，而这会成为她们个人发展的主要障碍。

加利福尼亚州一所知名的研究型大学自豪地宣布了一个重要的里程碑事件：在该大学中，所有委员会女性成员的占比都达到了 50%。但他们没有考虑到的是，女性教师在所有教师中所占的比例还不到 25%，这意味着女性教师的工作量要比男性教师大得多。假设该校总共有 100 名教师，其中 75 名为男性，25 名为女性，当有 100 项委员会任命待分配时，基于女性教师在所有委员会中占一半这一前提，将会有 50 项任命分配给女性，但由于只有 25 名女性（男性则是 75 名），那么每名女性教师将在 2 个委员会任职，而男性教师平均只需在 2/3 个委员会任职。"平等代表权"并不意味着平等——在我们所举的例子中，女性教师实际承担的工作量是男性的 3 倍，而她们却不会因为这些额外的工作而获得任何回报，既没有额外的报酬，也无法因加班而获得调休，更不会获得认可与表彰。女性教师因其在整体中的代表性不足而承受了无形的"工作税"。

从事不可晋升型任务的女性员工不仅会损失个人时间，职业地位和个人职业形象也会受到负面影响。几年前，琳达参加了她所在学术领域的一个业内顶尖专业协会的成立大会。在大会上，两位男士分享了他们创建该协会的愿景和动机，收获了听众的赞誉和掌声。随后，第三位成员——一位同样杰出的女士妮可，作为协会的第三位联合创始人被邀请上台。他们如此介绍她："……这是妮可，实际上她做了所有筹备工作，接下来她将为我们介绍大会的议程安排。"此话一出，几乎每个人都笑了。这是一种令人不适的笑声，因为大家似乎默认女性员工就该负责这类工作。琳达是唯一一个没有笑的人，她在内心尖叫。男性员工总是被视为"台前工作者"，而女性员工却只是在幕后干着别人看不见的苦力工作。尽管妮可在共同创建这个协会的过程中扮演着与男性员工相同的角色，但人们只看到了她所做的后勤工作。后来，当琳达提起那次大会介绍妮可的情形时，妮可说自己几乎没有留意到这个细节。她的反应太常见了：女性如此习惯于被贬低为从属角色，以至于她们自己或其他任何人都没有觉察到这一点。

　　那么，其他职业和行业的女性员工是否比男性员工承担了更多的不可晋升型任务呢？答案，不言而喻。

在政府机构中，女性员工比男性员工 承担了更多的不可晋升型任务

　　最近有一项研究对运输安全管理局（TSA）的员工如何分配他们的工作时间做了调查，发现该局的男女员工在时间安排上存在差异。管理局的全部工作人员都需要处理一系列有固定流程的以职责为中心的日常例行任务，包括检查旅行证件、扫描行李、引导旅客、搜身检查触发扫描仪警报的旅客等。管理局员工都认为搜身是最令人不快的任务，因为搜身需要站立工作（这很累人），而且工作中常会与旅客发生不太愉快的事情——安检员经常会遭到旅客的训斥。这一过程非常令人不适，管理局员工表示，他们在做完搜身工作后会感到精疲力尽。

这项研究在一座规模庞大的城市机场展开，研究对象为1223名管理局的员工（其中71%是初级员工，而非主管或经理），研究过程中进行了55次深度采访。尽管管理层试图对各项任务实施轮换制度，但女性员工被分配到搜身工作的次数还是比男性员工多。尽管女性飞行员的占比已达40%，但在管理局内部，女性员工仅占33%。此外，按规定，她们只能对女性旅客搜身（安检员只能对与自身性别相同的旅客搜身）。由于管理局的女性安检员必须做更多的搜身工作，她们处理其他任务的频率更低。而由于女性旅客需等待同性安检员搜身，管理局的女性安检员便会更频繁地接触到因等待过久而有所抱怨的旅客，休息时间自然也比男性安检员少。

这样会产生什么后果呢？无疑是男性安检员和女性安检员之间爆发了冲突，因为双方都知道男性员工的工作更清闲。女性员工对自身承担了更为繁重、令人不悦的任务深感不满，而且她们常常只能做某一项特定的任务，无法接触更广泛的工作内容。她们履行完整工作职责的经验较少，而这恰恰是晋升到下一个级别所必需的经验，因此晋升的机会也在减少。女性员工的辞职率要高于男性员工，这一点便也不足为奇了。研究指出，当女性员工承担了比男性员工更多的不可晋升型任务时，她们不仅士气受挫，感到晋升前景渺茫，而且也无法在具有晋升价值的任务中展示自己的技能。

我们以前的一名学生多萝西娅如今在一个大型联邦政府

机构任职，她注意到了工作中存在的性别不平等问题。她和她的团队要就该机构的规定对执法人员进行培训。团队规模很小——只有两名男性员工和七名女性员工，但他们的职责范围甚广，涵盖设计培训项目、提供培训课程和评估培训项目等多个方面。每一门培训课程均需配置一名培训员和一名抄写员，这两项工作都不可或缺。抄写员必须记录培训员教授的所有内容、培训过程中出现的问题以及参与者的表现。通常情况下，尽管现场只有两名工作人员，但负责培训的常常是男性，负责抄写的则常常是女性。虽然所有女性员工在项目评估环节（即评估培训项目是否成功）都比男性员工拥有更多的培训经历和实践经验，但遗憾的是，她们的上级在决策时倾向于优先从男性员工那里寻求反馈，而忽视女性员工的专业见解。多萝西娅和她的女性同事在交流时表示，男性同事总能被分配到更显眼的工作，并且能够确保上级注意到他们的付出。相比之下，女性同事会更专注于工作本身，把需要做的事情做得很好，而非刻意追求个人光环。多萝西娅说："男性在职场中有更强的存在感。"

多萝西娅的经历也体现了性别与种族如何对工作的可见度和认可度等方面产生影响。多萝西娅是她的团队中唯一一名非裔成员，她在这份工作和过去的所有工作中都表现出色，但她发现自己必须更加努力才能得到机会并获得认可。根据她的经验，组织会极易认可白人男性员工所做的贡献，而女性员工，尤其是有色人种女性，必须付出更多努力才能获得同样的认可。

对于在高等院校和政府机构工作的女性，我们看到了性别和种族对分配不可晋升型任务的影响。私营部门的情况是否会好一些呢？

私营部门的女性顾问
也难逃不可晋升型任务

为了调查在工作中拥有自主权的女性是否也比她们的男性同事承担了更多的不可晋升型任务，我们对一家备受推崇的大型专业服务公司进行了研究。该公司旨在为客户提供咨询服务，会严谨地依据员工的服务时间来支付酬劳。公司有一套记录系统，会按任务类型记录员工在不同任务上花费的时间，例如为特定的客户项目、指导他人以及社区服务等花费的时间。基于这些记录，我们与该公司高管合作，对各类任务做了从可晋升度高到可晋升度低的排序。我们调取其中几年的数据进行分析，总结了公司认为可晋升度高和可晋升度低的任务以及各自的年度工作时长，发现了以下事实。

- 无论是高级员工还是初级员工，女性员工每年在不可晋升型任务上投入的时间的中位数都比同级别的男性员工多大约200个小时。这相当于一个月都在做额外的棘手工作！

- 初级岗位的女性员工每年在可晋升型任务上投入的时间的中位数比同级别的男性员工少约 250 个小时，这可能是为了给她们必须做的不可晋升型任务腾出时间。这相当于这些女性员工花在能够对自身职业生涯有促进作用的工作上的时间比这些男性员工少了整整一个月之多！

- 高级岗位的女性员工和男性员工在可晋升型任务上投入的时间一样多，但女性员工的总体工作时间却因为要完成过多的不可晋升型任务变得更长。也许这就是高级岗位的女性员工在下班后仍旧留在公司工作的原因，她们明白，自己必须加班才能取得成功。

咨询公司的收入来源是能给公司带来收益的可计费小时数。获得升职加薪和奖金的最好途径就是把大部分时间都投入客户工作之中。在这种情况下，初级岗位的男性员工往往拥有真正的优势，因为他们非常注重按时收费的客户工作，而初级岗位的女性员工花费在这方面的时间则要少得多。初级岗位的女性员工在可晋升型任务上投入的时间不断被不可晋升型任务蚕食，这很可能会延缓或损害她们获得晋升机会。

有些人可能会怀疑时间分配上的差异是不是男性在可晋升型任务上的表现更出色造成的。好吧，且让我们来看看。我们调查了一组初级岗位和高级岗位的男性员工与女性员工，公司认为他们同样擅长可晋升型任务。结果表明：尽管女性员工与男性员工的绩效水平和可计费小时数一样高，但女性员工每年在从事不可晋升型任务方面仍比男性员工多出了数百个小时。这群女性员工很清楚她们需要做哪些方面的工作才能获得晋升机会。为了和男性同事获得一样的成就，她们必须保持与他们同样多的可计费小时数，并需要有更多的时间来处理额外的不可晋升型任务。这也就导致女性的总体工作时间更长。

女性在各行各业都承担了
更多的不可晋升型任务

如果你还需要更多的证据才能被说服，那么在许多其他职业和行业中，你也能找到有关任务分配的性别差异。例如，在教育界，人们在对男女小学教师的工作分配做比较后发现，女性教师花费在与课堂相关的工作事务上的时间更多，男性教师则在管理工作上花费了更多时间，这增加了男性教师的晋升机会。女性投资银行职员在应对公共财政等低收入领域的客户上耗费了更多精力，男性投资银行职员则更多地与科技产业等高收入领域的客户合作，而第二种客户对公司最重要，相应地，也更能够促进相关人员的晋升。加利福尼亚大学黑斯廷斯法律学院的职业生活法律中心对律师和工程师展开了两项全国性研究，着重于了解工作场所的执业情况。该研究基于对 2500 多名律师的调查发现，相比于男性律师，女性律师有 20% 的可能性承担更多的行政任务，且有 16% 的可能性承担更多的办公室内务。一名女性受访者在访谈中表示：尽管她受过良好的教育，而且是从更知名的公司转入的，但在得到了一个合适的职位头衔后，仍旧被安排做从属性的协助类工作（即记笔记、买咖啡、帮男性挂衣服等）。尽管其他研究发现，有色人种女性往往比白人女性承担了更多的不可晋升型任务，但该研究并未观察到这种种族差异，即白人女性和有色人种女性所承担的行政工作与被安排承担办公室内务的概率大致相同。

　　职业生活法律中心对 3000 多名工程师的调查则发现，员工对可晋升型任务和不可晋升型任务的看法存在类似的差异。他们询问了受访者关于工作分配的经历，结果如图 3-1 所示。

　　与所有种族的女性工程师相比，白人男性工程师称，他们比其他工程师更有机会接触到可晋升型任务，他们承担的办公室内务也更少。同样值得注意的是，种族是工程师能否获得理想的任务的重要影响因素。报告显示，白人男性工程师拥有最多的机会接触到令人艳羡的可晋升型任务，而有色人种女性工程师（尤其是黑人女性工程师）拥有的机会则最少。在访谈中，一位女性工程师这样描述她的工作环境："去年，他们聘请了一位新的女性工程师。其中一位经理告诉我，他们很高兴能把她招进来，因为她总是帮男性同事收拾残局，把实验室保持得很整洁。"

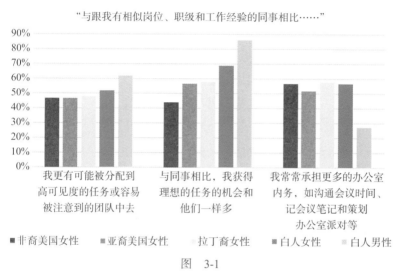

"与跟我有相似岗位、职级和工作经验的同事相比……"

图　3-1

资料来源：J. C. Williams, S. Li, R. Rincon, and P. Finn, *Climate control: Gender and racial bias in engineering?* (2016)。

　　一项对超市员工的研究同样证实了这种性别差异。男性员工被分配到了有趣且多样的任务，这让他们能够熟悉超市的许多业务部分，这同时让他们有了晋升的潜力。女性员工则被困在收银台。借用一位超市男性员工的话说："在晋升过程中，你理应学习处理超市里方方面面的事情，但这取决于你的性别……我真的很幸运，因为我摆脱了收银台。收银工作做一段时间还是很有趣的，久而久之，却会变得非常单调，所以不用去收银是一种特权。女性员工要做的就只有收银工作，而男性员工总是不在收银台。这还挺讽刺的。"一位男性经理教过他这样一句话："只要你是女性，你就要在我面前收银。"

组织是否看到了
不可晋升型任务的问题

　　上面的许多例子表明，无论职业与工作环境如何，女性承担的不可晋升型任务都比男性多。组织是否意识到了这种性别差异呢？为了研究这个问题，我们与不同行业的女性及其领导者展开了对谈，涉及医疗保健、制造、科技、消费品、制药、教育、法律、咨询和金融服务等行业。此外，我们还参加了国际性的专业会议，会议集聚全球规模最大的企业的人力资源负责人和领导者，这些企业都在包容性和多元化两方面做得很好。他们对我们的研究发现很感兴趣，也期待看到这项研究会如何在企业中激发新的活力。他们很想知道，到底是什么因素导致女性承担了大部分不可晋升型任务。我们都知道问题是什么——在执行不可晋升型任务方面，职场中存在着显著的性别差异，对有色人种女性来说，这种差异往往更为放大。但我们谁也不知道问题背后的"为什么"。

　　为什么女性会承担更多的不可晋升型任务呢？是因为她们

喜欢这类任务，还是因为她们想完成这类任务？是因为她们更希望能把事情做完，抑或是因为她们无法拒绝？又或者，是因为她们比男性更擅长处理这类任务？在此之前，没有人深入研究过这个问题。我们最终决定做这项研究，为此设计并开展了实验室研究，以帮助我们得到问题的答案。在下一章中，我们将分享研究发现，这些发现激发了我们更多的思考。

练习 2 ❋

在你的组织里，分配可晋升型任务和
不可晋升型任务时是否存在性别差异？

　　现在，请回看你在第 2 章（练习 1.4）中写下的可晋升型任务和不可晋升型任务清单，以评估你所属组织的任务类型是否存在性别差异。

　　回忆都有谁在做你负责的任务。只有你在做，还是主要是女性在做（填"女"）或者主要是男性在做（填"男"）？抑或男女都有且数量相近（填"男女"）？请将答案填写到你的清单中。如果你很难判断这些任务的分工是否存在性别差异，可以和你的同事们讨论一下这个问题。你可以在吃午餐、喝咖啡时或者下班后一起小酌时提出这个问题，以避免太过正式。或许你也可以把你的任务清单给他们看，并且询问他们是否需要定期完成其中的某一项。

表 3-1 是玛丽亚根据第二章中的练习得出的答案。

表 3-1

玛丽亚的任务	小时／周	可晋升度	谁来负责 （女／男／男女）
搭建系统和编写算法 • 编写并执行查询语句 • 准备包含研究结果和建议的总结报告	12	总体：高 高 高	 男女 男女
组织社交活动 • 组织生日派对、宝宝派对 • 组织节日聚会 • 组织慈善高尔夫球比赛	1.5	总体：低 低 低 低	 女 女 女
帮助他人工作 • 完成他人没有时间完成的工作 • 提醒他人项目的截止日期，并对他人施以援手	8	总体：低 低 低	 女 男女
协调和辅助他人工作 • 管理大型数据库项目：制订项目计划；在项目会议上做会议记录；协调他人工作；提醒截止日期 • 准备团队与首席分析官的月度会议：为另一位小组成员整合做报告要用到的阐述团队分析与发现的资料；向负责做报告的小组成员解释资料内容	9	总体：中 中 低	 男女
承担行政工作 • 汇总部门时间跟踪系统中的记录，并按项目或活动编写员工时间报告 • 为整个团队（约 50 人）组织每周的员工会议：制定议程，制作幻灯片，安排后勤工作 • 管理行政助理和初级项目经理 • 在员工会议上做好会议记录并分发会议纪要	12	总体：低 低 低 低 低	 女 女 女 女

（续）

玛丽亚的任务	小时 / 周	可晋升度	谁来负责 （女 / 男 / 男女）
提出想法和制定策略 • 为新项目提出想法并制定策略，以增加公司收入	2	总体：高 高	男女
承担委员会的工作 • 作为部门代表参加公司级的安全和诚信委员会	1	总体：低 低	男女

　　玛丽亚的答案再一次证实，即使在女性和男性都承担了可晋升型任务的情况下，女性仍旧需要比男性完成更多的不可晋升型任务。

第四章

为什么女性总是接受

The No Club

Putting a Stop to Women's
Dead-End Work

在俱乐部的首次聚会上，琳达说自己曾为一个决定发愁。学校请她参与伦理审查委员会的工作，该委员会肩负着在所有涉及人类的研究中维护研究伦理和监管协议的重任。委员会的存在至关重要，因为任何道德或程序上的疏漏都可能使学校的研究计划和资金安全面临风险。琳达担心，如果她拒绝了这项任务，别人会觉得她不合群。但她也清楚地意识到，这是一项既耗时又不能促进职场晋升的任务。即便在意识到这一点后，她仍然觉得自己似乎必须接受——这项任务很重要，承担这项任务，她也许可以做出有意义的贡献。此外，合格的候选人有限，除她之外，伦理审查委员会的负责人很难找到比她更合适的人选了。琳达知道他们期待她能接受这份邀约。

当琳达最终同意任职时，她发现委员会的责任远比预想的沉重，但她最终还是释怀了，因为这项任务确实非常重要。一天，在和同事乔治聊天时，她问对方是否曾在伦理审查委员会任职，对方回答："没有，一次也没有。没人找我去。就算找了，我也会拒绝的。"

琳达十分惊讶。乔治已经在这所大学工作30年了——和她一样，他也进行过需要伦理审查才能开展的研究——那怎么会没人邀请他加入呢？更令人不解的是，面对这样一项对于大学和教师的工作都非常重要的任务，他怎么能如此决绝地表态不参与？细想过后，一切便都合情合理了：对他来说，拒绝不会带来任何后果，他会拒绝是因为接受这项任务会占用他做真正感兴趣的事情的时间，而后者才能够给他带来回报，也是大学聘用他的主要目的。乔治的工作优先项非常明显——既然知道他会拒绝，又怎么会有人去邀请他呢？

这个故事说明了在不可晋升型任务分配方面造成性别鸿沟的双重影响因素。首先，女性比男性接受不可晋升型任务的概率更大。其次，女性比男性更有可能被要求做这一类任务。我们研究团队中的经济学家将这两个影响因素分别称为"不可晋升型任务的供给"和"不可晋升型任务的需求"。在这一章中，我们将讨论其中的第一重影响因素——"供给"，即无论是响应自愿服务的号召还是接受直接的工作安排，女性都比男性更有可能接受不可晋升型任务。我们将分享能够证明这一说法的依据，并详述造成这种差异的原因。在下一章中，我们会讨论第二重影响因素——"需求"，即相比于男性，女性被要求承担更多的不可晋升型任务，并剖析其背后的原因。我们在这些章节中展现的研究结果，第一次证实了女性员工确实背负了过多的不可晋升型任务。了解这背后的驱动因素是我们解决这一不平等问题以及确定有效的解决方案的关键。

女性比男性接受了更多的不可晋升型任务

在早期的一项研究中，我们对从事人力资源的专业人士展开了调查，以了解他们各自承担的工作内容。匹兹堡人力资源协会给他们的成员发送电子邮件，要求他们参与研究。女性自愿参与的比例几乎是男性的两倍，这一数据让我们颇感惊讶（但我们应该见怪不怪了）。这个数据极具讽刺性，因为这项要求本身就对应一项不可晋升型任务，而女性确实比男性更愿意提供帮助。

克雷格在一所大型州立大学工作，他的工作内容之一是动员教师加入教师委员会。尽管该委员会在大学治理中发挥着核心作用，但教师有权力拒绝加入。像这样的委员会工作虽说有价值，但没有回报，这样的特征明显表明它对应着不可晋升型任务，因此大多数教师都希望能规避这类任务。为了提升参与度，克雷格共向全校3271名教师发送了电子邮件，邀请每个人自愿加入大学的教师委员会。我们都清楚，一项能够促进职业生涯发展的任务一定会有很多人响应，然而在这个案例中，只有3.7%的教师同意加入，这说明绝大多数人都知道，加入委员会是一项没有前途的工作，不会对他们的职业生涯发展有任何助益。克雷格和我们分享了教师的性别数据及他们对委员会任职邀请的回应，我们发现其中存在着巨大的性别差异。只有2.6%的男性教师同意加入委员会，但同意加入的女性教师的比例要高得多——高达7%。这种差异导致女性在教师委员会中的代表人数占比过大。值得关注的是，初级（即尚未获得终身教职）女性教师的职业生涯发展依赖于出版专著，她们本应该是最不愿承担不可晋升型任务的群体，可在教师委员会中任职的初级教师中，高达 60% 是女性——从全校来看，初级教师中女性只占了 38%。这意味着额外的任务会使她们的工作负荷达到男性初级教师的 2.5 倍。类似的结果在全体教师中也有所显现：女性只占全校教师总数的 25%，却在教师委员会成员中占 38%。

尤其值得注意的是，女性似乎总是更倾向于接受不可晋升型任务，这一现象背后的原因是什么呢？常有人说女性比男性更喜欢执行这类任务，女性更关心这类任务，女性更擅长这类任务。我们经常听到这三个原因，甚至还曾从一位诺贝尔经济学奖获得者口中听到过这样的解释。

老实说，我们认为这些解释站不住脚。因为这些话没有坚实的依据且大多出自男性，难免给人一种他们没有做好自己的那部分不可晋升型任务而找借口的印象。实际上，那些努力攻读博士学位，同时能兼顾新的学术事业及家庭的女性，似乎不太可能因为喜欢、关心或擅长处理委员会事务而在傍晚花时间开会。尽管如此，我们仍然希望探索自愿承担任务方面的性别差异是否仅仅是由这三个原因造成的。

为什么女性更倾向于接受不可晋升型任务

我们与墨尔本大学的玛丽亚·雷卡尔德教授合作开展了一

项试验，以确定女性是否更愿意执行不可晋升型任务，并深入挖掘这一行为背后的心理动因。

受利塞的工作经历启发，我们在试验中复现了这样一个场景：一个小组的成员被要求承担一项不可晋升型任务。匹兹堡大学的教师晋升制度是由资深教师决定的，他们会审查每位候选人的材料，然后向院长提出晋升建议。每次会议审议一位候选人的晋升事项，而院长会在每次会议开始前请一位志愿者担任会议主席。虽然主席头衔听起来很有声望，但实际上做的工作却并非如此。主席的任务是主持会议、记录会议内容并撰写委员会的审议结果和推荐决定报告——这项任务至关重要，因为它关乎候选人的去留，但很耗时耗力。利塞发现，每次会议的情况都差不多，院长会请一名教师自愿担任会议主席，但毫无例外，每次每个人都会声称自己太忙了而无法担任（可真令人惊讶）。没人想做这个主席，尽管每个人都清楚委员会需要一位教师来担此重任，但是仍旧每次都推脱。

或许你在职场中也曾目睹过类似情境。比如在你开会的时候，你的经理试图为新项目组建团队。这个项目并不具有挑战性，也不能带来声望，但它费时费力，对绩效评估影响也不大。当经理介绍完项目并鼓励大家自愿报名时，会议室会瞬间陷入沉默，每个人都希望其他人能举手。等待的过程变得越来越令人不适，直到终于有人大声说："我来做吧。"

为了捕捉这一特定情境下自愿承担任务的决策瞬间，我们精心设计了一项试验。试验研究的具体问题是：当一项任务既无趣又不需要特殊技能时，女性是否更有可能接受这么一项不受欢迎的任务呢？我们与匹兹堡大学实验经济学实验室的本科生合作，每次招募15至21名男女学生参与试验。每位参与者被分配一台计算机，他们在试验期间通过计算机提交任务选择决定，其间禁止交流。同时，我们告知参与者，他们所提交的所有决定都是匿名的。试验共十回合，每回合开始前我们都使用计算机随机将参与者分成三人小组。参与者虽然知道实验室内有其他参与者和自己分到同一组，但在每个回合都不知道具体是谁和自己一组。在没有任何内部沟通的情况下，每个小组的职责是为每一项任务找到一名成员自愿接受该任务，而每个人都希望这份"苦差事"能由其他人承担。每个小组有两分钟时间让一名成员自愿点击计算机屏幕上的按钮，接下该任务（每组仅限一人接下任务）。当有人点击按钮或两分钟计时结束时，该回合测试结束。规则是，如果没有人自愿接受任务，那么每名小组成员都会得到1美元的报酬；如果有人自愿接受任务，那么小组全体成员获得的报酬都会增加，只是那位自愿报名的人获得的报酬会略少些——自愿接受任务者只能拿到1.25美元，但其他两名小组成员每人能拿到2美元！

　　在这场"胆小鬼博弈"中，谁先让步谁就输了，最糟糕的结果是没有人自愿接受任务，因为这样每个人就只能赚到1美元，而最好的结果是小组内有其他人自愿接受任务，那么自己就能得到 2 美元。毋庸置疑，在两分钟的限定时间内，每个人都在等待与博弈，期望其他人能主动承担。随着时间接近结束，你也许越来越肯定没有人会接受任务，于是开始考虑是否自己应该接受任务，将报酬从 1 美元提升至 1.25 美元。在我们的试验中，自愿接受任务者通常在最后几秒才出现，且大多数小组都有一名成员接受了任务，只有 16% 的小组在两分钟结束时仍没有任何人点击接受按钮。

　　那么，你认为哪类人会更频繁地自愿接受任务呢？是男性还是女性？理论上来说，最理想且公平的情况应该是组内每人自愿承担 1/3 的任务，在十回合的试验中，也就是每人接受约 3 次任务。这正是女性参与者的实际表现，然而男性参与者却并非如此。女性平均自愿接受任务 3.4 次，而男性仅为 2.3 次。女性自愿接受任务的概率比男性高出 48%！这是十分巨大的差别。进一步分析发现，只自愿接受过一次任务或从未接受过任务的那批贡献最少的参与者，在男性中几乎占了一半（48%），而在女性中只占了约 1/4（28%）。相反，贡献最大的群体中，有超过 1/3 的女性（33%）自愿接受了 5 次以上的任务，而符合该数量区间的仅有 11% 的男性。

　　试验数据明确揭示了在自愿接受任务方面的显著的性别差异。为了直观呈现这一差异，我们以折线图的方式分别描绘了每回合自愿接受任务者中女性（以黑线表示）和男性（以灰线表示）的占比情况（见图 4-1）。首回合数据显示，女性自愿接受任务的比例高达 40%，而男性仅为 24%。图 4-1 清晰地显示了，在整个试验过程中，女性比男性更倾向于自愿接受任务。值得注意的是，有许多男性在整个试验期间都没有接受过任何任务，即便目睹了其他参与者的积极响应，他们在试验过程中依然持续拒绝接受任务。

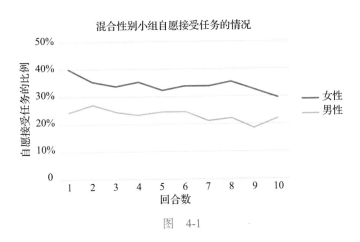

图　4-1

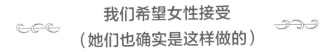

我们希望女性接受
（她们也确实是这样做的）

为什么自愿接受任务的女性教师数量会超过男性教师？我们的一些研究同行推测，女性教师自愿加入教师委员会是因为她们更擅长这类任务。在我们的试验中,则可以摒弃这种说辞,因为女性和男性同样擅长点击按钮。另一些人则认为,女性比男性更喜欢执行这类任务。但在这个试验中,认为女性比男性更喜欢点击按钮似乎并不符合事实,所以我们也可以排除这种解释。那么还有其他因素吗?在与同事讨论我们的研究时,他们提出了一系列可能造成这种性别差异的因素。比如,也许女性比男性更善良、更无私,并且更加重视任务是否有自愿接受者;也许女性更讨厌风险,在等待他人点击的时候会更加焦虑。这些解释均具有合理性,但我们关注到另一种可能性:女性之所以会自愿接受更多的任务,是否与外界对她们的期待压力有关呢?

经济学家将我们所做的这类试验称为协调博弈(coordination game),在这种博弈中,个人会通过调整自己的行为并基于对他人行为的猜测做出反应而从中获益。例如,在和他人握手的时候,尽管理论上用右手或左手都可以,但我们总是协调自己用右手和人握手,这是因为我们推测他人会用右手,因此我们最好也用右手。有数据表明,在更加陌生和不确定的情境下,人们会自发协调行动,而协调的结果往往被视为自然而然的选择。例如,诺贝尔奖获得者、经济学家托马斯·谢林(Thomas Schelling)做了一项具有开创性的经济学研究,他询问学生们,如果无法相互交流,那么在纽约他们会选择何时何地与一位陌生人相见,并让学生们自行达成共识,决定一个时间和明显的地标，而其中最常见的答案是"中午在中央车站见面"。同样，在我们的试验中，参与者通过一种协调过程来找到一名自愿接受任务的志愿者。我们观察到在刻板印象的作用下，参与者更倾向于期待女性成为志愿者。我们可以将这一现象理解为：将一名女性与两名男性配对，若每个人都希望女性主动承担任务，那么女性将会成为默认的任务承担者，男性则永远不会。因为女性深知男性在等自己主动承担，于是当她们自愿接受任务而获得稍高的报酬（即从1美元增加到1.25美元）时，实际上改善了自己的处境。

我们设立的假设是：女性在接受任务时的积极性源于他人对其有所期待。然而我们旨在探究这一因素是不是导致性别差异的原因之一（而不是两性具有不同程度的利他性导致的），为此，我们展开了新一轮的研究，设计了只有女性和只有男性的三人小组试验。试验过程中的每组参与者都是单一性别，他们坐在实验室的计算机前，参与了与第一个试验相同的十回合测试，参与者被随机分配为三人小组，每组有两分钟的时间让小组中的一名志愿者点击按钮。

业界同行普遍认为，是女性身上的某种特质促使她们自愿接受了更多的任务。果真如此吗？若假设利他主义或厌恶风险会促使人们自愿接受任务，且女性比男性拥有更多这样的特质，那么理论上讲，全员女性的小组就应该比全员男性的小组更容易产生自愿接受任务的成员。

　　然而事实却与预期相悖。实际上，全员男性和全员女性的小组在产生自愿接受者方面的成功率基本相同。在全员女性的小组中，自愿接受任务者产生的比例为81%，而在全员男性的小组中这一比例为80%，这两个组别的数据基本持平，并且和混合性别小组的数据相近。历经十回合测试，自愿接受任务的次数为女性平均2.71次，男性平均2.67次（图4-2中分别以深色虚线和浅色虚线表示）。并不是男性不知道怎么点击按钮，只是有女性在场的时候，他们就不这么做了。

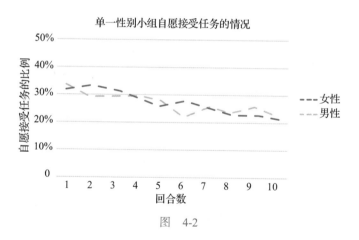

图 4-2

　　当男性从混合性别小组进入单一性别小组时，他们自愿接受任务的次数增多了。当女性从混合性别小组进入单一性别小组时，她们自愿接受任务的次数却变少了。这是为什么？
　　一位友人分享了一个故事，生动地反映了这一现象。他喜欢打猎，每逢周末，都会和一群男人共聚狩猎小屋。到了晚上，众人会合力做晚餐，所有人都会一起做饭和打扫卫生。然而，当他和异性夫妇们一起吃晚餐时，男人们从来都不会帮忙收拾餐具和洗碗，这些琐事总是女人来承担。在非单一性别的群体中，无论男女，人们似乎普遍默认应该由女性来承担那些不受欢迎的工作。女性应该为团队承担这类工作，这是社会规训并被人们内化的一种思想，最终成为男女共处时的一种常态。无论是在晚餐中、工作中，还是在我们的试验中，男性完全有能力做不受欢迎的事情，比如点击按钮或洗碗，而他们知道当没有女性在场时，他们需要站出来完成这些工作，于是他们就照做了。反之，当男性缺席时，女性知道有其他女性会帮忙完成这些事情，所以她们可以后退一步，无须主动参与也仍能维持团队的整体运作。研究揭示，这并非因为女性更喜欢执行这类任务，否则全员女性的小组应该比全员男性的小组涌现出更多的自愿接受任务者。同样，也不是因为女性自认为更擅长这类任务。究其根本，这是因为女性总是被期望站出来接受挑战。

　　雷切尔的经历进一步佐证了这一观点。她在一家从事食品和个人护理行业自然产品制造的公司担任数字营销总监长达七年之久。在管理层的一次例行营销会议上，高级副总裁提出了会上最后一个议程项目，即为当地社区的食物银行[⊖]开展年度筹

　　⊖　食物银行（food bank），一种非营利性食物赈济慈善组织。——译者注

款活动。这是公司每年都会参加的项目，当地几乎所有的公司都会参加。公司的首席执行官认为这对公司来说是一个重要的提升知名度的机会，并且关系到公司在当地社区中的地位，因此他一贯指定市场部管理这一筹款项目。为了更好地推进，高级副总裁要求一名员工主动站出来领导这项工作。雷切尔认为，去年她就负责过这个活动，因此今年理应轮换其他人来做。与她有同样想法的，还有近几年负责过这个活动的英迪拉和尤美。她们认为，这一次应该由其他有能力的同事接下这项任务，尤其是男性同事。雷切尔、英迪拉和尤美静静地坐着——其他人也是如此，沉默持续了很长时间。高级副总裁则什么也没做，只是一直等待。忽然，彼得打破了这令人尴尬的沉默："既然这个活动一直以来都办得很好，何必多此一举改变？雷切尔去年做得很好，今年应该继续交给她做。"高级副总裁对他的提议表示感谢，转身问雷切尔："如何？"所有人都盯着她，她最终只能点头应允。

　　这种情况与我们的试验十分相似，参与者都在等待其他人主动接受任务，但增加了一个关键变量：彼得的发言让每个人都将注意力集中到雷切尔身上，使她成了每个人都期待的那个自愿接受任务者。彼得提名雷切尔，将局面推向了一个特定的方向，也令雷切尔陷入了无法回避的困境。每个人都知道她会接受，因为她是被期待的那个人，而且在没有其他人站出来的情况下，接受任务实属当下的最佳选择。她知道，拒绝这项提议只会把事情拖延下去，还可能会导致自己遭人非议，并且很有可能出现的结局是，另一位女性同事被迫接下这个烫手山芋。对她来说，接受这项任务比让她的同事认为她不善于团队合作要好得多。相比之下，男性则不会面临同样的职场期望，他们可以相对轻松地避开这些任务，因为他们深知女性总是面临着接受请求的压力。

我们是否集体期望女性承担更多的不可晋升型任务呢？为验证这一假设，我们向新一轮试验的受试者介绍了之前做的混合性别试验，并询问他们认为自愿接受任务的是男性更多还是女性更多。结果不出所料，他们普遍认为女性比男性更倾向于自愿接受任务。雷切尔的案例恰恰表明，社会存在对女性自愿承担更多工作的期望，但这并不代表没有其他可能性。那位高级副总裁本可以忽略彼得点名雷切尔的提议，转而让彼得自己来负责筹款活动，然而他把任务留给了雷切尔，这可能是一种更为简便的决策。

一项心理学研究旨在探索在工作中是否提供帮助会对男性和女性的绩效评估及晋升推荐产生什么影响。在试验中，研究人员探听了受试者对不同性别的员工应该在工作中执行何种特定任务的看法，并询问受试者哪些任务对男性员工及女性员工来说是"可选的"而非必须做的。不出所料，受试者给出的答案取决于员工的性别。以下是调查中受试者普遍认为男性比女性更有选择权的任务。

- 投入额外的时间帮助同事解决与工作有关的问题。
- 解决同事之间的冲突。
- 帮助新员工适应工作。

　　如果这些工作内容看起来很熟悉，那是因为它们实际上就是在第二章中被列为既耗时又没有回报的不可晋升型任务。对男性来说是"可选的"的任务，对女性来说却往往是必须做的。正如我们的试验，人们预计女性会去做这项任务，因而其他所有人都按兵不动，女性因抱有"其他人不会做"的预期而站了出来。这反过来又强化了"女性会提供帮助"的社会期望——女性确实这样做了！然后，由于社会上存在着这些期望，如果女性不去承担这类任务，就得付出代价。

　　假如女性拒绝或者没有达到别人的期望，就可能会受到负面影响，工作分配、协作、绩效评估、声誉和薪酬便可能会因为"不合群"而受到损害。包括我们自己在内的所有人都默认了女性应该如何行事的世俗想法和社会期望。很多时候，女性在考虑说"不"的时候会感到内疚。我们认为，是自己内心的声音迫使我们为没有接受他人的请求而感到内疚，是我们不断告诉自己，当女性说"不"的时候，就应该感到被冒犯。但这种想法并非源于我们自己！让女性承担不可晋升型任务是集体的期望。

女性在拒绝的时候会感到内疚
（因为我们期望她们接受）

　　洛里经常在工作中担任收拾残局的角色。当有同事从学校离职，导致一名研究生没有导师时，洛里便会辅导这名学生完成论文，帮助其完成学业。当有一名学生在攻读博士学位期间因为没能取得进展而即将被退学时，洛里自告奋勇去告诉他这个坏消息。当两名教师起了冲突，干扰了大家的工作时，洛里推动他们达成和解。这些都不是她的工作，但她还是做了。大家很感激她对学校的奉献，因为确实需要有人来做这些事。洛里在学校里支持同事，发挥了自己的作用，为此她深感欣慰。她意识到周围的人已经将她视作一名问题解决者，她也逐渐接受了这一角色定位。人们习惯性地期望她会接受承担各类任务，而她亦始终如一地给予肯定的回应。她内化了他人的期望，认为这些任务是她应做的，当她考虑拒绝帮忙的请求时，便会产生强烈的愧疚感。

　　我们携手我们以前的学生，现任巴布森学院教授的阿曼达·韦鲁普（Amanda Weirup）对员工展开了一项调查，旨在确认他们在拒绝不可晋升型任务时的情绪状态。调查结果显示，女性相较于男性更易于产生焦虑感和内疚感，这一发现得到了后续研究的进一步验证。琳达、阿曼达和卡内基梅隆大学的教授塔亚·科恩（Taya Cohen）合作开展了一项研究，他们设计了四种工作情境：校对报告、替同事参加会议、为同事跑腿以及帮助策划办公室派对，以此来考察受试者在面对同事求助时的响应意愿。结果显示，当受试者被问及是否愿意帮助同事时，女性比男性更有可能答应。此外，研究还揭示了女性比男性对拒绝抱有更大的内疚感，这在一定程度上解释了为什么女性比男性更易自愿承担额外任务。

当女性拒绝不可晋升型任务时，除怀有内疚感外，她们往往还会遭遇这种情绪被人加以利用的情况。这一现象在贾丝明的故事中尤为明显，她的经历揭示了内疚心理如何驱使女性承担超出合理范畴的工作。贾丝明受雇于一个与国会密切合作的无党派委员会，该机构通过政策简报、研讨会和政策文件等形式向议员提供关于其专业领域的信息和教学资源。贾丝明被选为国会黑人同盟研究员，这一职务与她的专业技能和个人兴趣相匹配，并与她的职业目标高度一致。作为一名研究员，她的工作内容包括具有高可晋升度的任务（即准备简报等及与议员会面）以及不可晋升型任务（协助实习生入职、撰写会议笔记和在活动中登记到访人员等）。

贾丝明成功向国会议员推介了一场简报会议，这可绝非易事，她一直在努力准备这场会议。会议聚焦于可再生能源议题，这恰好是她的专长领域。这场为期两天的会议将在明尼阿波利斯举办，原计划邀请国会议员以及来自美国中西部靠北部地区的立法者。然而，在会议举办前两周，国会议员取消了行程，

这意味着此场会议不再会有赞助商，而获得赞助支持是举办此
类简报会议的必要条件。贾丝明已经预订好了机票、酒店和会
议室，并策划了一场在附近大学举办的额外活动。现在情况发
生了变化，她的机会可供争夺——一位白人男性同事科尔得到
了这个机会，因为他能够就一个不同的能源话题获得国会赞助
商的资助。于是，贾丝明先前所有的努力都付之东流，而科尔
将会成为聚光灯下的焦点。

　　贾丝明把她所有的工作成果都交给了科尔——预订的酒店、
客人名单以及所有占用了她大量时间才敲定的行政细节。这件
事让她十分伤心，但一个新的机会突然出现了，她被邀请参加
一个海外代表团的哥本哈根之旅，而她的上司也批准了这份邀
请。在哥本哈根的第一天，当她正在参加一个会议时，科尔打
电话给她，斥责她擅自策划和安排了他的活动，宣称她试图破
坏他的简报会议，并威胁她——如果会议失败，贾丝明要承担
责任。这让她十分震惊，万分难过。她虽对自己的简报会议被
取消感到不满，但仍清晰地意识到科尔在玩弄她的情绪。但即
便如此，她仍旧对没能帮助科尔成功举办会议而感到亏欠和内
疚。那她后来做了什么呢？两天后，当她和代表团从哥本哈根
返回家中时，她接过科尔负责的那些工作，即准备他的简报、
整理他的材料，直至凌晨两点才完工，并在飞往明尼阿波利斯
参加活动时携带了额外的简报。她做了很多本应由科尔来做的
烦琐工作，如果她的会议没有被取消，她本可以独自完成这些

工作（如果科尔一开始就得到了这个机会，这些工作本来就该是他自己想办法完成的）。尽管如此，她仍默然承受，毫无怨言地完成了他的那部分工作。贾丝明深知科尔利用了她的内疚感，这在很大程度上源于她的女性身份，但最糟糕的是，她认为如果她不是非裔，科尔可能根本不会采取这样的手段。科尔成功引发了她的内疚，而她明白自己不该让他得逞，更不该代劳本属于他的工作，但她不知道除了帮他还能做什么。

女性在拒绝时会遭到强烈反对
（源于社会对"接受"的隐形期待）

正如我们所看到的，接受他人的请求会给女性带来沉重的负担，但拒绝同样伴随着不小的代价。一旦拒绝，女性不仅要承受内心的愧疚，还可能会惹怒提出请求的人。我们开展的研究探究了男女员工接受不可晋升型任务的原因，结果表明，女性比男性更有可能接受这类任务，以规避负面的影响和后果。

为什么会这样呢？心理学的相关研究揭示了社会规范及违反规范的后果对个体行为的深远影响。诚然，许多规范对男女一视同仁，例如，在电影院，我们希望每个人在电影开场后都不要说话，这是一种社会规范，一种可接受的社会行为标准。如果有人继续说话，其他观众就会制止他们，无论他们是男性还是女性。然而，并非所有规范都同时适用于男女两性。研究表明，女性所面临的规范要比男性更多且更严格，一旦违反，社会的反应也要更强烈。研究结果表明，女性受到了严格的文化制约。换言之，关于女性的言行举止，社会有严格的规范和诸多限制。试着想象女性在空中走钢丝——对于女性的言行举止，社会可以接受的范围十分狭窄，如果偏离这个范围，女性就可能面临危险。男性则享有更为宽松的文化环境，他们在选择能做的事情时有较大的选择空间，仿佛在高速公路上自由驰骋，需要适当的车距，但可以轻松在多条车道之间移动——男性可以根据自身的主观意愿而非他人的期望来做决定，享有更大的自由度。

"乐于助人"这一被称赞的美德，似乎更多地被社会强加于女性，因此相较于男性，女性被限制了拒绝提供帮助的自由。至于为何女性常被期望成为帮手，以及女性帮助人的特性是天生的还是后天培养的，背后蕴含了多元而复杂的成因，但总体而言，日常社会情境在不断加固社会对女性的这种期望。有时，这些社会情境传递的性别刻板印象直白且荒谬，若非其反映的现实如此令人沮丧，简直令人啼笑皆非。比如，一家世界知名的妇女医院在国际妇女节之际，为了向以女性为主的医生和研究人员群体传递"赋能"之意，引用了下面这句"鼓舞人心的名言"："w 代表美好的妻子（wonderful wife），o 代表杰出的朋友（outstanding friend），m 代表了不起的女儿（marvelous daughter），a 代表可爱的妹妹（adorable sister），n 代表倾力养育的母亲（nurturing mother）。"⊖在工作场所中，为女性的智慧、专业、成就和领导力而庆贺显然更加合适，而且有助于削弱女性仅仅是后天培养来做帮手的社会固有形象。我们的一个朋友是《复仇者联盟》系列电影的狂热粉丝，尤其喜爱斯嘉丽·约翰逊饰演的"黑寡妇"，这个角色在电影中是一名战斗力超群、立场坚定的女性超级英雄。然而在他看到《复仇者联盟：终极游戏》中的一个关键场景后，却大感失望。在这个场景中，地球上最强大的英雄正在进行头脑风暴，试图抓住最后一次拯救宇宙的机会。各位超级英雄抛出了许多拯救人类的想法，尽管他们拥有人工智能以及一切观众可以想象到的技术，但黑寡妇，作为这次会议中唯一在场的女性超级英雄，却只是在黄色的便签簿上做笔记！令人感到遗憾的是，布伦达同样看了这部电影，但在观影时，竟对这个片段的异常毫无察觉。可见，社会对于女性角色的固化认知已深入人心，我们过于习惯把女性定位为辅助者，而且这一观念经常被社会情境强化，以至于我们只能"顺理成章"地接受这一点，即使是我们中自以为一直密切关注该议题的人也难以完全摆脱其影响。

一项关于职场助人行为的研究更是直指问题的核心，揭示了女性拒绝提供帮助时会造成的不良后果。试验设计如下：研究人员让受试者阅读一则关于某位员工收到另一名同事的协助

⊖ 这 5 个字母合起来是"woman"，即"妇女"。——译者注

请求的情境描述。该情境有几种结局：一是员工愿意帮忙；二是员工拒绝帮忙；三是员工未表态是否愿意帮忙。每位受试者只能接触到一个版本的故事情境，并被要求评估他们雇用该员工的可能性。当故事情境中的员工是女性时，无论结局是该员工选择帮忙还是未表态是否帮忙，评估结果都是一样的。但如果故事结局是她拒绝帮忙，那么评价就会低得多。当女性帮忙时，她们不会得到奖励，但当她们拒绝帮忙时，她们会受到惩罚。对男性来说，情况则完全不同。当故事情境中的员工是男性时，无论他选择拒绝帮忙还是未表态是否帮忙，评估结果都是一样的。然而，如果故事中这名男性选择提供帮助，受试者就会决定提供给这名员工高得多的工资。当男性拒绝帮忙时，他们不会受到惩罚，而当他们帮忙时，却会得到奖励——这与女性面对的情况截然相反！

　　为什么我们对男性和女性选择答应或拒绝提供帮助的反应会如此不同？你猜对了——我们对他们的期望是不同的。我们已内化了这种社会期望（或强制要求），即女性会接受请求，并且我们会因为她们选择拒绝而感到被冒犯。这种潜在的强烈反应进一步迫使女性接受请求。那么拒绝的女性会受到什么样的惩罚呢？相关评价随处可见，例如"她很难相处""她不合群""她真刻薄"等。我们之所以不奖励施以援手的女性，是因为她们"乐意这样做"。尽管事实上，她们可能并不乐意，但为了避免强烈的负面反馈，她们需要面带微笑地接受。女性确实往往都是这么做的。

有趣的是，人们对是否选择提供帮助所产生的反应，与我们针对员工做的拒绝不可晋升型任务的情绪调查的结果，是一致的。那些被期望承担这类任务的女性在拒绝时会比男性更有可能感到内疚，并且会担心后果；那些不被期望承担这类任务的男性，相比女性，则更有可能去考虑提供帮助会带来什么回报。

女性并不是唯一受制于严格的文化约束的群体。加利福尼亚大学黑斯廷斯法律学院的职业生活法律中心开展的针对工程师和律师的研究表明，与白人男性相比，女性和有色人种男性表示自己言行果决或者能够毫不犹豫地表达愤怒的情况要少。社会规范和社会期望的差异可能会导致工作分配的差异。在面对诸如安排对所有参会者都便利的会议时间、做会议记录、策划办公室派对等任务时，女性和有色人种男性比白人男性更有可能对承担这类任务感到有压力。

对那些已经晋升至高级管理层的哈佛商学院黑人毕业生的采访同样表明，她们清楚地意识到某些行为是要付出代价的。她们会采取预防措施，谨慎行事，避免犯错误，因为她们深知野心勃勃、过于张扬可能会招致负面后果。她们会担心人们对自己产生"愤怒的黑人女性"这种刻板印象，因此会不遗余力地调整自己的回应态度与言辞。在这些毕业生中，有些人将自身受到的额外审视形容为大多数白人都不需要缴的"税"。采访还揭示了工作分配的不同——一位领导坦言，她们被当作保姆，在男性高管匆忙做出决定后，她们不得不在后面帮忙收拾烂摊子。

我们在实验室中做的试验旨在阐明性别问题，而我们的学生主要是白人，因此不幸的是，我们无法确定有色人种是否也承受着类似的过高期望，导致其更倾向于主动承担额外工作。这项研究工作仍处于初级阶段，有待深入探索。然而，有其他研究指出，有色人种确实面临着类似的过高期望，也面临着极为狭窄的可接受行为范围，而且往往伴随着更多的不可晋升型任务。一项研究发现，有色人种教师平均每周需比白人同事额外多付出三个小时的服务时间，这使他们花费在研究和教学上的时间更少。其他学者进一步指出，期望有色人种承担起不可晋升型任务及由此产生的更多的服务义务是很有问题的现象，因为在评估绩效时，上司往往会忽视下属在这些任务中的奉献。

我们已经明确，女性会比男性承担更多的不可晋升型任务，这并不是因为她们更愿意或更渴望承担这类任务，而是因为我们希望她们这样做。此外，令人不安的是，有色人种女性面临着对于她们的性别和种族的双重期望压力，这导致社会对她们是否接受不可晋升型任务有着更小的预期范围。

女性更容易接受不可晋升型任务，这涉及我们所探讨问题的"供给"方面（只是谜团的一部分），在下一章中，我们将探讨与之相对的另一个方面——"需求"。

第五章

为什么总是选择女性

The No Club

Putting a Stop to Women's
Dead-End Work

在一次俱乐部的晚间聚会中，利塞说自己有所懊悔。她说上司委派她为几个委员会寻找数名自愿加入的成员，她很快就找到了六个人，并且六个人都同意了。但在提交名单后她才意识到，自己竟不自觉地只找了女性同事询问。讽刺的是，她有那么多同事，而她一个男性同事都没问，只问了女性同事。她为自己给女性同事又增加了额外的负担而感到非常难过且不安，在我们俱乐部的聚会上，她充满疑虑："我怎么能要求我的女性同事承担这些不可晋升型任务呢？我真是个讨厌的人。"我们宽慰她："不，你不是。你只是和其他人一样。"我们下意识地说出了这句话，我们决定调查一下这种情况是否属实，以及背后的原因。

谁该承担
不可晋升型任务

如第四章所述，我们发现女性比男性更有可能接受他人的请求，而这是因为社会期望她们这样做。现在让我们将注意力转向"需求"方面——女性是否比男性更频繁地被要求承担这些不可晋升型任务？我们发现，关于任务分配的研究很少，关于不可晋升型任务分配的研究更是寥寥。这一空白促使我们做了更多的研究，我们的研究可能是唯一的关于不可晋升型任务分配的系统性研究。我们的研究直接关注了"需求"方面的问题，而研究结果在意料之中：在分配任务和提出请求时，女性被问到的次数确实更多。这个结果意味着，我们每一个人，都在无形中让女性承担了更多的不可晋升型任务。

为了进一步验证这一发现，我们回到实验室，对之前让一名小组成员自愿点击按钮的任务试验做了修改。在这次试验中，我们将小组成员从三人增加到四人，增加的是一个"经理"的角色，其工作职责是邀请某位成员主动承担任务。我们想知道这位经理会更倾向于向谁发出邀请——是女性更多，还是男性更多，抑或是两性均等？

在最新的试验中，我们沿用了之前的小组设定，测试要求依然是受试者需在两分钟内促使一名小组成员自愿点击按钮。在计时开始之前，我们会引导经理让其中一名成员"自愿"点击按钮。这次每位受试者都能清晰地看到小组内所有成员的照片，也能看到经理邀请了谁来接受任务。尽管经理不能直接点击按钮，但其他小组成员可以（不仅仅是被经理点名的那一位），一旦有人点击按钮或两分钟时间耗尽，该回合测试即告结束。在这个过程中，每位小组成员，包括被邀请自愿接受任务的人，都心怀期待，希望其他人能在计时结束前选择主动站出来点击按钮。

我们进行了多次试验，每次均有 20 名学生参与。受试者性别均衡，且大多数都是本科一年级的白人学生。试验选在匹兹堡大学的实验室进行，每个学生都配有一台计算机，试验中所有的交互行为都是通过计算机发生的，且每个人都能在自己的计算机屏幕上看到自己小组成员的照片。试验共分为十回合，每个回合开始前计算机都会随机将学生重新分为四人一组，并随机指定其中一名学生担任经理这一角色。试验目标与之前的一致，仍旧是在两分钟内成功令某位成员点击按钮，奖励机制也沿用了之前的设定：若没有人点击按钮，非经理的小组成员每人将获得 1 美元；如果有人点击按钮，点击者获 1.25 美元，其他成员各得 2 美元。而对于经理来说，如果没有人点击按钮，经理将获得 1 美元；若有人点击，经理将获得 2 美元。因此，符合经理利益的做法是邀请合适的人自愿点击按钮。

　　如果你在这个试验中担任小组的经理，图 5-1 中的三个人是你的小组成员，你会邀请谁来点击按钮呢？

图　5-1

　　如果你对三个小组成员一视同仁，那么理论上每个人就有三分之一（约33%）的概率被邀请，但试验中的经理并没有这么做。对于由一名女性成员和两名男性成员组成的小组，女性成员被邀请的概率为40%，而每个男性被邀请的概率为30%。为什么经理更倾向于选择女性成员呢？也许是因为她是小组内唯一的女性。为了验证这一想法，我们观察了由两名女性成员和一名男性成员组成的小组。在图5-2中的三个人中，作为经理的你会选择邀请谁来接受任务呢？

图 5-2

假如上面的推测成立，那么当小组里仅有一名男性成员时，理论上该男性成员被邀请的概率应亦为40%，然而恰恰相反，我们发现，女性成员被经理点名的概率仍旧达到了40%——小组中的两名女性成员被邀请的概率各为40%，这导致男性成员被邀请的概率甚至更低——只有20%。

这个试验的设定要求成员自愿承担一项不受欢迎且回报相对较少的任务，他需要"为了小组共同的利益牺牲自己"。你会选择邀请哪位成员呢？一位女性？如果你与我们这项研究中参与试验的学生行为一致，平均而言，你邀请女性成员的可能性会比邀请男性成员高出 44%。有趣的是，无论是男性经理还是女性经理，邀请女性成员的次数都要多于男性成员。利塞并不是唯一一个将不可晋升型任务分派给女性同事的人。即使是对职场规则接触较少的大学本科生，在试验中也更多地选择了女性成员。社会普遍期望女性接受外界的请求，因此在需要一名自愿承担任务的人时，女性似乎就是最好的选择。

我们的朋友美慧分享了她的经历。有一次她和八名医生共同参加了一场线上会议，其中七名是男性。会议伊始，一位男性医生说道："嘿，美慧，想不想做我们的抄写员，把会议材料整理好，再分享给大家？"让我们大受震撼的是，尽管在场八人都是平等的，她的男性同事却能如此"自然而然"地主导整场会议，并把最繁重的行政任务指派给美慧。参会的其他人似乎都并未察觉有何不妥，只有美慧本人敏锐地察觉到，这就是一个分派给女性额外负担的非常明显的例子。

虽然我们的研究清楚地表明，女性比男性被要求承担额外任务的次数更多，但研究结果不能反映种族、民族、阶级和年龄等其他因素的影响。然而，鉴于有证据表明有色人种可能会因为言行举止自信果断而得到普遍强烈且负面的反应，人们对于有色人种会接受不可晋升型任务具有极高的预期。出于这个原因，有色人种或许有更多的可能性被要求承担这类任务。

我们为什么会要求女性承担不可晋升型任务

　　我们发现了大众更多地要求女性承担不可晋升型任务的几个理由。在一些情况下，在决定问一位女性之前，我们会深思熟虑。但在其他情况下，一些因素通过潜意识影响我们的决定。我们通常将这些基于潜意识做出的决定归因于直觉，即我们是根据自己的直觉做出决定的。你可能会为在前述试验中邀请了女性来点击按钮而感到内疚，但你选择女性的决定很可能是下意识做出的。我们列出了五个要求女性承担不可晋升型任务的理由，让我们来逐一分析。

理由一：我们会问那些愿意接受请求的人

　　为什么？

- 速度更快：问一个愿意接受的人，用时会更短，一句"乐意帮忙"，问题就能得到解决。
- 更简单：不需要乞求，也不需要说服别人。
- 压力更小：你不必担心自己的请求会被拒绝。有研究表明，提出请求并遭到拒绝会给人带来痛苦，因此我们都希望能避免被拒绝。

　　利塞选择询问女性同事来承担委员会的任务是因为她们会

同意这项请求，而这能让利塞的处境更好些。她想完成工作，于是她无意中跳过了男性同事，因为她没有时间应对潜在的阻力。

我们在上一章得出的结论是，人们的期望导致女性自愿承担了更多的任务。此外，研究还证实了当要分配一项不受欢迎的任务时，人们普遍认为女性会接受。我们的研究结果证实了这一点——当经理邀请女性成员点击按钮（并获得相对较低的回报）时，有75%的概率女性成员会接受，而当男性成员收到同样的邀请时，接受的概率只有50%。女性成员的接受率如此之高令人惊讶，因为她们被邀请的次数本身就比男性成员多。或许你会设想，女性成员会对反复的邀请感到厌倦，并越来越不愿接受经理的邀请，但我们并没有看到这方面的证据。与之相反，女性成员一直在接受，因此经理一直找她们也是有迹可循的。

理由二：当我们思考谁"最适合"不可晋升型任务时，女性更容易"浮现在脑海中"

闭上眼睛，在脑海中勾勒出一位木匠的形象。大多数人勾勒出的形象是一个男性，可能你也是。绝大多数木匠是男性（高达96.8%），所以几乎每次我们遇到的都是男性木匠。渐渐地，我们的大脑将"木匠"和"男性"联系起来，并很快就将两者视作相互关联的一组信息来处理，因此我们需要更长的时间来勾勒女性木匠的形象。这种潜藏于大脑中的关联信息，让我们直观地认为"木匠"和"男性"是很匹配的，但"木匠"和"女性"不是。这就是所谓的性别一致性（gender congruence），它反映了一种情境（或职业）与某个特定性别的人之间的契合度。男性与木匠的性别一致性比女性更高，因此我们认为男性比女性更适合做木匠。这可能不是有意识产生的观点（即"我认为女性不应该做木匠"），似乎更接近一种"直觉"（即"想到女性做木匠会觉得有点奇怪，但我也不确定为什么"）。

性别一致性也会影响我们在工作中分配任务的方式。如果你有一项不可晋升型任务要分配，即使你所在的部门主要由男性构成，你也会优先考虑询问女性，因为她们看起来很适合这项任务。你可能会认为不可晋升型任务与女性是契合的，形成这种想法可能有以下几个原因。首先，人们经常目睹女性处理这类任务，正如男性和木匠之间的联系，女性和不可晋升型任务总是一起出现。其次，女性接受不可晋升型任务符合我们对女性的行为预期。即使在当今时代，我们仍旧期望女性具有奉献意识，即女性会担任辅助性的角色并乐于助人，男性则被认为是具有主体性的，他们果决、独立且以自我为导向。女性的性别角色在很大程度上影响了有关不可晋升型任务的请求。假设一名新员工在培训结束后仍有疑问，需要帮助，这时他会去找谁呢？提供帮助这件事更符合女性的性别角色，因此他会向女性寻求帮助，而同样因为性别角色，女性在压力下选择去提供帮助。最后，大众对女性专业技能和地位的刻板印象与不可晋升型任务的特点是契合的。不可晋升型任务往往只涉及基本技能，大多数员工都可以做，可晋升型任务则通常需要专业技能——专业技能上女性不如男性的刻板印象，给人感觉女性似乎更适合承担只需要基本技能的任务，例如不可晋升型任务。由于不可晋升型任务与组织的核心追求关联较小，且常常发生在幕后，这类任务往往地位较低，而女性地位低于男性的刻板印象使人们认为她们似乎更适合从事不可晋升型任务这类几乎没有地位的任务。

琳达与斯坦福大学教授弗兰克·弗林（Frank Flynn）以及哈佛商学院教授朱利安·兹拉特夫（Julian Zlatev）共同开展的一项研究表明，性别一致性在人类社会中根深蒂固。他们通过一个在线门户网站招募了具有全职工作经验的人参与试验，该试验要求他们根据可晋升度的高低对 6 项假设的任务进行评级。任务如下：

1. 帮助公司总裁撰写演讲稿。

2. 在招聘委员会任职。

3. 参加会议，扩大人脉。

4. 为会议做后勤安排。

5. 筹划同事的退休派对。

6. 订购办公用品。

此试验还招募了另一组具有全职工作经验的受试者，要求他们根据一组虚拟员工的简要信息（包括员工姓名、在公司的工作年限、教育背景以及绩效评估结果），对自己将上述任务分配给每名员工的可能性打分（1分至7分）。在试验中，我们对6名虚拟员工的个人简要信息做出轮换——在一半的时间中，在员工的个人描述前冠上男性的名字，在另一半的时间中则冠上女性的名字。员工的性别信息并未直接提供，而是通过选用符合性别刻板印象的名字加以暗示。试验结果正如预期，受试者更倾向于将3项可晋升度最低的任务分配给女性。为何会出现这种现象？受试者并不了解这些虚拟员工，但他们的名字提供了能够依此判断他们各自性别的线索。受试者其实是将姓名与任务进行了匹配——相较于男性，不可晋升型任务与女性的契合度更高。

还记得前面提到过的超市女性员工吗？她们更有可能陷入日复一日被分配到收银台收银的处境。她们为什么会被困在收银台而无法被分配到其他工作呢？因为经理是这样分配工作的：每个工作日，经理都会查看当天到店工作的员工总数，并将员工编号。假如一天有10名员工到岗，经理就会将员工从1到10依次编号。这个号码决定了谁将在收银台工作。如果需要5名员工负责收银，经理就会派1到5号员工去收银台，而让6到10号员工在超市的其他地方工作。如果超市的客流较大，额外需要1名的员工来收银，经理就会叫6号员工去收银台。研究人员发现，编号时，经理总是把女性员工排在前面，这导致她们一整天的工作内容就只有收银；而男性员工总是被排在后面，因此男性员工就有机会接触其他工作。

一位员工向经理询问了按性别分配任务的缘由，并如此总结了经理当时的回答："他们不会给你一个理由的。这就像家长说'因为'一样。"那么，到底是什么因素决定了他们的编号顺序？我们怀疑其中有性别一致性的影响。这些经理很可能是凭直觉分配任务的，自己也解释不出这样分配的具体原因，只是认为女性更适合承担这类任务。人们期望收银员对顾客友好并乐于助人——这种类型的角色通常与女性联系在一起。

理由三：女性需要牺牲自己以获得"成功"

假设一名女性接受了不可晋升型任务，并且完成得非常出色。可是，这份成就并没有为她带来晋升的阶梯，她反而因为得到了擅长这类任务的好名声而被频频赋予同类任务，渐渐地，这类任务似乎成了她的专属工作。这正是我们之前的学生西蒙妮所遇到的情况。

在获得硕士学位五年后，西蒙妮在美国政府机构任职，任职期间她直接向内阁部长汇报工作，并参与了一些能突出她专业技能的项目。一位资深且深受爱戴的行政助理即将退休，部长请西蒙妮为她筹划一场退休派对。西蒙妮深知这会占用她投入重要项目的时间，但仍旧认为自己必须接受这个请求，于是应了下来。她成功策划了这场派对，部长对她大加赞许。但派对结束后，她面临着一系列待完成的其他工作项目，因此不得不额外花几个晚上以及周末的时间来处理。紧接着，另一位同事要退休了，西蒙妮又被要求去协助这个人的退休派对。不出所料，她成为派对实际上的策划人，这不仅影响了她完成可晋升型任务的时间，也悄然改变了同事对她的职业认知。那些本该助力她职业发展的重要项目，如向国会提交报告、为部长证词做研究等，逐渐不再被指派给她。意识到这一点后，她奋力争取参与和她专业技能更相符的重要项目，期待能够重新获得他人对自己的专业认可。为此，她不停地加班，没有一点私人生活，但换来的却是"承担任务太多，专注力不足"的绩效评语。她回家后哭了，因为自己承担了繁重的工作却受到了惩罚。她根本不是"专注力不足"。对于工作，她非常专注，这也是她选择自愿参加其他重要项目的原因。派对策划占用了她完成专业职责的时间，而她的主管没有看到真正的问题所在，却将其解读为工作时间太过分散。与西蒙妮同时期入职的同事们一步步迈向了更高的职位，而西蒙妮却在职业生涯中一步步落后。

理由四：文化税

有些情况下，由于人口特征（例如性别、文化背景、种族）的差异，个体会被赋予某些特定任务。这并非必然会导致不平等，但当一个群体在职场中的代表性不足时，就会导致不平等现象发生。作为工作人员中唯一的非裔女性流行病学家，卡米尔经常被上级要求加入各类委员会，以展示其"独特视角"。她明白，她之所以会被邀请，很大程度上跟她的性别和种族有关，而不仅仅是因为她聪明能干。伦理审查委员会和多元化委员会这样的工作场所治理委员会往往倾向于吸纳具有特定身份标签的成员。这类委员会的初衷是好的——为了在看待问题时能够兼顾多种视角，尤其是那些经历过类似问题的人提供的视角。然而，对于那些代表性不足的少数群体而言，这种任务往往具备较低的可晋升度，但他们却总是被安排承担这类任务。斯坦福大学的阿玛多·帕迪拉教授（Amado Padilla）将这种现象形象地称为"文化税"。

　　一些关于高等院校任务分配的研究证实，有色人种面临的不可晋升型任务问题更为严峻，非裔和拉丁裔教师在服务性质的任务上花费的时间远超白人教师。定性访谈研究揭示了高等院校中存在对有色人种教师的一种特殊压力，即要求他们承担大量的不可晋升型任务。在一个具体的案例中，一位受访者坦言："当（群体中）只有三四名拉丁裔，你是其中一员并且还是一名女性时，几乎每个委员会都希望你加入。在给予你机会的同时，也意味着学校期望你做很多其他教师没有做过的事情。"如第三章所示，当女性在委员会中的比例高于她们在全体员工中的比例时，类似的情况便屡见不鲜。尽管这种做法初衷良好

（旨在"确保女性的声音被听到"），但过多邀请女性在委员会中任职，很有可能会给女性造成沉重的负担，形成一种因代表性不足而缴纳的"税"。

在经历了颇具争议的招聘和终身教职聘用程序后，普利策奖获得者兼大学教授、记者妮可·汉纳－琼斯（Nikole Hannah-Jones）拒绝了北卡罗来纳大学提供的岗位，转而接受了历史悠久的黑人大学——霍华德大学提供的岗位。人们担心她的这一决定会辜负北卡罗来纳大学为多元化和包容性所做的努力，而琼斯教授在公开信中给出了极有说服力的回应："我的工作不是去治愈这所大学，也不是强制推行必要的改革，以确保委员会能反映学校和所在州的实际人口比例，更不是确保学校领导层信守承诺，正视学校遗留的种族主义与不公问题。长久以来，大权在握的人总希望那些被他们虐待和边缘化的人群能够自我牺牲，以成全整体。为种族正义而工作的重担落在了那些遭受不公正之苦的人身上，而非落在了那些维护不公正的有权势的人身上。所以，我告诉你们，'我拒绝'。"

理由五：善意的性别歧视

善意的性别歧视并不意味着这种性别歧视有利于女性，而是指其出于好意。当人们以帮助女性为目标来处理某些事情时，他们所采取的行动却往往会伤害女性。回想一下第三章中提到的专业服务公司，我们在分析了该公司员工的年度工作时长后发现，初级岗位的女性员工在不可晋升型任务上投入的时间比男性员工要多得多。当我们与公司的领导者交流时，他们分享了一些值得深思的信息：领导者将女性员工分配到特殊项目，并指派其参与公司内部的委员会，以便她们直接接触并了解公司的不同部分。这部分活动并不属于可计费服务的范畴，但该公司给出的理由是，这将有助于女性员工获得成功。他们很少指派男性员工参加这些活动（有何不可？难道他们不应该也了解公司的各个部分吗？），所以男性员工可以把更多的时间投入重要的工作中去，即按时收费的客户工作。该公司虽考虑了女性员工的最大利益，但他们的做法非但没有帮助到女性，反而最终损害了她们的利益。我们指出了这一点，但该公司的领导者坚定地表示仍要坚持这种做法。他们认为自己这样做是为了帮助女性员工，并执意继续这样做。

相比之下，我们的一位朋友，且称他为拉尔夫，就更愿意接受我们的建议。拉尔夫领导着一个庞大的部门，部门中有许多女性员工都是领导岗位的候选人。拉尔夫给这些女性员工分配了许多不可晋升型任务，例如参与特殊项目或特殊活动，但他没有将这些任务分配给团队中的男性员工。当我们问及原因时，他给出了与上面那家公司的领导者相似的理由——他希望这些女性员工能够接触到公司的运行程序及各部门的人员，因为他认为这是走向领导岗位的发展必经之路。那么，他最近提拔的人是否也曾在这些工作小组中任职过呢？他承认并没有。他有些尴尬地告诉我们，尽管这些人没有在这些工作小组中任职过，但他认为他们已经具备担任领导者的能力了。拉尔夫的意图是好的，但他还是给他的女性员工带来了不公平的负担。但令人欣慰的是，他很快就解决了这个问题——现在，他给男性员工和女性员工分配了同样的任务。

组织需要评估它们为试图达成的事情所做出的努力是否真的有效。如果承担这类任务能让女性员工成为更好的领导者，那么顺理成章地，它们也会让男性员工成为更好的领导者——每个人都应该承担这类任务。在第十章中，我们将给你一些建议，教你如何巧妙地化解这种善意的性别歧视。

人们更频繁地要求女性去承担不可晋升型任务，这类现象背后有很多影响因素在起作用。我们不是在指责谁，只是很多人也许并没有意识到他们促使女性承受了如此沉重的负担。即便人们意识到了，这种情况仍然会发生，而不断增加的大量没有前途的工作累积起来会给女性造成负面影响。

女性被请求的次数更多，接受请求的次数也就更多，这种双重情况造成了真正的性别不平等：在我们的研究结果中，女性赚到的钱要比男性少得多。在第 1 个试验中（对应没有经理的混合性别小组），男性的收入比女性多 11%，在第 3 个试验中（对应有经理的混合性别小组），男性的收入比女性多 15%。试想一下，这种现象在工作场所中屡见不鲜，女性比男性做了更多没有报酬的工作，而这对整体薪酬和晋升会产生多么大的影响。

利塞和她的同事拉妮娅·吉勒布（Rania Gihleb）教授，以及她们从前的学生，现任巴克内尔大学教授的雷切尔·兰茨曼（Rachel Landsman），一起做了一项实验室研究，旨在进一步了解工作分配对薪酬的影响。该试验设计了一名经理搭配两名员工的工作情境。试验中，一名员工被分配到一项收益较低的任务（不可晋升型任务），另一名员工被分配到一项收益较高的任务（可晋升型任务）。她们考察了分配的任务对薪酬及薪酬谈判的影响。这两项任务是随机分配的，而经理负责将薪酬分配给两名员工。尽管任务是随机分配的，但被分配到收益较低的不可晋升型任务的员工所获得的薪酬会远远低于被分配到收益较高的可晋升型任务的员工。此外，薪酬谈判环节进一步拉大了两名员工之间的薪酬差距。因为能够通过谈判成功加薪的员工是那些被分配到可晋升型任务的员工——可晋升型任务给了他们筹码来就自己的薪酬讨价还价。

随着时间的推移，不断增加的不可晋升型任务所产生的累积效应会让女性员工的职业生涯脱轨，因为她们错过了获得认可、晋升及其他的工作机会。用更长远的眼光来审视这些代价，我们看到的是对女性健康、家庭和自我意识产生的伤害。我们将在下一章中更深入地探讨这些代价。振作起来，情况很严峻。

练习 3 ❋

了解不可晋升型任务在组织中是如何分配的

现在，是时候思考一下你手上的不可晋升型任务是如何分配给你的了。此外，你还需要了解不可晋升型任务在你所属组织中的分配流程。

练习 3.1：你的任务组合是如何形成的

你需要了解你目前所承担的不可晋升型任务是如何分配到你手中的，这与我们在随后的章节将要讨论的个人和组织的变化有关系。

步骤 1. 参考第二章中的练习 1.4，找到你的任务中可晋升度较低或中等的任务类别，然后逐项列出属于每个类别的子任务，这样你就能直观地看出你都做过什么，做了多少。

步骤 2. 回忆每个子任务是如何成为你的任务的（请将答案填在表 5-1 的第二列）。

表 5-1

不可晋升型任务	这项任务为什么会被分配给你	你为什么自愿承担任务或直接接受邀请，或者为什么别人分配任务时会找你呢	还有谁能承担任务
任务 1			
任务 2			

- 当很多人都被邀请接受任务时，你是自愿报名了吗？是则填"V"。
- 当你被邀请承担某项特定任务时，你是接受了吗？是则填"Y"。
- 是否没有和你讨论就把任务分配给你了？是则填"A"。

步骤3. 更深入地思考一下任务是如何分配到你头上的。无论你是自愿报名，还是直接接受他人的邀请，请你回想一下，你当时为什么要这样做？你是否认为你会喜欢这项任务，或特别擅长，又或者认为这项任务是必须做的？你是否觉得你别无选择，因为每个人都希望你答应？你会对拒绝感到内疚吗？你是否会担心，如果你选择拒绝，自己的声誉会受到影响？你觉得为什么会找你来承担这项任务，而非其他人？

步骤4. 有没有其他人也能承担这项任务呢？请在表5-1的最后一列写下他们的名字。

请查看你在表中写下的答案。你能否从中总结出这些任务是如何分配给你的？你又为什么会答应承担这些任务？简要写下你的想法，这样你以后就可以重新审视它们，并帮助自己确定如何能在未来减少身上担负的不可晋升型任务的总量。

前几章中提到的玛丽亚完成了这一练习，表5-2是她填写的表格。

表　5-2

不可晋升型任务	这项任务为什么会被分配给你	你为什么自愿承担任务或直接接受邀请，或者为什么别人分配任务时会找你呢	还有谁能承担任务
承担行政工作：汇总部门时间跟踪系统中的记录，并按项目或活动编写员工时间报告	A	我老板找不到人做这项费时又无聊的任务，于是把任务派给了我	汤姆，珍妮特，罗杰
承担行政工作：在员工会议上做好会议记录并分发会议纪要	Y	这是我最初被分配的不可晋升型任务之一，我想都没想就答应，从此以后，这就成了我的工作	任何人
承担行政工作：为整个团队（约50人）组织每周的员工会议：制定议程，制作幻灯片，安排后勤工作	Y	原本承担这项任务的人离开了我们的团队，我的老板需要一位接班人，他让我来做是因为我已经在做记录了，并且做得很好。他对我的信任让我倍感荣幸，于是我接受了，但随后，我意识到这是项吃力不讨好的任务	道格，安迪，伊丽娜，肖奈尔
协调和辅助他人工作：管理大型数据库项目（这个项目的项目计划是我做的）	A	我们人手不足，于是我的老板把这项任务加到了我的工作职责中。我发现我喜欢做项目计划，而且很擅长	肖奈尔，道格
帮助他人工作：完成他人没有时间完成的工作	V	工作进展缓慢，所以我来帮忙	任何人——或者，只要别人把自己的工作做好就行了

（续）

不可晋升型任务	这项任务为什么会被分配给你	你为什么自愿承担任务或直接接受邀请，或者为什么别人分配任务时会找你呢	还有谁能承担任务
帮助他人工作：提醒他人项目的截止日期，并对他人施以援手	Y	一些任务没有按时完成，所以我的老板让我帮助他人尽快完成任务。他找我来做是因为我通常负责确定项目的截止日期，我感到无法拒绝	珍妮特，安迪
承担行政工作：管理行政助理和初级项目经理	A	行政协调员离职了，我的老板让我临时顶替他，后来这项任务也成为我日常工作的一部分	行政人员
承担委员会的工作：作为部门代表参加公司级的安全和诚信委员会	Y	所在团队的其他人都拒绝了老板的邀请，我不知道这是可以推辞的	每个人都应该加入委员会
组织社交活动：组织各种派对、聚会和慈善活动	V 和 Y，取决于具体的活动	我第一次主动请缨是因为我乐意帮忙。慈善活动对我来说非常重要。后来，我成了各类活动的关键人物	任何人

　　这次练习使玛丽亚意识到她的老板让她承担了很多不可晋升型任务，而她认为自己无法拒绝。你呢？哪一类情况最常发生？是自愿报名还是直接接受邀请？为改善现在的处境，你既需要了解是什么驱使你承担这类任务，又需要了解你所属组织如何在更大的范围内分配这类任务，练习3.2将帮助你完成这一工作。

练习 3.2：你所属组织如何分配不可晋升型任务

在接下来的一周内，在更大的范围内观察并记录你所在的团队、部门和整个组织是如何分配不可晋升型任务的（如果你对更高级别的任务分配有所了解的话）。观察你的经理和组织的其他领导者。在决定谁会最终承担某项不可晋升型任务时，即使是同事也可能对彼此产生影响。

- 你们团队的不可晋升型任务是什么？
- 不可晋升型任务是如何分配的？有没有提出让员工自愿报名承担任务？员工是直接被上级要求承担这类任务的吗？任务会被指派给某个特定的人吗？
- 谁自愿接受了任务？分配任务时都找了谁？女性员工被问及的次数会比男性员工多吗？还是问男性员工多于问女性员工？抑或男女均等？
- 如果你选择某个人去承担一项不可晋升型任务：你为什么选择这个人？对方是男性还是女性？
- 在分配不可晋升型任务时有哪些方式？有没有一种是主要的分配方式？

第六章

不可晋升型任务的代价

The No Club

Putting a Stop to Women's
Dead-End Work

　　通过我们分享的诸多研究成果和个人经历不难发现，不管是会计师、超市员工、教授、安检员，还是调酒师——在所有职业中，女性承担的不可晋升型任务都比男性同事多。承担过多的非本职任务会带来什么样的后果呢？

　　在这一章中，我们将以自己和其他女性的真实经历来揭示承担过多的不可晋升型任务要面对的高昂代价。对我们来说，这是最难下笔的一章，我们猜想也会是读者阅读得最艰难的一章。尽管本章引用的材料都是你已经非常熟悉的，但我们希望你能更好地理解不可晋升型任务会给你的职业生涯和个人生活带来哪些负面影响。当你阅读本章时，请记住，隧道的尽头有光明，之后我们会向你提供实用的策略来减轻你的负担，而对此，你之前积累的见解都会有所帮助。

　　起初，接受那些看似无回报亦无前途的任务似乎是我们自找麻烦，但正如第四章和第五章所述，当请求如潮水般涌来，且社会对女性易于应允有隐形期待时，女性往往没有别的选择。面对堆积如山的不可晋升型任务，我们有什么选择呢？无论是否出于本意，最终，我们可能不得不面对以下两种不幸的局面之一，甚至两者兼有。

- 工作内部失衡：假如你不愿增加或因客观原因无法增加工作总时长，那么你在可晋升型任务上投入的时间就会减少。如果相较于同事，你的不可晋升型任务的负荷超过了可晋升型任务，这将导致工作内部失衡。这种失衡可能导致职业发展停滞、晋升机会减少、薪资增长缓慢以及对工作或职业选择的满意度下降。

- 超负荷工作：假如你不愿或无法减少可晋升型任务的工作量，那么你就不得不投入额外的时间以应对不可晋升型任务带来的冲击，这便会导致超负荷工作。超负荷工作往往具有潜在的破坏性，会对你的个人生活产生负面影响，因为它不仅会占用你与家人相处的时间，还可能会带来压力、身心疾病及情绪耗竭（emotional exhaustion），进而加深你对工作或职业选择的不满。

这两种结果无疑都很令人沮丧。在我们的俱乐部中，琳达和利塞便是这两个极端案例的鲜活写照：琳达面临工作内部失衡，利塞则深陷超负荷工作的困境。

❦❦❦　工作内部失衡的困境　❦❦❦

当工作时间受限，而不可晋升型任务却接踵而至时，你该如何应对？也许你需要按时接回在日托中心的孩子；也许你热衷于每晚对你来说意义非凡的志愿服务；也许你的工作只能在公司完成，或者你没有办法在常规工作时间以外开展工作。当你的工作时间比较有限时，承担太多的不可晋升型任务将意味着你没有足够的时间分配给可晋升型任务。你可能没有意识到这一点，但这会让你逐渐远离最重要的那部分工作。

我们都知道在现实中拥有工作与生活平衡这一概念所表述的状态有多么难——拥有最能够让我们感到幸福的个人工作与生活之间的时间分配方式。虽然我们常谈论工作与生活平衡的重要性，但鲜少讨论应如何在任务类型之间找到恰当的平衡，或者更准确的说法是，实现工作内部平衡。如果你的不可晋升型任务比同事多，那么你就有可能会面临工作内部失衡的情况。实现工作内部平衡有助于发挥你的全部潜力。

工作内部失衡会给你和你的职业生涯带来严重的负面影响。这些影响包括：

1. 阻碍你的职业生涯发展。

2. 扰乱你对自身职业身份和工作能力的认知。

3. 情绪耗竭。

4. 与同事关系紧张。

5. 对工作不满、感到压力大以及产生"离开"的想法（包括辞职、转行甚至不再上班）。

下面的故事说明了这些影响在现实生活中是如何产生的，你会发现大多数女性都经历了不止一种负面影响。

工作内部失衡会阻碍你的职业生涯发展

琳达面临的问题是，要求和期待她去承担不可晋升型任务的人逐渐增多，而她答应加入的伦理审查委员会越来越多地占用着她的时间。琳达任职的学校经常会就特殊项目寻求她的帮助。由于她在解决问题方面有着良好的声誉，学校的研究生纷纷向她寻求建议，希望她解答类似"如何处理学生与导师之间的矛盾关系？"这样的问题。其他院系的女性教师在和院系主任有了矛盾时，也会向她寻求指导和支持。她曾为女性撰写了一本谈判手册，很受欢迎，而如今她仍在帮助许多同事、朋友的朋友，甚至是通过电子邮件向她寻求建议的陌生人。可无论多么努力工作，她都无法兼顾这些任务以及她的教学和研究工作。琳达的女儿还小，她不想失去和女儿相处的时间。增加工作总时长则意味着需要牺牲与女儿在一起的时间，而这些时间是她无法追回的。她们一家人都喜欢旅行，她总是盼望着能有一段时间和家人度假。她有一个坚定的原则，就是假期不工作，她知道这很有必要，因为这样她才能充分补充精神能量。而这意味着她必须在常规的工作时间内处理完所有的事情，因此在工作中，琳达需要对众多的任务做出取舍。她削减了自己的研究项目，这是阻力最小的一条路，所以她一直在推迟完成它们的时间。她不是有意推迟的，但她确实推迟了。参与委员会的工作、指导学生、提供建议和开展特殊项目，所有这些都是不可晋升型任务，并且挤占了对她职业生涯起着最关键作用的工作内容的时间。

琳达不堪重负，所以她创办了拒绝俱乐部。在俱乐部早

期的一次聚会上，她对自己事业的转折表达了不满。琳达发现
自己的研究项目成果寥寥，负面影响开始逐渐显现：她出版的
著作数量下降了，正在开展的研究减少了，尽管许多研究生
来找她寻求个人建议，但她很难吸引到优秀的研究生一起做
研究。

正如琳达所经历的情况，如果你在可晋升型任务上投入的
时间比同事少，你的职业生涯就会受到影响。在我们第三章提
及的专业服务公司中，初级岗位的女性员工在饱受挫折后也意
识到了这一点。不可晋升型任务的工作量巨大，占用了她们按
时收费的客户服务时间，从而减少了相应的收入。与男性同事
相比，可计费小时数较少这一事实可能会影响她们的绩效评估
结果和加薪，甚至会使她们处于风险之中——完成大量的工作
却并不能使她们排在晋升的优先位。缺少可晋升型任务也有可
能损害她们在劳动市场中的竞争力。

女性可能并没有意识到她们被要求做的额外任务不能促进
晋升，而且最初这些任务可能并非如此。这就是软件开发经理
歌莉的遭遇：上级要求她在公司级的领导者活动上做报告，但
直到绩效评估时，她才知道这项任务是不可晋升型的。在评估
中，她做报告的工作只是被简单提及，并且主管评价她的报告
没有达到公司的预期，甚至没有达到寻常工作要求的标准。当
上级第一次请歌莉来做报告时，歌莉认为这是一个被公司领导
者看见自己实力的好机会——最开始也确实是这样的，她的确

成功让更高层级的经理注意到了她。但很快，公司便认为由她
做报告是理所当然的，并要求她再做几次。这项任务使她无法
将精力全部投入制订公司的战略计划等工作中，但她后来才知
道，这些工作才是决定她能否获得下一次晋升的核心工作。歌
莉很沮丧，她和其他人一样努力工作，甚至付出了更多努力，
却没能获得晋升。当她没有获得晋升时，她意识到她的问题是
工作内部失衡了。

工作内部失衡会扰乱你对自身职业身份和工作能力的认知

　　工作内部失衡不仅会影响组织对你的看法，还会影响你
对自己的看法。当琳达的研究效率下降时，她便开始怀疑自己
是否已经过了研究者的黄金时期。尽管她是一名著名学者，但
她不知道还能否为自己的学术领域做出贡献。她的事业停滞了
吗？或许更糟——是要结束了吗？她不仅怀疑自己能否成为一
名"真正"的研究者，对于自己到底想不想做研究也变得不确
定了。在一次俱乐部的聚会上，她和我们说自己正在考虑是否
应该转向全职管理性工作并放弃自己的研究项目。这让我们倍
感震惊。我们花了一些时间才意识到工作内部失衡对她的自我
认知及研究成果产生了怎样的负面影响。

　　有研究表明，当人们的日常职责与他们为工作而接受的教
育和培训不匹配时，他们就会质疑自己的能力。例如，外科住

院医生被要求从事与其作为外科住院医生的职业身份不匹配的工作时，他们便会质疑自身职业的本质和自己应该承担的职责。他们对自己的角色定位是精英专家，因此当他们执行过多的不可晋升型任务（如为患者挑选餐食等）时，就会质疑自己作为外科住院医生的意义以及他们为工作贡献的价值。一项研究发现，女性实习工程师"经常被归类为记录员、组织者或经理等'女性'角色"，这种不公平导致她们对自己是否真的想成为工程师产生怀疑。与男性相比，这些女性更有可能离开这个行业。而那些留下来的女性，对于是否要将在这个行业有所建树作为追寻一生的事业，也有着相比男性较低的意愿。

工作内部失衡会导致情绪耗竭

为和同事的工作相比没那么令人满意的工作而努力，加之晋升的进展缓慢，足以让人沮丧低落、情绪耗竭。不得不隐藏自己的真实情绪或为了完成工作而刻意调节情绪，则会进一步恶化情绪耗竭的情况。社会学家阿莉·霍克希尔德（Arlie Hochschild）称这种隐藏和调节为"情绪劳动"（emotional labor）。事实上，有时不仅仅是工作量过多会造成问题，人们承担的不可晋升型任务的类型也会造成问题。在超市中，女性员工要比她们的男性同事更难做任务，因为她们只在收银台工作，这项任务需要她们保持友善的态度来不断与顾客互动，并且必须随叫随到。同样地，在运输安全管理局中，比起男性安检员，女性安检员负责搜身的次数更多，而在面对愤怒的旅客时，她们必须表现得和蔼可亲。最近一项针对健康管理者的研究表明，在管理高级员工时，相比男性管理者，女性管理者会更多地呈现表面演技——尽管当时可能并没有这样或那样的真实感受，但她们会尽力表现出冷静、善解人意和乐观等典型的符合女性刻板形象的情绪。

此外，帮助他人解决问题也会引发情绪耗竭。为了给学生与教师提供建议，帮助他们处理工作和个人矛盾，琳达花费了大量时间。一天下来，她会感到心力交瘁，并且很难摆脱这种状态，这影响了她下班后的生活。

工作内部失衡会导致与同事关系紧张

运输安全管理局的女性安检员和超市的女性员工都对基于性别来分配任务颇有微词，她们与男性同事之间的关系自然紧张。我们俱乐部的成员对这个问题也并不陌生。和布伦达关系很好的男性同事把时间投入了他自己认为更重要的任务中，布伦达则不得不帮忙收拾残局。她发现自己不仅沮丧，还很愤怒，因为男性同事能够避开那些他不感兴趣的任务，而她自己却不行。其他人对这种职场不平等视而不见则令她更加恼怒。布伦达确实采取了一些措施来缓解这个问题（我们将在第七章中详细讨论），但她不明白为什么其他人都对此不以为意。男性同事因远见卓识受到赞誉，而她却忙于关键的行政琐事。真正让她不爽的部分是，她还是很喜欢和这位同事打交道的！尽管她很沮丧，但他们还是朋友，这导致她产生了许多矛盾的情绪——愤怒、顺从和因为自己对朋友不满而产生的愧疚感。

工作内部失衡会导致对工作不满、感到压力大以及产生"离开"的想法

工作内部失衡会产生雪球效应。先会让人自我感觉糟糕，进一步对同事产生怨言，最终对工作丧失热情。一项针对全美建筑业女性协会300多名成员展开的研究表明，不满情绪会随着不平衡的工作量的增加而增多。该研究几乎涵盖了该行业的所有职位，如工匠、建筑企业的企业主、工程师、建筑设计师和行政助理。相比于任务分配更加公平的工作环境，在男性比女性有更多机会承担可晋升型任务的环境中，女性的工作满意度更低，工作压力也更大。另外五项在瑞士开展的涉及1100名白领和蓝领员工的研究，也收集到了对任务分配不满的类似证据。这些研究调查了员工对他们被分配自己认为不合理或不必要且不属于他们工作职责的任务时产生的反应。研究中的任务分配案例有被派去打扫卫生间的护士，也有因为公司计算机系统不兼容而被要求重新输入数据的程序员。研究报告显示，更

多地被派去执行这类任务的员工会对所属组织有更多的怨恨，并且会有更多的内部压力、紧张和倦怠，更有可能采取行动对同事、主管和组织宣泄不满。

工作内部失衡不仅会引发不满情绪，还会带来压力，甚至导致辞职。这就是发生在玛丽亚身上的事情。在前面的章节中我们提到过，她是一名数据库分析师，我们在章末的练习中展示了她的进展。玛丽亚对自己担负了过多的不可晋升型任务越来越不满。五年前，她和道格同时入职了，拥有同样的职位，他们有着相同的背景和才能，在同一个团队工作，并成为朋友。早期，玛丽亚显然具有出色的人际交往能力，每个人都请求她"帮忙"处理她核心工作职责以外的任务。她需要帮忙组织生日派对，经常性地协助同事完成他们没有时间完成的工作，并在公司级的安全和诚信委员会中任职。玛丽亚和道格每周都会一起喝一杯并交换意见。她向道格诉说自己的工作单调乏味，道格则会谈到他新写的算法。玛丽亚觉得他的工作似乎比自己的更具创新性，也更重要，她疑惑自己为什么没有得到相同类型的任务。

更糟糕的是，玛丽亚的上司询问她是否愿意为团队协调项目，因为他缺少支持人员。上司会做一些高层管理工作，然而，是由玛丽亚来组织每周的员工会议、帮助其他人完成工作并确保团队按时完成任务。她的上司知道她具备良好的团队协作能力，并因为可以依靠她让团队继续前进而非常欣赏她。但这并非玛丽亚真正的兴趣所在。她倾向于做技术类的工作，而不是组织活动或给其他人收拾烂摊子，但上司需要她的帮助，于是她觉得自己必须提供帮助。大概就是从有这种意识开始，玛丽亚逐渐有了离开这份工作的念头：她不喜欢新的工作职责，随着时间的推移，她逐渐对自己的工作感到不满。越来越多的同事把她视作一名行政人员而非技术创新人才（可她曾经是）。她感到孤立无援——无法再做自己热爱的工作，也没有真正成为一名实权在握的经理。当副总裁称赞她的上司对部门的管理非常成功时，玛丽亚在促成部门成功的过程中发挥的重要作用却从未获得认可。

　　玛丽亚的成就被掩盖了，才能也没有得到发挥。她感到非常沮丧，于是向上司提出希望能回到自己原先的技术岗位上，做出更大的贡献。但他不会听的，因为玛丽亚在目前的岗位太有价值了。玛丽亚的所有提议都被驳回了，她没办法做一份讨厌的工作，也不能拥有她曾经热爱的工作，组织的做法让她别无选择——最终，她辞职了。由于承担了大量的行政工作，她没有与她的工作年限相符的技术类工作经历，于是，她最终不得不接受另一家公司提供的职位更低、报酬也更少的工作机会。她的事业脱轨了。玛丽亚失望、沮丧又无力。

　　以上所述对全体女性而言都是可怕的，那么，"继续承担可晋升型任务并延长工作时长会不会更好？"。利塞就是这么做的。让我们看看她的结果如何。

❦❦❦　超负荷工作的困境　❧❧❧

你可以尝试通过增加工作时长来处理大量的不可晋升型任务，以此将职业生涯维持在发展正轨上。我们之前讨论过的专业服务公司高级岗位的女性员工就是这么做的。她们在不可晋升型任务上花费的时间比男性同事多得多，但她们在可晋升型任务上还花费了和男性同事一样多的时间。跟上对组织和个人职业生涯而言最重要的工作的唯一方式，就是延长工作时间，而这会导致超负荷工作。为了保持成功，她们只能不遗余力。超负荷的不可晋升型任务导致的长时间工作会给你的生活带来一系列不良后果，例如：

1.对家庭产生负面影响。

2.造成社交隔离。

3.对健康和个人幸福造成负面影响（精神和身体出问题，出现压力大、睡眠不足和高血压等负面的健康问题）。

4.导致职业停滞。

我们都不想这样，但包括利塞在内，我们中的许多人最终还是走到了这一步。

不可晋升型任务超负荷带来的一些后果与太多可晋升型任务导致的超负荷所产生的后果是类似的。事实上，某些职业，尤其是那些格外繁忙的职业（比如顾问、会计师、投资银行职员、外科医生和律师），从业者需要花费大量时间处理可晋升型任务才有可能获得晋升。虽然承担过多的可晋升型任务的后果也很棘手，但如果你的超负荷工作是由不可晋升型任务造成的，后果会更加严重：在没有职业发展前景的情况下，过长的工作时长所产生的身心成本，会使这背后的代价更大。正如你想象的那样，如果你在一个非常繁忙的行业内工作，过多的不可晋升型任务只会带来更大的挑战，因为它们会使已存在的问题更加严峻。

超负荷工作会对家庭产生负面影响

当工作量远超每周固定工时所能承载的极限时，工作便会悄然深透进你的每一个清晨、深夜甚至周末，最终影响你的个人生活。利塞很擅长做研究，对自己的研究充满热情，同时是一位敬业的教师和优秀的组织公民。但随着她对所在学院、大学和专业的义务服务量逐年增加，过量的不可晋升型任务影响了她做研究的步伐，使她的项目进度落后一大截。她不得不奋力追赶，拼命跑得更快。但因为忙于工作，她减少了很多家庭活动。当她最小的儿子向她介绍自己的最新发明时，她的思绪却会不由自主地飘向未完成的工作，开始琢磨起来。虽然她在工作中努力对学生和同事保持耐心，但她回到家就会控制不住脾气。很多时候，只是看到洗碗池里堆着几个盘子，或者健身包被随意扔在地上，她就会（很不合理地）大发脾气。虽然知道亲人面对的是自己最糟糕的一面，但她并不知道该如何解决。

利塞极力尝试去调整，却于事无补。

几年前，她曾发誓要改变自己的生活方式。可她和家人一起度假时，仍旧无法停止工作。她期盼着能够放松放松，和家人增进感情，好好享受生活。然而，即便是度假，工作也如影随形。在旅行的前一晚，为了赶第二天的早班机，一家人入住机场附近的一家酒店。在把两个年幼的孩子哄上床后，她和丈夫道了晚安，然后竟又回到浴室里，拿出笔记本电脑撰写委员会的报告。几个小时后，她爬上床，意识到自己还有一份研究报告没写，可是假期结束后就得交了。她曾向丈夫承诺，第二天就会完全处于度假的状态，因此她躺在床上，苦思冥想要怎么同时做到这两点。第二天早上登机前，利塞突然收到一名记者发来的电子邮件，请她就当地的某政策倡议发表见解。因为媒体的关注对她的研究机构很重要，所以她接受了采访邀请，并在飞机上躲开家人来准备这次采访。到了酒店，她为电话采访做准备，把丈夫、四岁的女儿以及睡在婴儿车里的婴儿都送到公公婆婆的房间。为了及时接到电话，她神经紧绷，非常紧张。电话铃声响起时，她心跳骤然加快，却发现是她四岁的女儿打来的。她的女儿从隔壁房间打来电话，咯咯笑着叫她到阳台上和自己挥手。利塞急于让她挂断电话，于是就答应了女儿的要求。当她走到阳台上时，发现阳光温暖，蓝色的大海波光粼粼，而女儿可爱的脸上洋溢着喜悦。她不禁动容，想着要是有更多时间就好了。奈何工作在召唤她，于是只能迅速向女儿挥了挥手，告诉她自己该走了。女儿的笑容消失了，她问："妈妈，你为什么总是在工作？"

利塞愣了一下。在那一刻，她看着她的女儿，忽然明白自己正在牺牲一些珍贵的东西。这到底是为了什么呢？委员会的报告和媒体的采访真的就那么重要吗？重要到足以干扰她与家人共度美好时光？为了家人，也为了自己，她想要和家人待在一起。她意识到自己需要采取一些强硬的措施来做出改变，于是取消了电话采访，在余下的假期里专心和家人一起度过。

这次度假让利塞看到了生活的另一种可能。但是，一回到办公室，利塞就回到了过去忙碌的状态。要做的事情太多了，她要兼顾研究、教学和不断增加的义务服务，与此同时，还要为家庭挤出时间。利塞明白，这是一场持久的斗争。

虽然我们对超负荷工作会对家庭产生什么样的直接影响知之甚少，但有证据表明，过度投入工作的个体在家庭中面临着更多挑战。例如，长时间工作的人经常会因工作而错过生活中的重要时刻，而不规律的工作时间也会对孩子产生负面影响。我们不想在孩子的成长过程中缺席，担心错过会引发的后果，但研究显示，即便时间有限，父母也能找到方法弥补，工作时间更长的父母往往会选择抽出宝贵的时间去陪伴孩子。虽然他们的可用时间总体较少，但相较于其他事项，他们花在孩子身上的时间往往更多。与孩子共度的时光，才是促进他们成长与幸福的关键。工作时间并不一定会给孩子带来负面影响。

　　然而不幸的是，延长工作时间不仅会影响你与孩子相处的时间，还会影响你在这段时间中的行为。因过度工作而感到的压力很可能会影响你与孩子的关系——如果你长时间工作以应对过量的不可晋升型任务，压力可能会增大，并对你的行为产生负面影响。正是这个原因，利塞因为孩子把健身包随意扔在地上而发火斥责。工作时间过长以及无法完成真正重要的工作让她感到沮丧且疲惫。

　　超负荷工作也会影响你和伴侣的关系。长时间工作的人更有可能对自己的工作与生活平衡的状态感到不满，并认为这会对他们的家庭关系产生负面影响。有研究表明，与工作量负荷较小的人的伴侣相比，在某个时间点工作量负荷较高的人的伴侣，在稍后的时间点所报告的婚姻满意度较低。一项针对经理的调查亦显示，如果辞职能够改善工作与生活平衡的状态，那么三分之一的经理会选择换工作。工作与生活平衡是人们在选择职业或工作地点时，常常考虑的一个决定性因素。

　　关于同性恋关系中超负荷工作的后果的研究很少。但毫不奇怪的是，迄今为止的研究表明，同性伴侣在工作与生活平衡方面所遭受的负面影响与异性伴侣相同。无论是同性恋女性，还是异性恋女性，都对她们的工作与生活平衡给出了相同的评价，并在平衡工作与家庭需求方面面临着相似的困境。然而，对于同性恋父母来说，如果他们没有在工作中袒露性取向，并且害怕透露他们的家庭需求，那么他们面临的挑战会更加严峻。

对于没有在工作中袒露性取向的同性恋母亲来说，工作对家庭的干扰更加明显。

超负荷工作会造成社交隔离

长时间工作也会影响人际关系。你可能会限制自己在工作场所做的事情——因为工作太忙，你没有时间闲聊；为了赶任务，你拒绝下班后一起喝酒的邀约；你没有时间在休息室和同事一起吃午饭，而是独自在办公桌前吃饭。渐渐地，你和同事就产生了隔阂。

这种社交隔离可能会延伸到工作场所以外。工作时间长的人花在社交上的时间更少。当然，随着休闲时间减少，社交互动也会相应减少，但你因过度工作而感到的压力却会增大。如果你把所有的精力都投入工作中，那便会失去社交空间，与朋友聚会等过往的有乐趣的活动就会从生活的亮点变成一项义务。

但请你记住，社交影响着我们从生活中获得的乐趣。报告显示，和别人一起吃饭以及与邻居交谈的人会更快乐，幸福感也会更高。在新冠疫情期间，我们目睹了社交隔离带来的巨大影响。当时，为应对社交隔离，一家人会用在线视频会议软件"云聚会"，朋友也会在网上一起共度欢乐时光，邻居之间则会在 6 英尺[⊖]外互相问候。社交互动可以改善我们的身心健康。有

　　⊖　1 英尺 = 0.3048 米。

研究表明，社交隔离对死亡率的影响与吸食烟酒相当。

与社交隔离相对的是联系，这对我们有真正的好处。哈佛大学的成人发展研究旨在了解是什么因素决定了健康幸福的生活。这项研究始于 1938 年，是目前对成人生活研究时间最长的纵向研究之一。这项研究包含两组研究对象：第一组是1939 ～ 1944 年在哈佛大学就读的 268 名年轻白人男性，第二组是波士顿社区的 456 名 11 ～ 16 岁的贫困白人男孩。通过分析这两组研究对象的健康数据及对其展开的多次调查和采访，研究人员发现，与金钱或名誉相比，与他人的联系是让人们一生幸福的关键。对于两组男性来说，个人关系有助于延缓精神和身体的衰退，并且是比社会阶层、智商甚至基因更可靠的预测长寿和幸福生活的指标。

如果超负荷工作占用了你社交的时间和精力，那么你就会失去生活中最有价值的东西之一，即与他人产生联系而带来的快乐。

超负荷工作会对健康和个人幸福造成负面影响

利塞担心她的工作量过大会对家庭产生太大的影响，但她从未停下来想一想这对她自己会产生什么影响，直到一切为时已晚。她所在的学院需要一位新主席来负责管理，每个人都请利塞来接受这项任务，于是众望所归之下，她不情不愿地接受了，这让本已沉甸甸的担子又添了几分重量。除研究、教学和对外服务外，她现在还负责管理该学院的研究和教育项目，并监管近 100 名教师和研究生。她非常关心自己所在的学院、这所大学及众多学生的发展，因此她全身心投入工作中，不知疲倦地推动学院发展，实施了一系列重大的举措，涉及一项外部审查、一项五年战略计划、一项本科课程修订计划、一项大规模教师招聘计划和一项学院全面重塑计划。

但所有的这些努力没有一项对促进她的职业发展有帮助。

尽管这看起来有违常理，但担任主席对利塞来说是一项不可晋升型任务，因为她是以研究员的身份受聘的，奖金与研究成果挂钩，并且她也无意改变职业道路而专事行政管理工作。她本应投入对未来的成功至关重要的那部分研究工作的时间，被主席职位的任务侵占了，而前者才能够证明学校支付她的薪水和研究预算的合理性。尽管担任主席是一份全职的任务，但利塞必须跟上研究项目的进度，因为她的研究还在进行中，项目合作者都指望着她的研究结果。因此无论是清晨、深夜还是周末，她都忙着工作。一次出差归来，她还没来得及休整便投入工作，为接下来几个连续的会议和下午五点召开的全校教师大会做准备——在大会上，计划讨论一项有争议的新政策。利塞对这项新政策感到很愤怒，并决心投票反对，于是在会上她站出来发表声明，看着她的数百名同事开始发言。讲到一半时，一阵前所未有的头痛突然袭来，仿佛有一颗巨大的钉子钉入她的头骨一般。她自知情况不妙，甚至认为自己就要死了。但即便如此，她还是强忍不适完成了演讲，之后便被紧急送往急诊室。医生诊断她有严重的高血压，于是利塞踏上了一段漫长而坎坷的恢复道路。

　　也许你也和利塞一样，自信能驾驭所有工作，短期内或许确实可以做到，但从长远来看，超负荷工作终将侵蚀健康与幸福，引发压力和倦怠。利塞有很多朋友同样饱受高血压困扰，长时间工作已成为高血压及心血管疾病的温床。一项又一项的研究表明，那些长时间工作的人更有可能有睡眠质量差、睡眠中断、身体健康状况不佳等情况，也更有可能有不良的生活习惯，包括饮食不规律或不健康、体育锻炼不足、饮酒过量以及服用过多止痛药等。令人不安的是，长时间工作对异性恋女性的健康影响尤为严重。虽然利塞很幸运地拥有一位非常支持她的丈夫，但女性普遍承担了更多的家庭责任。长时间工作并有男性伴侣的女性通常需要承担主要的家务劳动（例如，清洁和烹饪），而长时间工作并有女性伴侣的男性却很少做家务。在分析了大量研究后，一份研究报告得出这样的结论："与男性相比，长时间工作使女性承受了更大的压力，对她们的健康、个人幸福和生活满意度造成了更深远的负面影响。"

　　过度工作还可能导致精神健康状况不佳，增加抑郁、痛苦、焦虑、沮丧和疲劳的可能性。女性被诊断为压力过大和焦虑的可能性是男性的两倍——医生更有可能为女性患者做出此类诊断。压力与倦怠的性别差异确有实据，例如，与男性相比，女性更容易在工作中出现情绪耗竭、精力不足、身心疲惫等形式的倦怠；而男性比女性更容易出现失去个性、疏离冷漠或没有人情味等由倦怠引发的状态。有研究表明，男性和女性对压力的生理反应是相似的，这促使学者推断，女性在压力方面的发病率更高是女性和男性面对的压力程度不同导致的，并且猜测性别角色与期望的不同是造成女性和男性压力程度有差异的关键因素。

利塞与压力的斗争不仅来自她工作时间过长以及没有足够的时间和家人共处，更来自她内心的愧疚和不安。她会对没有在他人有需要时提供帮助而感到内疚，会对拒绝他人的请求或没有跟上任务进度可能产生的后果而感到恐惧，并且她总是迫切地希望证明自己有做学者的资格。所有这些因素都可能因为她作为女性却身处一个由男性主导的行业而放大她的痛苦。

无须更多研究佐证，超负荷工作的危害已昭然若揭。工作量过大对你没有任何好处！

超负荷工作会导致职业停滞

如果超负荷工作是由太多的不可晋升型任务造成的，那么这可能会损害你的职业生涯。即使你完成了所有任务，而且做得很好，你擅长做这类不可晋升型任务的好名声也可能会盖过你在可晋升型任务中的出色表现。你也许会选择通过加班来保住你的可晋升型任务，但你仍需处理更多的不可晋升型任务，而这可能会影响同事对你的看法。此外，长时间工作可能会降低工作质量，甚至在极端情况下降低工作效率。一项研究表明，每周工作 70 小时的人与工作 55 小时的人完成的工作量相同。这些因素加在一起会导致糟糕的绩效评估结果，并最终妨碍职业发展。虽然我们可以证明暂时承担过多的可晋升型任务（这些任务能带来晋升或更高的薪酬）是合理的，但很难证明过多地从事对你的职业生涯没有好处的不可晋升型任务是合理的。

双重打击的潜在可能

你和我们一样感到抑郁吗？我们这儿似乎满是抑郁的人。女性处理过多的不可晋升型任务会产生两个结果——**工作内部失衡**和**超负荷工作**，这令人非常不安。并非我们危言耸听，但两者兼而有之也是有可能的。例如，你可能有太多的不可晋升型任务，以至于必须削减自己的可晋升型任务，然后你意识到时间还是不够去完成所有工作，于是选择加班。这种情况确实会发生，我们就经历了这样的情况。

你的工作量如何？是否面临着与我们相似的挑战？请花点时间，合上书，闭上眼睛，思考一下你的处境。我们引用的故事和研究证实了女性超负荷承担不可晋升型任务会产生的破坏性。这些故事和研究所描绘的情形也许比你经历过的情况更加令人无奈——希望如此。如果你和我们一样，那么你应该也曾经历过这样的时刻，意识到自己受到不平衡和过重的工作量所产生的负面影响。我们希望你多多探查自身的情况，因为当你决心减少自己的不可晋升型任务负荷时，知道自己的处境多糟糕是很重要的一步。我们将以一个简短的练习结束本章，帮助你了解自己目前的处境。在接下来的章节中，我们将帮助你改善这种处境。正如我们所许诺的那样，隧道的尽头有光明！

练习4 ❋

你是否正在经历工作内部失衡、超负荷工作或二者兼而有之

在以下问题中，找出适用于你的问题。尽管这可能会令你感到不快或不安，但请尽量对自己坦诚，并记下对各个问题的简短回答。在练习结束时，看一看你的回答，再评估你是否认为不可晋升型任务导致了工作内部失衡、超负荷工作或二者兼而有之。

练习4.1：你是否发现了工作内部失衡的迹象

先回答一个问题：你觉得你花在可晋升型任务上的时间太少了吗？

如果答案是肯定的，请看下面的清单，看看哪些与你的自身情况相符（如果有的话），以及相符程度如何（请注意，你可能只与其中一些情况相符或完全不相符）。

1. 阻碍你的职业生涯发展。

　　a. 你对上次的绩效评估结果感到失望吗？

　　b. 你认为自己早就应该晋升了吗？

　　c. 是否你的同事晋升的速度比你快？

　　d. 你的加薪幅度是否比你预期的小？

　　e. 你的老板是否和你当面讨论过你的绩效问题？是否谈到你没有分清任务的轻重缓急、没有完成任务或任务完成得不好？

　　f. 你是否获得了有助于提高专业技能的经验？

2. 扰乱你对自身职业身份和工作能力的认知。

　　a. 你质疑自己的工作能力吗？

　　b. 你是否会怀疑自己的职业选择？

　　c. 你会觉得没能在工作中用到自己的专业技能吗？

3. 情绪耗竭。

　　a. 当你下班回家时，你会感到筋疲力尽吗？

　　b. 你有睡眠问题吗？

　　c. 你是否会纵容自己的坏习惯（如饮酒过多、很少锻炼）？

　　d. 你请病假的次数比以前多了吗？为什么？

4. 与同事关系紧张。

　　a. 你对同事感到怨恨吗？为什么？

　　b. 你想做同事做的工作吗？具体来说，是什么工作？

c.你和同事就任务分配发生过争执吗？

5.对工作不满、感到压力大以及产生"离开"的想法（包括辞职、转行甚至不再上班）。

a.你对你的工作感到厌倦吗？

b.你回家后会难以停止思考工作中的问题吗？

c.你想过找份新工作吗？

d.你想过转行吗？

练习4.2：你有超负荷工作的迹象吗

现在回答这些问题：你的工作时间是否过长？你是否觉得不可晋升型任务导致了你的工作时间过长？如果答案是肯定的，请看看以下哪些与你的自身情况相符（如果有的话），以及相符程度如何（请注意，你可能只与其中一些情况相符或完全不相符）。

1.对家庭产生负面影响。

a.你是否曾错过你期待的家庭活动？

b.你取消或推迟过与家人的约会吗？

c.你对自己花了过多时间在工作上感到内疚吗？

d.家庭成员有谈论过你的工作强度吗？

2.造成社交隔离。

a.你曾取消或推迟过与朋友的约会吗？

b.你经常独自吃午餐吗？多久一次？

c.你觉得和朋友失去联系了吗？

3.对健康和个人幸福造成负面影响（精神和身体出问题，出现压力大、睡眠不足和高血压等负面的健康问题）。

a. 你会熬夜完成工作吗？

b. 你是否因为担心要做的事情太多而失眠？

c. 你在服用药物治疗与压力相关的疾病吗？

d. 你的健康状况下降了吗？

4. 导致职业停滞。

a. 你最近在工作中犯了更多的错误吗？你是否常常赶不上任务的完成期限？

b. 你的同事或老板是否认为你是那个总在不可晋升型任务上收拾烂摊子的人？

c. 你完成的可晋升型任务得到认可了吗？

第七章

拒绝俱乐部行动手册

The No Club

Putting a Stop to Women's
Dead-End Work

在发现工作中的挑战都源于不可晋升型任务后，我们还逐渐了解到我们正艰难地与工作内部失衡及超负荷工作做抗争。在我们看来，答案就很简单了——只需拒绝所有的不可晋升型任务就能解决问题。事实上，我们的俱乐部最初其实可以叫作"我就是没法拒绝俱乐部"，所以提高拒绝的能力便成了我们的首要任务。

我们需要让自己的生活步入正轨。随着"好的"成为令人讨厌的字眼，说"不"便成为我们团结一致的目标。我们分享了自己在网上找到的宣言：布伦达转发了一张凯蒂·柯丽克（Katie Couric）在 Instagram（INS）上发的帖子的截图，上面写着"'不'（no）意味着滋养（nourish）自己（oneself）"；洛里分享了一张照片，配文是"她会说五种语言，但不会说任何一种语言的'不'"。我们都认识到以前那个总是满口"好的好的"的自己有多么无知。我们再也不想那样了！利塞给我们每个人发了杯子，上面写着"在我再次自愿接受之前阻止我"。琳达得到了一个印着巨大的"NO"字样的红色大按钮，一按下按钮，就会响起一声响亮的"不！"。后来，琳达将这个按钮放在她桌面最显眼的位置。我们都在努力。

我们在拒绝俱乐部的聚会中分享了自己不知道如何拒绝他人请求的故事，并分享了自己如何艰难地在有限的时间内满足诸多任务需求。我们彼此帮助，帮对方看清到底是什么原因导致自己无法对不可晋升型任务说"不"，并讨论下次怎样才能做得更好。洛里担心自己拒绝请求的话，别人就会认为她缺乏团队合作精神。布伦达知道如果自己不做就没人做了，而她想成为一名优秀的组织公民，于是便总去收拾那些烂摊子。利塞根本没有考虑过接受请求的后果，她觉得如果自己做得再快一些，就能满足别人对她的所有要求。琳达则是担心拒绝会让向她寻求帮助的人失望，尤其当对方是女性时。尽管我们当时没有意识到这一点，但我们已经将别人对我们接受请求的期望内化了。在我们开始说"不"之前，我们需要先认清自己会接受请求的个人原因。

　　学会说"不"对我们来说并不容易。识别和拒绝办公室内务等明显没有什么前途的任务算是比较容易的，而对于那些不太明确的请求，我们真的不知道什么时候该拒绝，也不知道该如何拒绝。同时，由于缺乏经验，我们总是犹犹豫豫、摇摆不定。我们花了太多时间谈论如何说"不"，却很少花时间去实践，而当我们真的去拒绝了，却总是做得很差。不过我们坚持不懈，最终制定出了评估任务请求的一种策略，并通过有效地拒绝，减少了自己的负罪感和他人的负面反应。在本章中，我们分享了在与他人共事的多年经历中所积累的见解和最佳实践案例。同时，我们还向你提供了一份拒绝俱乐部行动手册，指导你处理有关不可晋升型任务的请求，并教你如何在这个过程中避免落入陷阱。

⁓ 学会说"不" ⁓

我们在俱乐部讨论的任务请求总是很难拒绝。不仅是拒绝很难，什么时候应该拒绝也很难确定。可以使用下面的三步来评估是否应该拒绝有关某项不可晋升型任务的请求。

1. 获取了解任务所需的信息。

2. 将发出请求的人列为判断因素之一。

3. 避免掉入接受请求的陷阱。

第一步：获取了解任务所需的信息

假设乔来到你的办公室，要求你为全球工作小组组织一次年度销售会议，该会议将于 11 个月后在芝加哥举行。你应该接受还是拒绝？要决定是否接受这项任务，你需要掌握更多的信息：

- "组织会议"到底是什么意思？这项任务具体需要做什么？你有什么资源可以帮助自己做这项任务？

- 处理这项任务需要花费多少时间？你得在什么时候完成大部分工作？你有时间接手这项任务吗？

- 这项任务具备多高的可晋升度？

- 如果你接下了这项任务，会导致你有什么事情做不了吗？会影响你在其他任务中的表现吗？

要如何获取这些信息呢？也许乔能给你一些答案，更好的情况是，也许他可以向你介绍去年负责组织会议的人（你还可以问为什么他们今年不再继续负责这项任务了）。此外，可以问问销售高级副总裁对这次会议有什么期望。如果你参加了去年的会议，也许你还有一些回忆和见解。这些做法都可以为你提供大量的信息，再加上对你目前工作量的评估，综合起来便能形成一幅完整的图景。

你需要依靠这些信息来做出正确的决定。但是，乔已经在你的办公室门口徘徊很久了，盯着你，期待你的答复。如果你已经知道自己应该拒绝请求，那现在就拒绝吧（可以翻看下面我们对如何有效拒绝的建议）。除此之外，你也可以为自己争取一些时间。但不要像布伦达一样脱口而出"乐意之至"。相反，告诉他这项任务听起来像是个有趣的机会，你想了解更多信息。不仅要向他询问关于请求的细节信息，还要问他能给你多长时间来考虑。你甚至可以安排一次跟进会议来表明你正在考虑这件事。然后，花时间收集和审核做选择所需的信息。一旦你决定了，就不要拖延。越早说"不"，乔就可以越早去问其他人。

第二步：将发出请求的人列为判断因素之一

你能拒绝乔吗？有什么风险？乔的工作是什么？他和你平

级吗？他是你的上司吗？如果他不是你的上司，那他是代表谁在问你？如果你拒绝了会有什么后果？如果你拒绝了，别人会知道吗？乔的工作偏好和你一致吗？他会诚实地对你的任务进行评估吗？你是否应该接受这项任务？对有关不可晋升型任务的请求说"不"本身就有一系列风险，风险高低取决于提出请求的人是谁。如果你拒绝了，同事可能会认为你缺乏团队精神，上司则可能会认为你服从性不高。

要确定你是否可以拒绝，不仅需要了解发出请求的人是谁，还需要了解你所属组织的组织文化。在一个等级森严的公司中可能不适合拒绝上司的请求，如果你这么做了，就需要非常小心地沟通并说明原因。

第三步：避免掉入接受请求的陷阱

我们俱乐部的成员花费了很多时间来讨论为什么我们总是觉得自己应该接受别人的请求，并逐渐意识到这背后的理由并不都是合理的。这些理由中，有许多源于我们内化了他人对我们的期望；当我们没有充分考虑任务要求时，决策就会受到偏见的驱使。为消除接受请求的错误理由，你需要抵抗诱惑，避免立即接受任务。

最好的防御方法便是你在下意识接受之前强制自己等待一段时间，这将为你赢得时间收集到充足的信息以评估任务，并让你思考自己真正想要的是什么，从而避开立即做决定的压力。琳达为自己制定了一条规则，即她可以直接拒绝任何请求，但如果要接受某项请求，则必须等待至少 24 小时——在别人请求她的当下，她的现场反应很简单："我之后再联系你。"

当有人试图为任务寻求一位自愿承担任务的志愿者时，你在做出决定前设置一个等待期同样适用。如果是在开会的时候，请忍住举手的冲动，分散注意力。如果号召志愿者报名的请求是通过电子邮件发出的，请先等一等，并给其他人回应的机会。我们的研究发现，女性相比男性更有可能选择通过回信告知的方式拒绝请求者，而非直接无视邮件——选择回信拒绝的概率，女性要比男性高 60%。如果电子邮件是群发的，你可能不必特意回信拒绝，因为回信意味着你曾考虑过是否接受，因此很有可能被请求者抓住并说服你接受。请给自己一些喘息的空间，确保你不会因为错误的理由接受请求，这能让你更容易拒绝他人。

不要低估接受背后的成本

我们很容易欺骗自己，然后强迫自己接受，这是因为我们经常低估承担不可晋升型任务的成本，包括时间成本和这类任务对其他工作带来的影响。情况常常是，我们认为 30 分钟内就能完成的任务，实际上需要好几个小时才能完成。如果你给家里的房间刷过油漆，就一定能理解错误估计一项"小"任务所需的时间是什么意思。对于评估一项任务所需的时间，要想更加符合现实情况，琳达的经验是将最初预估的时间乘以 4，结果便与实际需要的时间差不多了。你需要结合你过去的评估以及最终的偏差程度来考虑，并做出相应的调整。

另一个对我们不利的因素是，我们在预测不可晋升型任务对其他工作的影响时能力有限，这会使我们认为接受这份请求的结果不会太糟糕。问题在于，无论一项任务有多么微不足道，接受它都意味着要将它放进你的任务列队中——需要先做截止日期更靠前的任务，而将截止日期较远的任务往后放。然而，重大任务，即具有战略意义的重要任务，给予的时间期限往往较长，不会像不可晋升型任务那样急着要结果，因此接受不可晋升型任务也许意味着你得延后处理那些重大任务。当然，你可以试着通过在日历上做标记来划分时间去完成你的可晋升型任务，以保障自己的职业发展。你可能会像我们一样重新安排自己的工作日程，在一天的工作结束前，把当天需要完成的不可晋升型任务全部做完。但如此一来，你便会忽视不可晋升型任务是如何将可晋升度更高的任务淹没的。

考虑你的隐性拒绝

如今，当考虑有关不可晋升型任务的请求时，利塞会仔细思考如果自己接受的话，自己实质上隐性地拒绝了什么，因为她知道自己无法在已经排得很满的日程上增加更多的任务了。

她的隐性拒绝是她答应做不可晋升型任务的代价。由于她不能减少花在教学或研究上的时间，那么为了承担另一项任务，她所放弃的就是她隐性拒绝的部分，即与家人在一起的时光。在意识到这一点后，当她在周五下午接到了一个要在周一上午前完成的紧急工作请求时，她非常果断地拒绝了。利塞的做法简单而有效。她在脑海中想象自己和两个孩子说："劳拉，雅各布，我知道我整周都在加班，但我这周末也不会和你们一起去公园，而是打算给一个不认识的人写的论文写评论。"这是一种非常好的检验方式，而这样做还有一个额外的好处，就是改变了利塞对自己说"不"的看法。她不再认为拒绝就是自私，而是觉得自己正在把时间分配给最值得的人——这是个很容易做的决定，因为她的孩子和丈夫就是最值得的人。思考接受请求背后存在的隐性拒绝有助于她做出更好的决定，还能减轻她拒绝时的负罪感。

记得未来的你

乔请求组织的年度销售会议是在 11 个月后才举办的，那是很久以后了，你 11 个月后的日程安排还是空白的。虽然今天接受任务看起来似乎没有那么糟糕，但 11 个月后的你还会愿意接受这项任务吗？现在看来，未来还不算很忙，但一旦到了那个时候，工作就会忙碌起来。这是我们从诺贝尔经济学奖得主理查德·塞勒（Richard Thaler）那里学到的一个诀窍：想象乔布置的任务明天就得完成，而非 11 个月后，那么，你还会像之前那样欣然接受吗？你 11 个月后的工作状态和今天很有可能是非常相似的，如果你想象任务明天就要完成，任务看起来似乎就没有那么好应对了。

小心诱发因素

在这一章开头，我们分享了诱发自己接受请求的因素。为弄清背后的原因，我们自己反省了很多，但还需要俱乐部的朋友相互帮助。所谓"当局者迷，旁观者清"，俱乐部的朋友能够帮助我们发现问题，回到正轨。当我们意识到自己的问题时，便会努力解决，但说实话，直到今天，我们仍在路上。

诱发因素会蒙蔽你，使你看不到不可晋升型任务所带来的后果，而意识到这些因素的存在，能够让你不再陷入接受请求的困境。为什么你老是接受这些请求？回顾练习 3.1，你在这次练习中反思了自己是如何接手当前这些不可晋升型任务的——在本可以拒绝的情况下，你自愿同意了。重读在练习中写下的内容，寻找主线。现在，你还会不假思索地接受吗？你接受是因为你觉得这样做是对的吗？请将之前写下的答案盖上，深入挖掘自己内心的动机。想象一下自己在所有这些情况下都说"不"，你会有什么感受？可能会发生什么事？你当初不拒绝是想避免什么？这种自省能够帮助你看清那些推动自己接受任务的诱发因素。

正如我们所讨论的，你很可能已经内化了别人对你说"行"的期望，你也许还会发现，内疚的情绪和担心让别人失望的想法都让你难以拒绝。这可能是你的诱发因素，正如波士顿公共广播电台（WBUR）的节目《亲爱的糖》（*Dear Sugars*）的联席主持人谢丽尔·斯特雷德（Cheryl Strayed）所分享的那样，"……我逐渐意识到，如果我学不会拒绝别人而让别人失望，我就会被吞噬。我发现这就是我的处境。我终究还是学会了，因为我不得不这么做。我必须学会不去取悦他人，不做一个对每个人都说'行'的人"。

忽略高光时刻

当你在不恰当的时间被要求做一些能带来声望的事情，会发生什么呢？在第一章中我们曾描述利塞的经历，那时她受邀担任一家学术期刊的编辑。这是一个艰难的决定，正如她一开始告诉我们的那样，她认为作为一名行业内的专业人士，她应该接受这个请求。直到将近一年后，她才坦言被邀请让她感到很荣幸，她担心如果自己拒绝他们就再也不会接到邀请了。就像莎莉·菲尔德（Sally Field）在奥斯卡颁奖典礼上所表现的，我们都会在某些时刻惊叹"原来你们真的喜欢我！"，我们将这种时刻命名为"高光时刻"。处于高光时刻的你感到受宠若惊，而看不到潜在的不利因素。利塞就成了这种渴望被需要的情绪的受害者，当她在本已饱和的工作量之外承担耗时的编辑工作时，她低估了任务背后的工作成本。记住，即使你说了"不"，也仍然可以成为闪耀着光芒的"天后"——他们邀请你，你于内心便可快乐地舞蹈。

不要在逼迫下接受

回想一下第四章中的雷切尔，她连续两年负责组织年度筹款活动。当高级副总裁在会上招募志愿者时，她并未主动报名，希望能避开这项任务。但是她的肢体语言传递了不同的信息，她与高级副总裁进行了眼神交流，希望他能记起去年便是自己负责这个活动。遗憾的是，雷切尔没有注意周围的多数人都在看手机、整理文件或收拾外套。换句话说，那些人都在尽力表达自己对这项任务不感兴趣。在网络会议中，人们更是会突然将视线从摄像头上移开，仿佛被突如其来的访客或另一屏幕上的紧急信息吸引，以此作为拒绝参与的掩护。你得和他们一样，模仿那些意在回避者的微妙举止。当彼得在众人面前点名雷切尔，表明她应该再次负责筹款活动时，雷切尔感到所有人的目光都集中在她身上。她的"眼神暗示"策略未能奏效，最终只能无奈应下。但细想之下，她本可有更多选择，不应该因为一时之间不知道该怎么办好便仓促应允，这可不是什么明智之举。相反，应该事先备好应对策略，或推迟回应，在深入了解了更多的信息后再做决定。如果在会议之前你看到"年度筹款"一项列在议程上，那么你就应该预见这次会议中很有可能有新任务分配。这种情况下，你不妨提前去找上司，让他明白这次该轮到别人了，以免让自己陷入被动的境地。或者，当有人问你的意愿时，建议你抓住会后十分钟的时间和上司私下讨论一下，如此你更容易拒绝。

如今，你已认识到不可晋升型任务超负荷会对你个人产生严重的影响，我们希望你能给自己说"不"的权利。简而言之，若你的工作没能充分发挥你的专长和能力，那么你便不能尽你所能地在工作中做出贡献（关于这一点，在第九章中我们将会深入探讨）。那些随意指派你承担没有成长价值的任务的人，也许并不完全了解你的工作全貌。如果你被分配了太多的不可晋升型任务，你需要让别人也知道这一点。我们有一个朋友便有一个小妙招——每次参加会议之前，她都会在口袋里放一张小纸条，上面写着那个难以说出口的"不"字，以此提醒自己拥有说"不"的权利。

打造一种有效的拒绝策略

面对乔提出的"你是否愿意组织芝加哥的年度销售会议？"这一问题，你已经仔细权衡了各项因素。你了解这项任务的工作量（是一项耗时的全职工作，会影响你现有的职责），清楚是谁向你提出请求以及你能否拒绝（是乔提出的，他是你的上司，但是可以拒绝），并识别出了那些可能会诱发你点头的因素（即使处于高光时刻，你也可以成功控制住点头的冲动）。在全面分析后，问问自己："我真的想接手这项任务吗？"你意识到这样做没什么好处，而且会让你付出巨大的代价——拒绝才是明智的选择，但你该如何向乔表达这一决定呢？

你需要精心设计一种有效的拒绝策略。这看起来很简单，不是吗？但现实往往复杂得多，否则我们的俱乐部也没有必要存在了。博主苏珊娜·格贝尔（Suzanne Gerber）说过："即使是最坚定的女性，也会有违心的时候，英语中发音最简单的语言表达都是'好的'（OK）、'当然'（sure）、'可以'（why not）、'好吧'（all right）、'行吧'（I suppose）、'如果你真的这么认为的话'（if you really think so）这样的内容，或者只是一声无奈的叹息。"拒绝这种行为也许会很复杂、很情绪化，并且比我们想象中的要微妙得多。

当你准备拒绝时，你主要会面临两大难题：一是如何让对方接受你的拒绝，二是如何避免这次拒绝带来的负面影响。拒绝是否奏效，取决于能否解决这两个难题。

确保拒绝能被接受

你需要清晰地传递你的拒绝之意。很多时候，我们因为害怕直接拒绝带来的尴尬和内疚，会说出一些含糊其词的话，比如"我其实很想做的，我喜欢和你一起工作，但……我不知道，我就是感觉有点……你懂的……可以吗？"布伦达发现自己总把一个简单的词扭曲成难以理解的长篇大论，就是为了避免说得太直接。但后来她从作家安妮·拉莫特（Anne Lamott）那儿学到了一点，即"仅仅只需要拒绝而已"，所以她现在会直截了当地说"不"。珊达·瑞姆斯（Shonda Rhimes）也提供了几个简洁明了的拒绝模板——"我不能那样做""那对我不起作用"，以及最直接的"答案很简单：不"。

用委婉的方式来拒绝，可能会给人一种你还能被说服的错觉。比如"我很想帮忙，但我现在很忙"，这样的说法可能会让对方误以为只要他们再花点时间就能说服你，而且"现在"一词留下了把柄，方便别人在之后给你安排任务。

有时候，用错了拒绝的方式，还可能给自己设下陷阱。琳达就遇到了这样的情况。别人要求她在接下来的一个月里为学校主持研讨会，她给出了一个不太合适的理由："真的很抱歉，下个月我的工作排满了，所以恐怕无法参加了。"对方听后回答："没关系，我们可以把会议推迟一两个月再办。太感谢你了！"这下，琳达可犯了难，难道要说自己下半辈子都很忙吗？另一种方式也可能让你掉入陷阱，那就是不直接拒绝，而是找些理由委婉搪塞，比如说："哇，这可不是我擅长的领域。感谢你的邀请，但我一点也不擅长做这个。"听到这样的回答，对方只会对你大加赞赏："你在开玩笑吗？你简直是最佳人选！我第一个想到的就是你！"这样一来你就没有任何退路了。所以，拒绝的关键在于坚决，必须做到清晰简洁、通俗易懂且无懈可击。

巧妙拒绝，避免负面影响

拒绝的方式也有好坏之分，其中一些明显会更合适。有研究表明，人们在多数情况下选择的拒绝方式都会让对方感到不悦。认识到这一点至关重要，因为错误的拒绝方式不仅会损害个人声誉，还可能对人际关系造成不利影响。

在现实生活中，人们都是如何拒绝别人的？哪种方式最有效？为了找出答案，研究人员针对一群已就业的大学毕业生进行了调查，请他们回忆并分享自己曾经通过电子邮件拒绝同事的工作请求的经历。通过分析这些邮件（一封邮件可能同时使用多种拒绝方式），研究人员总结出了一系列常见的拒绝方式：明确说明无法提供帮助的原因（87.5%）；对不能提供帮助表示歉意（39.1%）；表示将来可能会提供帮助（35.3%）；主动提出帮忙做其中一部分工作（11.4%）；推荐其他能够提供帮助的人（10.9%）；直接拒绝（1.6%）。

随后，研究人员又向另一组人询问了对上述拒绝方式的感受。对比后，研究人员发现了其中的差异。当拒绝者能够推荐其他人选时，被拒绝者的接受度最高，但遗憾的是，这种方式在第一组调查对象中的使用率仅为 10.9%！

另一种值得注意的易于成功的拒绝方式是，在拒绝的同时提出替代方案或表示未来再提供帮助。但实际上，在第一组调查对象中，这种方式的使用率只有 35.3%。这种差异并不意外，因为拒绝者往往倾向于通过找借口来减轻内疚感，而请求者更关注能否获得所需的帮助。那么，我们如何才能更加有效地拒绝他人呢？

运用"肯定—否定—再肯定"策略

威廉·尤里（William Ury）撰写过许多关于谈判的畅销书，他提出了一个巧妙的拒绝技巧——运用"肯定—否定—再肯定"策略。他建议在拒绝他人的请求时，**用更加积极的方式说"不"**，这样做既考虑了自身需求，又不会破坏人际关系。其中的关键点是尊重——既尊重自己，也尊重他人。具体来说，"肯定—否定—再肯定"策略包含三个步骤。

1. 肯定：通过认识与表达自身的需求和价值来肯定自己。

2. 否定：明确拒绝并简要解释原因，维护自身权利，同时避免给他人带来压力。

3. 再肯定：通过寻找并推荐其他可能的帮助途径来进一步发展关系。例如，可以推荐合适的人选，但应避免推荐那些已经负担过重的人。

你可以运用这个策略来回应乔:"乔,非常感谢你想到我。但在接下来的两个季度,我要全身心投入主导新产品发布的工作,日程安排得太满了,实在抽不出时间来组织会议,所以只能拒绝你了。但唐非常擅长这方面,他组织会议的能力很强,他也能从中获得成长。我相信他能出色地完成这项工作。"运用"肯定—否定—再肯定"策略是非常简单而有效的,让我们在拒绝的同时,还能通过提供解决方案来展现合作的意愿。请注意,在推荐替代人选时,应优先考虑那些工作量相对较轻、能够从中受益的人。你可以根据自己的实际情况灵活运用这一策略。下面我们提供了一些具体案例,在这些案例中,最后一步都推荐了一位不可晋升型任务负担较轻的人作为替代人选。

- 含蓄拒绝。"这项工作量大且耗时,如果我接手更多的任务,我与客户沟通的时间就会减少,所以很抱歉我无法接受这个任务。或许拉吉夫会是个不错的人选,他在这方面很有经验。"
- 拿这本书当借口。"我最近读了一本书,书中强调保持工作结构的平衡至关重要。我正努力践行这一理念,以确保能全力投入新产品的发布工作。或许,你可以找部门里那些很少接触这类任务的人,或者找那些能够从中获得成长的人。比如格雷格、马克、丹或比尔?"
- 强调公平性。大多数要求你承担新的不可晋升型任务的人并不知道你正在做哪些事，所以你可以提一两个主要的项目，据此解释自己为什么不能接受这项任务。你可以说："你可能不知道，我负责撰写每周的办公室简报。相比之下，布雷特似乎没有这样的任务负担，或许你可以找他分担一下？"

- 借助外力。下面这个建议，我们曾提供给许多女性。对于许多女性而言，这个建议尤为有效。在真的和你的上司交谈过之后，你可以和提出请求的人说："我最近和上司沟通过，他们希望我优先处理其他工作，所以我恐怕无法帮你这个忙了。"如果你有助理，也可以请他们帮忙寻找借口。没有助理的话，不妨借鉴记者安妮·海伦·彼得森（Anne Helen Petersen）的创意——注册一个电子邮箱账号，假装是自己的"助理"的，然后反复而坚定地用这个账号拒绝他人。

让请求者说明选择你的理由

当琳达收到某委员会的任职邀请时，她并没有急于接受，而是选择与对方进一步沟通，以确认该任务是否需要用到她在女性发展障碍领域的专业知识。得知对方实际上只是需要一名高级教师后，琳达婉拒了这份邀请，并表示她希望能以不同的方式提供帮助。琳达这一做法，实际上是促使请求者清晰地阐述选择她的具体原因。这样一来，琳达不仅为自己找到了一个合适的拒绝理由，还巧妙地避免了后续被劝说的可能。一家科技公司的经理凯蒂这样建议:"让他们明确告知你,这项任务具体需要哪些资质或能力。这能帮助他们更加理性地思考为什么要选择你,而非其他同样出色的候选人。"这项策略的妙处在于,它能帮助你确定其他同样能够胜任该任务的人选,所以当你拒绝时,你也能为对方提供其他选择。

寻求外部帮助来评估(及拒绝)请求

给别人提建议很容易,不是吗?我们常常轻而易举地为俱乐部的朋友出谋划策,但轮到自己面对难题时,却往往感到力不从心。我们非常依赖彼此的帮助,在俱乐部创建的早期尤其如此。例如,琳达就曾向俱乐部的朋友发出求助信号。

来自:琳达·巴布科克

发送时间:星期五上午 8:24

致:布伦达·佩泽,MJ. 托奇,洛里·R. 魏因加特,利塞·韦斯特隆德

标题:转发:协商

帮帮我!!!我真的不知道该怎么拒绝这个请求。救命啊!!

琳达

来自：匿名

　　巴布科克博士，

　　我以前是您的学生，但您可能不太记得我了。在听了您的课和读了您的书后，我才有了能力和底气就我目前的工作进行薪酬谈判。去年，在参加一个女性领导力项目时，我也运用了这些技巧。

　　我很高兴去了解您最新的研究成果，另外，我还想斗胆向您发出邀请，不知您是否愿意在我们的领导力主题会议上做一次分享？我们每隔一个月会举办一次早餐会，旨在向社会中的杰出女性榜样学习，而我的许多同事都提到过，他们非常希望能了解更多有关谈判的知识。我深知您的时间宝贵，但在我心中，没有谁比您更适合引领我们探讨这一对女性职场地位提升至关重要的议题了。

　　我们希望您能出席9月的早餐会，与我们深入探讨。我提前几个月提出请求，希望能为您预留足够的时间，以便您妥善安排其他事务。如果您需要了解更多的信息，欢迎您提出任何问题。衷心感谢您在该领域的不懈努力与贡献，同时感谢您考虑我们的请求。

真诚的，

珍

在 3 个小时内，琳达便收到了所有俱乐部成员的邮件回复。第一封回复来自洛里。

星期五上午 9：18，洛里的回复写道：

这很简单！不能别人叫你开会你就开，我一般只接受来自大学的请求。

这个请求远远超出了你的工作范围。而且，你不需要给出理由，解释自己为什么拒绝，这会使你的态度看起来不够坚定。不要说"我没有时间""我要出差了"或者"抱歉，我一般不参加这种类型的外部研讨会"之类的理由。或者，你可以提出接受邀请所需的酬劳。

直接说"不做"（并表示感谢）就行。

星期五上午 9：33，布伦达的回复写道：

实际上我认为这个请求挺难回绝的。她是受了琳达很大影响的一个学生，所以她才要请琳达做导师。她在请求中融入了恰当的"奉承"。她很贴心地提前提出请求，我们都知道其中存在的危险，因为我们的日程安排清楚明白，至少现在看来还是这样。但是琳达，你秋季学期要教三节早课，那你就无法做早餐会的分享了。我同意你应该拒绝（以非常友好的方式），如果你有其他的合适人选，就推荐给她吧。

星期五上午 10：18，利塞的回复写道：

我也觉得这很难办，尽管听起来这像是一项工作量较小的任务，但需要你花时间准备，还会打乱你一周的工作和生活——尽管你会感到满足并有所收获，但为此你要放弃对自己更有帮助的事情。

我开始觉得这些小小的临时请求比我以前认为的要麻烦得多。我刚刚拒绝了两项委员会的任务，并推迟了一场讲座。从没想过拒绝的体验这么好。

祝好。

星期五上午 10：47，MJ 的回复写道：

抱歉这么晚才参与讨论，我也认为贸然接受可能并不合适，你绝不会满意的。你也许会因为这件事和平常的工作不一样而接受邀请，但最后还是会发现其实都一样。我建议你跟你的学生说让她自己做演讲——演讲可以基于你的研究展开，她非常喜欢你的研究，并且还在薪酬谈判等方面有很成功的经验。她有很多经验可以和别人分享，也可以融入自己在领导力、培训工作等方面的经验。是时候让她站出来展示自己的专长和成功的经验了。

这次的电子邮件交流太棒了。

干杯！

　　你注意到我们在这些邮件中提出的各种问题了吗？洛里对应该接受什么、不应该接受什么有自己的标准，并给出了如何拒绝他人的建议。布伦达鼓励琳达尝试另一种选择，并提醒她未来充满多种可能。利塞指出这项任务可能对其他工作产生影响，以及接下这项任务琳达可能会面临的代价。MJ则通过将所有问题整合在一起来提供最佳解决方案——让学生自己演讲，并通过这种方式，隐性地以"肯定—否定—再肯定"策略有效拒绝。

　　这不是一个特例——我们经常会收到紧急求助的电子邮件，帮助彼此做出决定，并在了解情况后及时提供支持。互相帮助不仅给了我们拒绝的勇气，还让我们获得了知识和洞察力，使我们制定出有效的拒绝策略（几乎没有失手的情况）。我们希望你也能从朋友和同事那里得到自己所需的支持，也许你可以通过组建自己的拒绝俱乐部来和朋友相互帮助（我们将在附录中提供建议，告诉你如何做到这一点）。

　　对女性来说，有效拒绝尤其重要。在前面的章节中，我们提到过，有些研究表明，在某些情况下，对于请求者来说，男性拒绝是完全可以接受的，女性说"不"则会面临负面后果。对有色人种女性来说尤其如此。人们期望女性点头说"行"，所以当她们说"不"时，就违背了人们的期望，并可能引发负面后果。如果你要拒绝，就要用恰当的言辞来表达。

ᥱᥱᥱ　说"不"的同时说"行"　ᥱᥱᥱ

有时拒绝不可晋升型任务是不可能的、不切实际的或不明智的。在上司直接将任务安排给你时，就是如此。在该情况下，你需要发挥创造力——你能以一种有利于你的方式来满足他人的需求吗？就像尤里所主张的"积极式拒绝"一样，你需要弄清楚如何让这种情况对你有利。我们称之为"B 计划"。

制订替代方案

布伦达每个学期都在为编排课程表而苦恼，这项任务的工作量很大，而且总需要在一年里最忙的时候做。我们之前描述过她的男性同事是怎么逃避这项任务的。布伦达最终下定决心改变，并制订了一份解决方案——把计划当作"既定事实"。布伦达说："我们需要编排课程表，我把这项工作分成两部分。你可以挑你想要的那一部分来做，另一部分由我来做。"她的同事回应："可以的。那我做前一部分。"布伦达成功了！但她确实等了很久才敢这么提要求，而她跟男性同事说了后，男性同事也欣然同意，并按时完成了他的那一部分工作。这个故事的教训是，人们（男性）可能不会自愿提供帮助，但如果你给他们一个明确而公平的工作范围，他们就很难拒绝。

给你的"行"加上条件

当利塞所属的组织鼓励她担任国家科学基金会的小组成员时，她提出要求——需要减少她的授课量，以腾出足够的时间完成这项额外的工作。

考虑要求额外的资源

如果你答应承担某项任务，你可以请工作人员或同事帮助你减轻工作负担来更快完成任务。当洛里被要求去领导一个课程委员会时，她提出接受该任务的前提是学校聘请一家外部咨询公司来负责管理焦点小组，并综合分析结果。她坚持要求学校聘请一家外部公司来帮忙，这一做法减轻了委员会的负担，让他们可以专注于其他更重要的活动。虽然主持该委员会的工作量仍然很大，但她将有外部合作伙伴来支持委员会的工作。

设定时间限制

任务不一定永远是你的。协商好时间表，确定何时将任务移交给另一个人。

不用做到 A+，B+ 便可

对一些不可晋升型任务来说，回报是递减的。也就是说，在任务上花的时间从一个小时增加到两个小时，只会略微提高结果的质量。例如做会议记录，如果你是初级岗位的新人，写下 A+ 等级的高质量会议记录也许会是一个好策略，但如果你只是和平级的人开会，这么做就意味着你在会议中的参与度不如其他人高（因为你总忙于盯着你的笔记本电脑），而你花费大量时间写下的整整三页详细的会议记录，也不会产生什么不一样的影响。与之相比，简单列出决策要点也可以达到同样的效果。

将任务请求转变为谈判

相比于承担整个不可晋升型任务，你可以协商只做其中你认为最有趣的一部分。如果是你的上司问你，可以问问他目前你的哪项任务能交给别人来做，这样你就有时间接手别的任务。让他们知道你有心想做好你承担的所有可晋升型任务，但过大的工作量会影响你的工作质量。或者，你可以指出你更愿意承担的不可晋升型任务。当利塞因为"对颜色有很好的感知"而被邀请加入网站委员会时，她便问对方能否让她加入招聘委员会。

这些策略和技巧帮助我们成功地应对了工作请求，并有效地减少了我们承担的那些不可晋升型任务，我们希望它们也能帮到你。我们接受请求的模式根深蒂固，而我们需要决心和毅

力才能使不可晋升型任务的工作量得到控制。实际上，简单地
拒绝新的有关不可晋升型任务的请求不太可能让你拥有恰当的
任务组合。你无法拒绝所有的不可晋升型任务——每个人都需
要承担一部分责任。你还有可能会遇到真的很想接受的任务请
求，但你必须好好思考如何才能匀出精力来完成——为了把这
项任务做好，你需要做更多的工作。你需要对你正在做的和你
想做的任务有更全面的看法，我们将通过下一章帮助你做到这
一点。

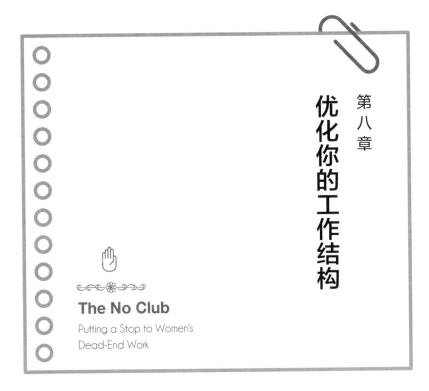

第八章

优化你的工作结构

The No Club

Putting a Stop to Women's
Dead-End Work

　　我们俱乐部的几位成员逐渐变得非常善于拒绝。每次参加俱乐部的聚会时，我们都会彼此分享自己成功拒绝的经历，然后举杯庆祝自己成功拒绝了大大小小的任务请求——比如，被要求在周六晚上截止时间到来的前两个小时内审查学生提交的会议材料，被邀请去主持一个全校范围的特别工作组。需要说明的是，虽然我们兴高采烈地庆祝自己成功拒绝了别人，但我们有时羞于承认，我们还是会想接受别人的请求。

　　洛里是第一个坦白的人。她很在乎自己在做的几项不可晋升型任务，而且很享受完成这些任务的过程，但她因为觉得自己没能坚持说"不"，所以不敢告诉我们她接受了这几个任务请求。在她向我们坦白后，我们才意识到原来每个人都有自己真正乐于去做的不可晋升型任务。我们一直只执着于减轻负担，为我们的可晋升型任务腾出时间，从来没有考虑过还有自己喜欢的对自己来说非常重要的不可晋升型任务。

　　我们知道我们必须做一些不可晋升型任务——无论男女，每个人都需要做。如果不接受这些任务，组织就无法运转。因此，尽管做大量的不可晋升型任务也许无法帮助你晋升，但什么都不做很可能会促使你被解雇。我们仍旧希望能尽力为所属的组织做出贡献，因此在理解这一点后，我们便将注意力完全集中在如何不再增加工作负担这个方面。但很明显，在选择需要承担的任务以平衡工作与生活时，我们都需要有目的性。在面对新请求时，我们不应该仅仅只是接受或拒绝，而应该全面考虑整体的工作结构，而这涉及可晋升型任务和不可晋升型任务的内容。

你应该像评估退休投资组合一样去评估并重新安排你的任务组合、工作结构。想象一下，你的退休投资组合随着时间的推移发生了变化，高回报资产被低回报资产取代，慢慢地，你发现自己的投资回报率渐渐低于市场平均水平，那么你肯定不会放任情况继续恶化下去——你一定会采取行动。事实上，时间也是一种资产，你可以将这种想法应用到你的任务上去。如果你不断积累不可晋升型任务（低回报资产），让它们取代你的可晋升型任务（高回报资产），那么你将会面临工作结构的失衡，无论是你还是你的组织都无法看到你努力付出应得的回报。

当我们沿着这些思路思考工作结构时，往往会发现自己的工作结构不平衡，亟须改变。本章我们将带你一起看看我们用来创建理想的工作结构的四个步骤。理想的工作结构应该包含合理的可晋升型和不可晋升型任务组合，让你能发挥自身潜力，获得成功，并保持工作内部平衡。

在前两个步骤中，我们需要确定你在不可晋升型任务上应该花费多少时间，以及哪些不可晋升型任务更适合你。你的目标是找到最佳的不可晋升型任务组合。你可以将这两个步骤视为建构阶段——为了创建理想的工作结构。本章末尾的练习将向你展示具体的操作细节。

接下来是执行阶段。你先要优化当前承担的任务，塑造你理想的工作结构。为做到这一点，你可能需要减少在不可晋升型任务上花费的时间，并改变任务的类型。你也许会希望能立即做出重大调整以实现目标，但多数情况下你需要慢慢来。在改变的过程中，你还需要让你的上司参与进来，这样才能获得接受和批准。最后一步是维护理想的工作结构。在工作中，你会有源源不断的任务，但请把它们视作不断接近目标的机会。你所属的组织或你自身的职业发展发生变化的时刻，便是你重新审视自身境遇与规划的时刻。

你需要借助外部力量来完成整个转变过程。我们当初就从俱乐部获得了宝贵的帮助。我们会帮助你思考谁能助你完成这一转变，帮你想清楚你的上司能够如何帮助你创建理想的工作结构，以及在决定做什么和怎么做的过程中，你的朋友、同事及导师能起到什么作用。

在不可晋升型任务上 应该花费多少时间

要想高效利用工作时间，先要学会在可晋升型和不可晋升型任务之间合理分配时间。如果你也和我们一样，总是希望能争取到更多的时间投入可晋升型任务中，那么认真规划需要在不可晋升型任务上花费的时间及愿意投入的时间，将会给你带来显著的帮助。

了解组织对不可晋升型任务的期望

工作中总有些做了却得不到回报的任务，而组织通常会有相应的规范来确保它们得到妥善处理。我们常常会听到一些关于"职场逃避者"的故事，他们似乎总能找到理由避开做某些任务，也就是那些不可晋升型任务。他们总是以太忙为借口，或者在被分配不可晋升型任务时敷衍了事。你不想成为那样的人，那么对于这类任务，你应该花费的最少时间是多少呢？你所属的组织对你完成这些任务的期望是怎样的？观察并了解周围同事们的做法，或许能为你提供一些间接参考。

值得注意的是，组织在分配任务时，往往不会单纯地从可晋升度的角度出发。而且，它们可能也不太确定（更不用说与你分享）你应该在不可晋升型任务上花费多少时间。虽然员工手册和职位描述可能会提供有关职位核心任务的详细信息，但这类说明很少涉及不可晋升型任务。那些流程严谨的工作，比如工会的工作，会仔细根据每个人的工作职责范围来安排工作，但具体到不可晋升型任务的分配上，往往缺乏明确的书面说明。

通常来说，组织不会直接告诉你应该在不可晋升型任务上花费多少时间，这就需要你主动去探索和了解组织的相关规范。对这类任务完成时间的期望，会因组织制度、工作内容和个人能力而异（毕竟每个人所拥有的技能组合都不一样）。就像在谷歌有效的方法在亚马逊不一定有效，对律师有效的方法对护士不一定有效，对经验丰富的员工有效的方法对新员工不一定有效，因此，你需要综合考虑所属组织的特性、你的职位以及你所处的职业发展阶段来合理规划自己在不可晋升型任务上的时间分配。这里要提醒一句，我们在前面的章节中已经讨论过，对不可晋升型任务的期望还可能受到性别偏见的影响。关于何为"适当"的任务量，（包括我们及他人的想法）可能会受到这些偏见影响。因此，务必根据职位和级别来看待每个人（无论男女），从而更准确地了解组织的期望。此外，请记住，相较于男性，这些规范对女性来说可能更重要。社会往往对男性在不可晋升型任务上的表现给予更多的宽容空间，对女性则可能提出更高的期望。这并不意味着你需要完全迎合社会对女性的高期望，但了解这些规范能帮助你更好地应对潜在的性别差异挑战，避免因为没能达到社会期望而产生的不利影响。

　　为了更准确地评估组织的期望，你可能需要多方打听形成大致的认知。先问问你的导师和组织中的朋友，尤其是那些事业有成的人，了解一下他们的看法和期望。然后试着了解一下与你平级的人的工作情况是什么样的。如果你是远程工作者，或者由于其他原因而无法直接观察，不妨积极主动地用一些其他的方法。例如，提议共进午餐或直接打通电话，问问对方能否聊一聊工作日是如何度过的。若你的女性同事也在读这本书，不妨与她们分享并比较在第二章中完成的练习，比较你们的任务情况，以及各自在不可晋升型任务上花费的时间。当然，也别忘了与男性同事交流，看看他们的工作日是如何度过的。这样的对比能让你更清晰地了解平级的人所承担的不可晋升型任务的情况。

如果你愿意，也可以（仔细地）与你的上司沟通，共同评估工作期望。请留意，他可能不熟悉"不可晋升型任务"这个术语。你可以用其他词来替代，例如"额外工作""管理性任务"或"辅助性任务"等，避免用词不准确而导致将"不可晋升"等同于"不重要"。同时，你需要向他们保证你没有试图逃避这类任务的意思，你的目标是以一种更重要的方式来为组织做出贡献（对应你的可晋升型任务），同时愿意承担符合组织期望范围的不可晋升型任务。你的同事和上司可能未曾细究哪些任务具备可晋升度，哪些则不然，甚至可能也不愿意讨论不可晋升型任务，因此，在与他们讨论时，你可以围绕某项具体的可晋升型或不可晋升型任务设计问题。例如，你可以向同岗位的同事询问，在与客户和非客户相关的任务上，应该花费多少时间。来自同事的见解将成为你评估自己应该在不可晋升型任务上花费多少时间的有力参考。

承担多少不可晋升型任务最适合你呢

确定你应该在不可晋升型任务上花费多少时间涉及评估如

何最好地利用你的个人时间，并了解他人对你的期望。你需要知道在你的组织中，什么是可行的（在前面的章节你已经探究过了），你在实际工作中是如何利用你的时间的（你已经在第二章的练习中统计过了），以及你希望如何利用你的时间。

　　不可晋升型任务的工作量可能是逐步增多的，因此人们很容易忽视自己的任务量是如何突然变重的。就像温水煮青蛙，意识到自己陷入困境时，为时已晚。可能你花费在不可晋升型任务上的时间并不少，甚至比你的男性同事更多。如果你是这种情况，并且还有工作内部失衡或超负荷工作的迹象（在第六章的练习 4 中统计过），那么为了改善你的健康状况，提升你的幸福指数，你就需要减少不可晋升型任务的数量，转而去做组织最重视的可晋升型任务。

　　试着换种方式来分配工作时间。如果你减少自己在不可晋升型任务上花费的时间，那么你的工作和个人时间会有什么不同呢？了解完成不同工作量的不可晋升型任务所产生的后果，可以帮助你确定背后的机会成本，即你在完成不可晋升型任务时错过的机会的价值。你可能会发现自己希望在可晋升型任务上花费更多的时间（在第二章的练习中，你统计了自己在可晋升型任务上花费的时间）。如果把你花费在不可晋升型任务上的时间用在可晋升型任务上，会更好吗？或者，你腾出一些时间来追求新的有更多回报的任务，又会如何？要想知道你每周愿意花费多少时间在不可晋升型任务上，就必须让自己的分析尽量客观，也可以无情一点，以便最终得到可晋升型和不可晋升型任务的恰当组合。

哪些不可晋升型任务更适合你

布伦达、琳达和利塞因为自己花费在不可晋升型任务上的时间太多而倍感压力，但洛里却感到轻松很多。起初我们对此感到困惑，但后来意识到，洛里对她承担的不可晋升型任务很用心，因为它们既符合她的兴趣，又契合她的能力，这让她避免了我们在过度工作且鲜有时间处理真正有晋升机会的工作时所经历的怨怼、愤怒和沮丧。

虽然洛里平常的工作节奏很快、时间很紧，但她并没有像我们其他人那样处于临近崩溃的边缘。除研究和教学之外，她还花费很多时间在专业领域和大学服务等方面。在职业生涯中，她领导专业协会、组织会议、在委员会任职、领导项目团队、担任期刊编辑，还帮助她所在的学院应对各种困难局面。她的工作量很大，但她并不觉得难以承受。

经过仔细思考，洛里意识到她的不可晋升型任务通常可以归于以下一个或多个类型：①任务由她个人完成；②任务契合她的职位和级别，并发挥了她的专长；③她为任务所花费的时间收到了良好的回报；④完成任务让她的精神得到放松；⑤任务与她目前的工作安排相契合。只要是属于以上范围的任务，她都很愿意做，并会尽可能避开其他类型的任务。虽然她仍然需要做一些琐碎且没什么价值的工作，但她的不可晋升型任务通常都很适合她。你可以根据洛里总结的这些类型，找到适合自己的不可晋升型任务。

让你感到满足的不可晋升型任务

在一个理想的世界里，你希望承担哪些不可晋升型任务？你更喜欢或不喜欢哪种类型的任务？你知道其中的原因吗？哪些任务更符合你的价值观呢？

洛里的许多不可晋升型任务都让她感到满足。她遵循内心的指引，让内心的共鸣引领她对所承担的工作做出回应。她喜欢待在可以保持创新和产生积极影响的岗位上。例如，领导学校 MBA 项目的课程方案修订工作，她深思熟虑后决定接受，她明白这将是一项耗时且具有挑战性的不可晋升型任务，尤其是她还有很多其他的任务。

她预计这项任务将耗时一年多才能完成，需要她全力以赴，因此她知道她必须从其他工作那里挤出时间来处理这项任务。然而，这项任务契合她的价值观——她希望学校能为学生提供更多的培养大局思维的课程和有关领导力发展的课程，同时，她相信自己的参与可以为此带来改变。

正因为这项任务与她的价值观契合，她决定接受。由于这项任务对她的要求很高，在接下来的 18 个月里，她的研究效率受到了影响——白天花在研究上的时间变少了，导致晚上和周末也受到相应的影响。她仔细考虑了如何平衡自己的工作结构，于是将一些可以由其他人代劳的长期的委员会任务（也就是所有的不可晋升型任务）都推掉了，同时保留最有趣和最有影响力的任务——只要认为可行，她就会将其他工作转交给别人来做。虽然工作量很大，但她却充满活力。课程方案的重新制订给她带来了工作内部失衡和超负荷工作方面的问题，但她知道这只是暂时的，她很高兴自己能够在改善未来几届学生教学安排的项目中发挥作用。

卡米尔是一家公共卫生机构的流行病学家，她也选择了与她的价值观和目标契合的不可晋升型任务，这些任务所属的领域是她能够真正做出贡献的领域。对她而言，符合这一标准的不可晋升型任务是指导初级岗位的同事。卡米尔的工作经验相对丰富，虽然彼时她 35 岁，但与部门中的年轻女性同事相处得很融洽。作为部门中唯一的黑人女性，许多刚步入职场的年轻有色人种女性都会向她寻求建议。卡米尔过去成功应对了她们目前正面临的挑战，因此她知道如何为这些年轻的女孩指点迷津，包括如何应对有关不可晋升型任务的请求。虽然指导他人并不能促进职业发展，但这对她来说很重要，她很享受与被指导的女孩相处的时光。卡米尔告诉我们，她追求的人生原则决定了她会选择承担什么类型的不可晋升型任务，这让她能够专注于自己关心的且最能带来成就感的事情。对于应该承担什么类型的不可晋升型任务，她曾向一些更有经验的女性请教，她们的建议帮助她挑选出了与自己的价值观非常匹配的任务。

能够用上你的专业知识的不可晋升型任务

哪些不可晋升型任务与你的专业技能最匹配？是否有一些任务是因为你能够给组织带来价值而更加适合由你来做？洛里在团队和冲突管理方面的研究经历，以及她在几个专业协会的领导经验，使她成为领导 MBA 项目课程方案修订的优秀候选人。她为委员会带来了宝贵的知识和技能，她也很高兴在为学校提供服务时能够做一些可以用上她的知识和技能的不可晋升型任务。但与此同时，对于那些能够由比她更专业的人来做的不可晋升型任务，或是其他人来做能更多从中获益的那类任务，洛里并不想承担（请记住，一项任务对你来说是不可晋升型任务，对其他人来说却可能是可晋升型任务）。虽然洛里能够不费力地组织她所主持的会议的后勤工作（因为她以前做过），但布伦达在俱乐部的一次聚会上指出，指派学院中的一名行政支持人员处理这项任务可能更有效。采用这个提议后，效果非常好，该工作人员因出色地完成了后勤任务而在会议上和学院内部受到表彰。

能够给你带来良好回报的不可晋升型任务

哪些不可晋升型任务为你和你所属的组织带来了更好的回报？想要花费在这些任务上的时间获得最大回报，有两个关键策略：一是选择在现在或未来比其他不可晋升型任务更有益处的不可晋升型任务；二是选择能够限制你花费在任务上的时间的不可晋升型任务。

我们前面谈到了任务涉及的可晋升范围，即任务所具备的可晋升度。虽然有些任务的可晋升度是显而易见的，但更多任务处于灰色地带：它们虽然不能直接促进个人的职业发展，但相较于其他明确不具备可晋升性的任务，它们仍然具备一定的可晋升度。这种具备一定的可晋升度的任务，往往能为你投入的时间带来更高的回报。虽然它们可能只能为职业生涯提供微小的推动力，甚至可能带来负面影响，但这些任务的确有助于提升你的技能，增加你与领导者的接触，建立重要人脉，以及为未来开辟新机会。正如第二章所讨论的，我们称这些任务为间接可晋升型任务——它们在短期内看似无用，但从长远来看可能有所裨益。

塞丽娜是一名发型师，她着眼于未来，接受了一项不可晋升型任务。她在一家美发沙龙工作，靠剪发、染发和设计造型赚取提成。当沙龙准备扩张，需要设计新门店的布局时，塞丽娜认为尽管这项任务会占用她获得提成的工作时间，但能为她将来开设自己的沙龙积累经验，于是她毫不犹豫地接下了这项任务。她清楚自己在短期内会有所损失，但从长远来看，她将获得宝贵的经验和知识。

在你的决策过程中，任务是否具备未来有所收益的潜力是一个重要的考量因素，但你也应深思熟虑，它究竟能带来何种回报。当必然能在未来给你带来回报的可晋升型任务摆在面前时，你就不要被不可晋升型任务迷惑了。同时你要知道，间接可晋升型任务和不可晋升型任务所带来的回报通常是递减的。也就是说，它们最初可能是有价值的，例如某项任务也许能让你认识新的人或发展新的技能，但过了一段时间后，任务带来的好处就会急剧减少。还记得软件开发经理歌莉吗？最初她获得了人们的认可，但随着时间的推移，"新鲜感"便消失了，任务让她付出的代价渐渐大于任务带来的回报。在评估你的工作结构时，要注意这种"不可晋升型任务的蔓延"，即一项原本是间接可晋升型的任务慢慢变成一项真正的不可晋升型任务。间接可晋升型任务不应该成为你不可晋升型任务列表中永久存在的一部分，如果现在你就有这样的任务，你可以考虑在将当前承担的任务与个人目标对齐时将其剔除。

可以快速完成的不可晋升型任务可能是不错的选择。你只需要投入少量的时间，它们就能为你赢得认可或其他好处。这类任务或许能凸显你的表现，让你被合适的人注意到，甚至能借助你的职位为其他人带来关注。这类任务与洛里的课程方案修订任务不同，因为它们几乎不需要付出什么努力就能获得显著的回报——而且，回报似乎更为丰厚。例如，可以看看我们的朋友克里斯汀的经历。她是一家大型体育用品公司的平面设计师，她的老板让她自己从几个员工健康与福利计划项目中选择一个参与。她知道自己必须答应，但由于日程安排得很满，她只能承担一个相对轻松且所需时间更少的项目。她向我们寻求建议，于是我们建议她与之前参与过这些项目的人联系，了解每个项目所需的时间和精力，然后选择所需时间最少的项目。通过这种方法，她既满足了公司的要求，成为一名优秀的组织公民，又选择了耗时最少的任务，为处理可晋升型任务节省了时间。你应该像克里斯汀一样，考虑花费时间和精力相对较少或收益最大的不可晋升型任务。

让你精神放松的不可晋升型任务

有没有一些你不需要动什么脑子就能完成的不可晋升型任务？这类简单直接的任务能为你提供缓冲时间，因为它们风险低、压力小。工作节奏的变换能为你带来成就感，让你以更高的热情投入更具挑战性的工作中。虽然不可晋升型任务在职业发展方面的回报有限，但它们通常能立即带来积极的反馈和赞赏。当你被具有挑战性的工作压得喘不过气时，不可晋升型任务或许能为你提供一个喘息的机会。

　　洛里选择只留下一部分不可晋升型任务，因为它们和她的可晋升型任务区别太大了。虽然她热衷于研究工作，但这些工作往往前景不明，也不确定能否成功，并且时间跨度长达数年。她留下的不可晋升型任务则恰恰相反：有明确的目标和既定的结束日期。虽然与在顶级刊物上发表文章无法相比，但完成这类任务会使她赢得感激并感受到热情，她会感到自己得到了赏识。她喜欢拥有混合的工作结构，当在短期任务和更容易实现目标的任务中表现出色而受到赞赏时，她会感到自豪。

契合你当前的核心任务的不可晋升型任务

　　你应当思考如何协同你当前的核心任务与其他任务来构建你的工作结构。你的可晋升型任务是否会给你有益于不可晋升型任务的见解，或者，不可晋升型任务是否会给你有关可晋升型任务的益处？不可晋升型任务所花费的时间和类型是否契合你的其他任务？对洛里来说，那些需要领导他人的不可晋升型任务极具吸引力，并且会与她的其他任务形成良好的互补。她时刻关注着总体工作量的平衡以及分配给每项任务的时间。她巧妙地安排各项不可晋升型任务的执行时间，以避免任务间的冲突，确保有足够的时间完成可晋升型任务，同时也确保在截止日期前圆满完成两类任务。

　　上面的指导和本章末尾的练习将帮助你学习如何分配时间

以及确定哪些不可晋升型任务最适合你。一旦你有了理想的工作结构的蓝图，更具体地说，就是你明确了想花费在不可晋升型任务上的时间以及哪些任务更适合你，那么便是时候将你的计划付诸行动了。

让目前的核心任务
与理想的工作结构保持一致

在规划可晋升型任务与不可晋升型任务的投入时间时，洛里凭直觉对不可晋升型任务做了挑选，最终她选择的任务既与她可晋升型任务的核心任务相匹配，还能确保她的工作量保持在合理的区间。任务的级别和类型真实地反映了她的个人偏好、职业愿景及组织的实际需求。我们预计，当你迈出这一步时，很有可能会发现自己的工作结构并不像洛里的那样合理，相反，你也许会和布伦达、利塞和琳达一样，发现自己实际的工作结构和理想的工作结构天差地别。如果你属于后者，那么你需要做出重大的改变来缩小现实和理想之间的差距，并借助外部力量来明确改变的方向与策略。

无论是依靠导师、朋友还是依靠拒绝俱乐部，都请充分利用这些外部支持资源，优先处理那些易于调整的任务，并为自己制定一份行动指南。是否有些小小的改变不会引起争议？是否有一些本应分配给其他同事的任务至今仍由你承担，而你可以转交给他人？对于某些任务，你是否可以提议采用轮流负责或随机分配的方式？你的外部支持网络将是你的创意源泉，帮助你对当前的工作量做出微调。同时，他们还可以协助你分清轻重缓急，并就那些需要上级参与的重大变革制定策略。

邀请上司加入对话

尽管有些任务在你看来似乎可以轻松驾驭，但重新分配任务往往需要得到上司的批准，因此你需要先征求她的意见和反馈。我们认识到，在面对问题时，并非每位上司都能富有远见并积极解决问题，也许你的上司并不知道该如何保持员工的积极性和敬业度。那你呢？你能向上司介绍一下"不可晋升型任务"的概念吗？能否在不产生任何负面影响的情况下，与你的上司交谈？如果条件允许，你不妨尝试在非正式交流或正式绩效评估期间与上司讨论你的工作结构。你可以将这种讨论定义为"为了实现共同目标而进行的合作"——旨在通过优化工作结构，提升你对组织的贡献度。是不是觉得这听起来像是一则谈判建议？确实是，毕竟，与上司的这次会面是一次有可能实现双赢的谈判。在我们总结如何进行这类谈判的建议时，洛里和琳达多年的教学与谈判研究为我们提供了基础。

在开始时，可以从你过去一年中完成的可晋升型任务引入主题，这些成就往往能让上司感到欣慰，尤其是那些耗费了大量时间与精力的任务，你可以重点讲述你做的这些任务如何为组织创造了价值，如何推动了你的职业发展。然后，你可以引入"不可晋升型任务"的概念。这是一个很容易理解的概念，在过去十年中，与我们交谈过的每个人都对这个概念产生了共鸣，其中便有许多高管。你的目标是帮助你的上司了解不可晋升型任务负担过重可能带来的风险，以及保持工作内部平衡的好处。向对方解释，如此你才能有更多的时间投入组织最重视的工作中（更多信息请翻看第九章）。

　　请务必循序渐进。尽管你可能已经列出一系列希望剔除的不可晋升型任务，但在初次讨论时，建议只聚焦其中几个具有"战略意义"的任务。刚开始时，可以先选择那些争议较小、更易于剥离的任务，比如那些低于你的技能水平或对当前的岗位意义不大的任务。在你介绍自己在这些任务上花费了多少时间后，你的上司也许会大感惊讶，同时意识到这些任务与组织的核心追求并没有直接联系，并且也没能充分发挥你的才能，这便能促使你的上司采取行动。同时，你可以提出你想要完成的其他任务，勾勒理想的工作结构和设立明确的目标能帮你想清楚这一步应该选择哪些任务。主动挑选一些新的（你希望承担的）不可晋升型任务，或利用节省出的时间，专注于可晋升型任务。你还应向上司表明你正在战略性地思考并规划如何将你对组织的贡献最大化，这当然涉及可晋升型任务和不可晋升型任务。你要表明自己并没有试图减少贡献，而是希望通过更高

效地利用时间,在更有价值的任务上增加贡献。最后,邀请她
提供一点反馈,让她告诉你,从她的角度来看,哪些变化对组
织最有利。

尽管你已逐渐深入话题,提到了希望重新分配任务,但也
要做好心理准备,你的上司可能会拒绝做出改变。预判她可能
做出的反应可以帮助你构建你们之间的对话。请尽量礼貌客观。
比如,"我想放弃这项没有前途的任务"和"我想谈谈如何在我
的时间表中腾出时间来做对组织最重要的任务"产生的效果将
大相径庭。

当然,如果正是你的上司导致你的不可晋升型任务工作量
过大,那么进行这样的讨论就更具挑战性了。因为只有你自己
能判断讨论能否有期望中的结果。如果你预判会被反对,或者
认为你的组织或上司还没有准备好讨论不可晋升型任务,那么
请你暂缓这一计划。你的上司可能会驳斥这一概念,认为根本
没有任务是不可晋升型的。在此情况下,为缓和讨论,你可以
转而强调某些任务对组织而言更为重要(而不是直接使用"可
晋升型任务""不可晋升型任务"和"核心追求"等术语)。如
果现在无法讨论重新分配任务的问题,也请不要轻易放弃,接
下来的章节会为你提供一些想法和行动建议,帮助你逐步改变
组织文化,并使你能够在未来再次展开该话题。

这次讨论的目的是帮助你的上司了解你的任务随着时间的
推移会发生什么变化,从而朝着你的目标前进。幸运的话,她

会抓住问题并帮你去除一些你不想要的不可晋升型任务或重新分配它们。但更有可能的情况是，你需要引导关于如何重新分配任务的对话。对此，你可以寻找其他能从这些任务中获益的人，协助上司重新构想负责这些任务的部门或角色，或者提议让其他人为将来承担这些任务做好准备。我们的建议是，为每一项希望剔除的不可晋升型任务准备好潜在的解决方案。你或许会发现，有些同事已经在做类似的任务，他们可能可以直接接手这些任务，或者提出与你交换他们手中的某项任务。工作量的调整是一个渐进的过程——可以先重新分配一些任务，将其他任务暂时保留在列表中，稍后再尝试剔除它们，换取与你的职业目标更为契合的新任务。

有策略地调整工作结构

第七章的重点是对新的请求说"不"，但它也包含大量的建议，你可以参考这些建议来优化你当前的任务列表。例如，向组织索要额外的资源，或者设定一个时间限制，在时间到了后，让其他人来接手（如"那么我再负责两个月，同时培训其他人来接手这项任务，怎么样？"）。

还记得第二章提到的弗朗西斯卡吗？她在一家律师事务所工作，长期负责审核、面试和招聘暑期实习生的工作。在入职第六年的绩效考核中，她意识到自己在这方面投入了过多的努力，这使她偏离了成为合伙人的职业轨道。显然，在无晋升机会的工作上，她比同事花费了更多时间。现在，她发现招聘暑期实习生并不能给自己带来职业发展的机会，因此她决定尽快将这项任务交给其他人来完成。由于其他人都认为招聘实习生是她的职责所在，她需要有策略地重新分配任务。她仔细评估了这项任务的各个组成部分，发现其中有些部分早就应该交给其他人负责了，于是她决定从这些部分开始调整。当她让一名新入职的员工负责搜集简历和安排面试时，并没有人提出异议。更重要的是，弗朗西斯卡意识到招聘流程需要改进，因为当前的筛选和面试过程既不公平又无法为事务所选拔出合适的人才。她很容易就摆脱了行政管理方面的工作，但要完全退出招聘任务就比较复杂了。她意识到改进招聘流程将是她的出路，于是她设计了新的招聘流程，提交给上司审批，请上司采用新流程。同时，她明确表示将在年底退出招聘工作。根据她提出的新流程，招聘有了明确的筛选标准，员工可以根据这些标准进行初步的人才筛选。在新流程中，由一个小团队负责面试合格的候选人并评分，最后由团队成员汇总每位候选人的得分。这一流程确保了任务能够分配给合适的人，并充分利用了每个人的时间。管理层欣然接受了这一新流程，并对弗朗西斯卡表示了认可，认为她极大地改善了事务所的招聘流程。弗朗西斯卡也从中受益匪浅。她因主动采取行动而获得了赞誉，并成功摆脱了招聘工作。这样，她就有更多的时间来从事可晋升型任务，能增加可计费小时数，也能使事务所充分利用她的法律专业知识。

༒༒ 保持平衡的工作结构 ༒༒

让你承担的任务与你理想的工作结构保持一致会让你更接近你的目标，但这是一个动态调整的过程。要想接近目标，你就要主动向目标靠近，也要准备好根据实际情况调整目标。机会会不断涌现，你的职业生涯会有所进展，你的组织也会发生改变。你必须确保你所承担的任务——可晋升型任务和不可晋升型任务——都能够与这些变化保持同步。

将不可晋升型任务的工作量控制在合理的范围内需要付出努力，但不要为此感到畏惧。俱乐部的支持和建议帮助我们顺利地完成了该过程。当你勾勒出了理想的工作结构，并确定了最佳的不可晋升型任务组合，请根据你的设想相应地调整你所承担的任务，直至达到理想状态并小心维护。在这一过程中，外部支持会使你受益。显然，对我们来说，外部支持就来自拒绝俱乐部，但你也可以有其他选择来帮助你调整不可晋升型任务组合。

组建一个拒绝俱乐部

你知道吗，我们真的非常热爱自己的拒绝俱乐部。这个俱乐部就像是我们的指南针，帮助我们明确自己应该做什么任务，无论是那些能带来晋升机会的任务，还是那些看似无关紧要的任务。它还帮我们制定了任务与目标的匹配策略，确保我们始终能维持恰当的工作平衡。十多年来，我们俱乐部的成员一直相互依靠，共同应对不可晋升型任务带来的挑战，一起面对难以回绝的请求和复杂的情况。俱乐部是一个安全的空间，在这里我们可以袒露我们真实的工作量，支持彼此的职业发展，深入了解为什么我们总会接受承担太多的工作，同时获得理解而非批判。

这些年来，我们彼此提供大量的帮助——无论是精神上的支持，还是那些帮助我们学会拒绝、调整工作负担的实用技巧。那些投入的时间，真的是物超所值。随着我们对拒绝变得更加自信，工作结构也变得更加合理，我们发现，在俱乐部每多投入一个小时，其实都是在为我们节省更多的时间。同事们看到我们在餐馆里喝酒聊天，知道这是我们俱乐部的聚会，都会很自觉地不来打扰。不过，也有一些同事后来找到我们，问她们能不能也加入。消息传开后，我们收到了越来越多的询问。于是，我们和其他女性分享了我们的经历，之后她们在纽约、伯克利、费城，甚至我们的家乡匹兹堡，都成立了类似的俱乐部。

我们没有意识到自己做的事情很特别。相反，我们觉得自己更像是"失败者俱乐部"的成员，需要别人来帮忙管理我们的生活。当我们和别人谈论起这个俱乐部时，即便我们知道它对我们帮助很大，还是不免有些尴尬。有一次布伦达和一名男性同事在华盛顿特区共同乘坐出租车，同事问她最近在忙什么，当她告诉同事俱乐部的事情时，他恳请加入。一直在听二人对话的出租车司机表示，他也需要这个俱乐部。他家里的每个人都让他修理东西，而他不知道该如何拒绝。布伦达对他们的回答感到有点惊讶和困惑，因为根据我们的经验来说，男性似乎并不需要一个俱乐部来帮忙制定拒绝的策略。不过，研究数据显示，虽然平均而言，女性确实承担了更多的不可晋升型任务，但也有一些男性同样面临着工作负担过重的问题。我们在实验室开展的研究也发现，虽然大多数男性不太会主动接手任务，但也有少数男性会经常性地自愿承担任务，这部分人也应该学习如何更有策略地支配时间并从中受益。

找一个"拒绝伙伴"

加入俱乐部是你拒绝不可晋升型任务的最好途径吗？对我们来说，是的，但也有其他有效的选择。例如，你可以向你的"拒绝伙伴"寻求建议；你可以和你的导师讨论，通过合适的策略来找到适合你的不可晋升型任务。当朋友和同事在面对不可晋升型任务感到迷茫时，我们每个人都曾在某个时刻充当过"拒绝伙伴"。

洛里曾接到过丹妮拉的电话。丹妮拉曾经是洛里的学生，现在是一家大型基金会的项目经理。有一次，她因为提前十分钟离开会议而被同事选为部门代表，负责审查基金会的拨款指南。洛里通过一系列问题，帮助她思考这项任务是否值得投入时间，是否契合她的职业道路，以及分析拒绝这项任务可能带来的风险。最重要的是，洛里问她这项任务是否契合她理想的工作结构。经过深思熟虑，丹妮拉做出了明智的决定。她意识到，虽然任务繁重，但这是一个与高层领导者合作、展示自己能力的好机会。在洛里的帮助下，她决定接受这项任务，并放弃她在假日委员会那份既烦人又没什么前途的工作，以便为新任务腾出时间。这是一个双赢的局面，让她能够更接近自己理想的工作结构。

　　找一个"拒绝伙伴"确实可以给我们带来一些支持，让我们在面对任务时不再孤单。但同时，我们要意识到其中可能存在的风险。如果这个人提供了不好的建议怎么办？与俱乐部相比，与"拒绝伙伴"合作的风险更大，因为你仅仅征求了一个人的意见。刚从大学毕业，我们的朋友安娜就收到多份工作邀请，她选择了入职一家全国连锁酒店的市场部。入职后不久，她就有了一个"拒绝伙伴"。这个人比她年长，在该酒店已经工作很长时间。他加入酒店时，酒店规模还很小，行政管理工作也比现在少得多。每当安娜就一项新任务请求征求他的意见时，他都说这是一个很好的机会，值得接受。安娜觉得他肯定懂很多，因为他有着出色的职业履历。然而，他并不太了解目前需要处理的任务类型和工作量。安娜当时听从他的建议，承担了很多额外的不必要的工作。入职一年后，她承担的不可晋升型任务比同事多很多。她的"拒绝伙伴"并没有花时间深入研究过接受每个任务请求的后果，不了解她的核心工作所需培养的能力，也不清楚每项任务对安娜的工作结构会带来什么影响。

相比之下，我们俱乐部的见解来自对某位成员应如何处理某项问题的深入的集体讨论。比如，虽然琳达认为有一种方法能够解决洛里的会议规划问题，但布伦达对此有另外的主意。这些辩论帮助我们更好地思考是否应该说"不"，最终，最好的想法胜出。当你需要时，"拒绝伙伴"会出现在你身边，而俱乐部能为你提供多人情谊和责任感——单独的一个人难以提供。

组建一个"拒绝"咨询委员会

卡米尔，就是我们之前提到过的流行病学家，为了更有效地管理工作中的不可晋升型任务，特地组建了一个"拒绝"咨询委员会（个人顾问小组）。在得知她的故事后，我们与她相识，并表达了想深入了解该组织的愿望。她非常友善地应允了。

卡米尔的其他黑人同事警告她说，由于她的性别和种族，"每个人都会来要求你做事，所有事情"。虽然她能够轻松地拒绝他人，但她却不知道什么时候该拒绝，什么时候该接受。于是，她听从一位资深导师的建议，组建了一个小型的个人顾问小组，帮助她考虑她收到的许多专业服务请求。组建这个小组是她为职业生涯导航所做的最有益的事情之一。小组由三名身处高级岗位的有色人种女性组成，她们来自不同的组织，有不同的职级和人生的经历，但都很关心她的事业发展，知道什么对她来说最重要，也知道如何才能使她获得成功。依据多年的经验，她们引导卡米尔专注于选择那些真正有益于她职业生涯的不可晋升型任务。

　　"拒绝"咨询委员会可以吸纳来自组织内部或外部的高级人员。在选择让谁加入你的委员会时，要权衡利弊。内部人员清楚哪些任务在你的组织看来是可晋升型的，以及如何做能最好地利用组织体系的特点。但是，作为组织的高级成员，他们可能会对你有所期待，与他们分享弱点可能会影响他们对你的看法。相比之下，外部人员作为专业人士，虽然对组织的内部政治和规范了解较少，但他们的意见往往更为客观和中立，不会带来上述风险。

　　这突显了俱乐部的独特优势——在这里，每个人都是平等的，因此更容易敞开心扉，展现自己的不足。你精心挑选的俱乐部成员不会对你的职业生涯产生直接影响。俱乐部更像是有呼有应的回音壁，而非助你一飞冲天的发射平台。这是一个双向交流的平台，每个人都能从建议、反馈和想法中受益。尽管像卡米尔般成立个人顾问小组或寻找一位顾问确实有益，但对提供帮助的人而言，除能获得帮助他人所带来的成就感外，可能并不会获得太多其他好处。

事实上，以上任何一个想法都能够帮助你平衡工作结构。我们认为在这本书的支持下，俱乐部能够给予你最大的帮助，因此我们鼓励你创建一个拒绝俱乐部。这并不难，如果你想了解我们的经验之谈，请翻看附录，我们为你提供了一份俱乐部创建指南。

当明确最适合你需求的支持类型时，请考虑你的个性、时间限制和人脉网络。你是更擅长团队合作，还是更倾向于与单一顾问合作？你需要确保你的俱乐部成员或顾问愿意投入必要的时间来帮助你（及他人），并且能在整个过程中保持一致性。

现在，是时候利用下面的练习来构建你理想的工作结构和最佳的不可晋升型任务组合了。这样做将有助于为你的组织最重视的那部分任务腾出空间。就像我们前面描述的那样，一旦你确定了你应该在不可晋升型任务上花费多少时间，以及你想要哪些不可晋升型任务，你就可以和你的上司进行初步讨论了。老实说，获得恰当的不可晋升型任务组合是最重要的步骤之一，不仅对你自己而言如此，对你的组织而言也如此。当你以最佳方式分配工作时间时，你的组织也会从中受益，这一点我们将在下一章中详述。

练习 5 ❋

优化你的工作结构

在完成第二章、第三章、第五章的练习后，你应该已经列出了一系列不可晋升型任务，并评估了它们的耗时和完成方式。第六章的练习则帮助你判断了自己是否正面临工作内部失衡或超负荷工作的问题。本章的练习将帮助你确定你想在不可晋升型任务上花费多少时间，如何选择适合你的任务，哪些不可晋升型任务值得保留而哪些不值得。答案不是放之四海而皆准的——取决于你是谁，你在为哪种类型的组织工作，以及你的个人抱负是什么。我们对工作的满意度往往取决于我们的期望和偏好。

练习 5.1：将你在不可晋升型任务上花费的时间与你所属组织的期望及同事在不可晋升型任务上花费的时间做比较

步骤 1. 你在不可晋升型任务上花费了多少时间？

回顾第二章的练习 1.4，那次练习你评估了任务的可晋升度。请将该练习中列出的低可晋升度任务及其耗时数据整理至本练习的表中（见表 8-1）。同时，对于中可晋升度任务，思考你是否可能高估了它们的可晋升度，将被高估的那些也写进表中。最后，计算每周你在不可晋升型任务上花费的总时长是多少。

表　8-1

任务 （仅列出不可晋升型任务）	耗时 （小时／周）
每周在不可晋升型任务上花费的总时长	

步骤 2. 评估你的同事在不可晋升型任务上花费的时间。

1. 看看和你职位相似的同事（如果可以的话，男女同事都观察一下），他们在不可晋升型任务上花费了多少时间？

2. 谁在不可晋升型任务上花费的时间最少？谁花费的时间最多？

步骤 3. 评估组织的期望。

1. 你的组织对你花费在不可晋升型任务上的时间有明确的期望吗？如果有，是多少？如果没有，组织是否有隐性的指南说明？

2. 如果你的组织没有列出对于不可晋升型任务的期望时间，那么你认为不可晋升型任务耗时的上限和下限可能是多少？你可以向谁咨询这个问题且不必担心产生负面影响？

步骤 4. 将你花费的时间与组织的期望和同事花费的时间做比较（填写表 8-2）。

1. 与组织的期望相比，你目前处于什么水平？与你同级别的同事相比呢？你比平均水平高还是低？相差很大还是差别细微？

表 8-2

姓名	每周	
	实际花费时间（小时）	组织的期望（小时）
我		
同事 1		
同事 2		
同事 3		

2. 你现在应该能够判断出对你的工作来说较为合理的不可晋升型任务工作时长是多少了。一周两个小时够吗？还是需要一天或几天？你是否应该改变自己的工作时间，与同事保持一致？

练习 5.2：适合你的不可晋升型任务工作时长是多少

你已经知晓了组织的期望，以及你和同事目前在不可晋升型任务上花费的时间。你的下一个任务是弄清你想在这上面花费多少时间。

步骤 1. 你是否发现了自己承担了过多的不可晋升型任务的迹象？你的工作内部平衡吗？你正在遭受超负荷工作的痛苦吗？请检查你在第六章练习 4 中的回答。

步骤 2. 如果决定减少每周花费在不可晋升型任务上的时间，你准备怎么做？这种变化对你、你的事业或你的家庭有好处吗？你能否在其他任务上做得更好，或者承担更多或新的可晋升型任务？你能减少晚上为了赶进度而加班的情况吗？你会花更多时间和朋友、家人相处吗？你会看书消遣或培养新的爱好吗？

步骤3. 仔细查看你在练习5.1中写下的答案，并思考你每周应该在不可晋升型任务上花费多少时间（这个数字应该映射组织对你的期望、你的同事正在做什么以及你所渴望的是什么）。

练习5.3：确定哪些不可晋升型任务更适合你

步骤1. 回顾你在练习5.1中列出的不可晋升型任务列表。仔细思考列表中的任务，并根据以下描述对它们从1级到3级进行评级（写在表8-3中）：

- "1级"对应你绝对想做的任务。
- "2级"对应你不介意做但更愿由他人来做的任务。
- "3级"对应你可以放心移交给他人来做的任务。

表 8-3

任务 （仅列出不可晋升型任务）	耗时 （小时/周）	评级 （1级～3级）

在评级时，考虑我们在本章中讨论过的因素：

- 完成这项任务会让你感到满足吗？
- 完成这项任务是否会用上你的专业知识？
- 你花费在这项任务上的时间会得到良好的回报吗？
- 这项任务会让你精神放松吗？
- 这项任务与你当前的核心任务契合吗？

　　对各项任务评级后，找出所有被评为1级和3级的任务。1级任务是应该留下的任务，3级任务则可以有针对性地去找他人来做。

步骤2. 现在，想想你的同事都做了哪些会被你评为1级任务的不可晋升型任务，它们绝对是你想做的任务。与你当前承担的一些不可晋升型任务相比，你是否更喜欢这些任务呢？如果是，请把它们添加到你的任务列表中。

步骤3. 拿出你的任务评级列表（目前应仅剩1级任务和2级任务），补上你想从同事那里获得的任务。评估这些任务所需的总时长，这个数值与练习5.2中统计的总时长一样吗？你会如何改变任务列表，使其符合你设定的总时长目标？你会剔除哪些不可晋升型任务？最后一步是，确定你的任务列表，使任务与你理想的分配时间相匹配。这个列表呈现的就是你的最佳的不可晋升型任务组合。当你当前的任务发生变化时，当你对他人提出的任务请求和机会做出回应时，你都应该努力去维护自己的最佳的不可晋升型任务组合。

第九章

员工分担不可晋升型
任务时，组织会从中
受益

The No Club

Putting a Stop to Women's
Dead-End Work

到目前为止，我们一直是从女性的角度出发来讨论不可晋升型任务分配不均的情况，探讨女性承担了怎样的任务重担，分析女性为什么会承担如此多的不可晋升型任务，以及女性个体能如何改善现状。然而，不可晋升型任务的不公平分配不仅是女性的困扰，更是组织亟须正视的问题。本章将深入剖析这一现象对组织的影响，揭示改善不可晋升型任务的管理方式不仅有助于女性的职业发展，也有助于组织实现关键的业务目标。

许多雇主从未考虑过不可晋升型任务的分配会如何影响员工为组织做出贡献的能力，更未察觉到分配的方式会对组织吸引与保留人才产生深远影响。员工是组织最重要的资产，他们在各项任务上如何分配时间的决策也许是组织最重要的商业决策——合理调配员工的时间，对于组织的持续健康发展具有重要的影响。本章将揭示，可以通过优化不可晋升型任务的分配与回报机制来实现五个关键的业务目标，从而有效提高生产力和利润：

1. 最有效地利用劳动力。

2. 创造人人参与的组织文化。

3. 提升员工的敬业度和满意度。

4. 留住优秀的员工。

5. 吸引最优质的人才。

接下来，我们将通过具体案例与研究数据，阐述与不可晋升型任务相关的政策和实践是如何干扰实现这些目标的，并验证这些观点的合理性。我们想先分享一个令人不安的案例，在这个案例中，公司对不可晋升型任务的不良管理不仅伤害了员工，还损害了公司的财务健康。

特蕾莎是一名航空工程师，第一份工作是在温思罗普航空公司（Winthrop Air）的运营规划小组度过的。入职后不久，特蕾莎就被认定为"高潜力"员工，凭借出色的工作能力和团队精神赢得了（大多数）男性同事的尊重。经过 12 年的不懈努力，特蕾莎凭借卓越的工作表现晋升为运营副总裁助理。此外，她积极指导初级岗位的女性员工，因此深受首席执行官赏识。她被委以重任，负责启动全公司范围的指导项目。特蕾莎倾注了大量心血来完成这个指导项目，甚至不惜牺牲其他工作职责来确保项目成功。她精心设计了导师培训计划，筛选合适的导师候选人，设计了一个导师与学员配对的系统，与各方保持紧密联系，亲自核查每个环节，确保导师队伍的师资水平始终保持在高标准。导师、学员和他们的主管均对指导项目赞不绝口，项目参与者的留任率也提高了。这让特蕾莎赢得了广泛的认可，首席执行官也对她展现出的创新领导力和对公司做出的杰出贡献给予了高度评价。

然而，对特蕾莎而言，一开始做导师项目的兴奋逐渐被日复一日的琐碎事务所消磨。接受项目三年后，工作的性质慢慢发生了变化。在特蕾莎完成了启动项目中具有创造性和挑战性的部分后，她发现自己逐渐陷入机械性的琐碎工作（如安排导师的午餐等）中，这让她感到自己的专业技能和管理能力无法得到充分发挥。她深知自己未能以最佳方式利用时间，但苦于没有助手，无法将项目转交他人。于是，她约见了首席执行官，提供了一份可以接管该项目日常运作的员工名单，并要求他指定其中一人接替，这样她就可以继续从事工程系统方面的工作。首席执行官虽表示会认真考虑，但在她几番提醒后都没有采取任何行动。特蕾莎只能一边耐心等待，一边继续负责这个指导项目。

特蕾莎的直接主管罗莎莉亚是一位事业成功的运营副总裁，但突然跳槽去了另一家航空公司做首席执行官。主管的离职是特蕾莎职业生涯的一个转折点。原本大家都认为特蕾莎将是她的接班人，然而，由于指导项目的繁重负担，特蕾莎在部门核心工作上的投入时间明显减少——挑选下一任运营副总裁时，首席执行官选择了亨利，一位才华横溢的高级工业工程师。亨利备受尊敬，多年来一直致力于设计高效的飞机维护流程，为公司节省了大量的成本。虽然亨利提供了巧妙的技术解决方案，但他的领导能力和管理经验却相对有限。

为什么首席执行官提拔了亨利而不是特蕾莎？虽然管理层认为特蕾莎是一位优秀的领导者，但她（应首席执行官的要求）将很大一部分时间花在一个只能间接影响公司净利润的项目上，而不是像亨利那样，能够对公司的净利润产生直接的影响。诚然，特蕾莎的指导项目对公司至关重要，但其工作成果很难量化，而且她逐渐偏离了公司最初聘用她时所倚重的专业技能方向。她一直在做的任务是不可晋升型的。在选择罗莎莉亚的继任者时，首席执行官选择了他认为对公司盈利贡献最大的人。

在本章中，我们将用特蕾莎的故事来揭示不可晋升型任务管理不当会产生的负面后果。我们将分析这种管理不当对温思罗普航空公司产生的广泛影响，包括资源分配效率低下、组织文化受损、员工敬业度和满意度下降、员工流动率上升以及人才吸引力下降。尽管特蕾莎的个人遭遇令人惋惜，但我们更想揭示这一现象对组织整体的深远影响。我们认为，当组织看到切实的损失，它们会考虑采纳我们的建议来改善不可晋升型任务的分配方式，避免陷入温思罗普航空公司的困境。

 ## 改善不可晋升型任务的管理方式，以最有效地利用劳动力

更好地利用员工的时间可以推动组织走向成功，这意味着当任务分配（不仅仅是不可晋升型任务）不当时，组织就会失去生产力和利润。虽然特蕾莎对指导项目充满热情，但管理项目的后勤工作细节很浪费她的时间。虽然她是为项目设定愿景和方向的合适人选，但后勤工作可以由其他任何拥有适当技能和工作职责的人来处理，而不需要一名运营专家来做。特蕾莎的

时间应当更多地用于她的核心职责，发挥她的专业技能，这不仅对她个人有益，也能为公司带来更多的价值。

上司可以通过关注员工如何执行任务以及如何利用他们的时间来避免那些潜在的陷阱，并为不可晋升型任务选出合适的执行者。评估和比较相关员工的表现将有助于精准分配任务。举个例子，假设珊德拉和詹姆斯都是销售人员，都需要在工作中花时间招揽新客户（可晋升度较高的任务）。你需要从他们中选择一人，将其安排在 IT 部门，协助开发新的销售跟踪数据库（不可晋升型任务），而这项任务只需具备的基础技能，二人都能胜任，而且都能做得很好，你应该选谁？珊德拉总是挺身而出，所以你会很容易说出："让珊德拉来做吧。"但在此之前，你需要考虑将这项任务分配给珊德拉的坏处，因为这将导致珊德拉在做这项任务时无法招揽新客户，而后者更有助于公司实现收入目标。如果珊德拉比詹姆斯更擅长招揽新客户（假设珊德拉确实更胜一筹），那么公司就会因"让珊德拉来做吧"而失去部分收入。与让詹姆斯来做这项不可晋升型任务相比，让珊德拉来做会让公司损失更多价值，即损失可为公司带来收入的新客户。如果珊德拉在数据库任务上也做得比詹姆斯出色，那么错误地分配不可晋升型任务的可能性甚至会更高。虽然你会认为珊德拉更擅长此事而很想让她来负责，但从这个简单的理由出发将是错误的。正确做法是评估任务价值和员工表现。由于招揽新客户是更有价值的任务，只有当珊德拉做数据库任务会比詹姆斯出色得多时，她才应该被分配去做数据库任务。特别地，她在数据库任务上对詹姆斯的优势必须大大超出她在招揽新客户上对詹姆斯的优势。

在此案例中，组织知道员工的相关技能，并可以相应地分配不可晋升型任务。但是组织该如何了解员工擅长的方向呢？一种直接的方法是观察新员工完成得出色及相对吃力的任务。但不平等的不可晋升型任务分配会影响人们完成这些任务的能力。若女性新员工比男性新员工承担更多的此类任务，将难以评估员工的真实能力。为确保新员工的能力得到充分利用，应为他们分配相似的任务并给予展示才华的机会。如果不这样做，我们将很难识别他们的个人能力，并且可能会以一种无法充分利用员工技能的方式来分配任务。

要想为每个员工建立最佳的任务组合并使组织实现目标，管理者必须深思熟虑。然而，事实恰恰相反，管理者倾向于"被动"地分配不可晋升型任务，他们更关心如何迅速完成任务，而非如何高效完成任务。温思罗普航空公司便是如此。当任务出现时，主管们会定期招募自愿承担任务的员工。寻找志愿者便是分配任务中最常见的错误之一。其他错误包括询问最有可能接受任务请求的人，将任务分配给"似乎适合"这项任务并在所有方面都表现出色的员工。这些做法无形中增加了女性承担不可晋升型任务的可能性。任务不应该这样分配，如此分配也不会给员工或组织带来最佳结果。在理想情况下，组织应该考虑要执行的全部任务，并确保所有员工都有平等的机会展示他们的才华和技能，在工作中发挥他们的潜力。

我们知道有人在看这本书时会说："但等一下，女性比男性更擅长做不可晋升型任务，所以这不应该是分配任务时应该考虑的因素吗？"对此，我们不妨深入思考一下：对于这些任务，女性究竟比男性强多少？让她们长时间承担这些无法带来晋升机会的任务，真的合理吗？请记住，虽然女性也许确实擅长处理不可晋升型任务，但这也是因为她们已经处理这些任务多年了，完全是"熟能生巧"。如果她们能够摆脱这些没有回报的任务，并能在可晋升型任务上花更多时间，她们也许会取得更大的成就。如果有机会，男性也能锻炼成不可晋升型任务方面的专家，但由于我们还没有给他们这样的机会（到目前为止），女性便承担了重担。

极具戏剧性的历史证据表明，若美国公司不能最有效地利用人力资源，便会为此付出代价。1960年，白人男性占高技能职业人员的94%，换言之，对于所有的此类工作，白人男性比其他人更有资格胜任，这真是不可思议。女性和有色人种因无法获得他们完全能够胜任的工作而受伤的同时，组织和整个社会也因未能利用他们的才华而受损。

事实上，研究已经估算出通过减少歧视和改善人才配置能够提高多少生产力。1960年至2010年的美国，每个工人的生产力大幅增长，其中高达40%的增长源于组织改善了工作的分配方式（另外 60% 的生产力增长源于技术因素为主的其他因素）。

　　将生产力和利润最大化意味着有效利用人力资源。要想达到这一点，你可以给新员工分配相似的任务组合，以便更好地了解他们的技能特点。一旦你确定每个员工的技能特点，就可以通过考虑任务价值、员工表现、不同的时间利用方案以及多维度比较员工等来分配任务。如此，你便能够最大限度地利用组织的资源。

改善不可晋升型任务的管理方式，以创造人人参与的组织文化

　　特蕾莎失去晋升机会后，她对指导项目的热情也减退了。她意识到自己花在这上面的时间占用了她从事更有前途的工作的时间，这妨碍了她的个人发展。她的其他同事也意识到了这一点，尤其是女性同事。她们注意到特蕾莎在指导项目上的工作似乎并不受公司重视，于是她们开始意识到这不仅仅是特蕾莎的问题——她们的工作时长都比男性同事多得多，但很多工作对她们的发展没有什么帮助。当上司需要志愿者时，这些女性员工总是挺身而出，她们帮助同事开展工作，在公司级的委员会和工作组任职，参与解决问题，组织社交活动。在看到特

蕾莎的遭遇之后，她们都一点一点地停下了这类任务，并开始保护她们的时间，以专注于可晋升型任务。然而，不可晋升型任务仍然需要完成，那么现在该由谁来做呢？

当组织文化从人人参与演变为个人主义至上时——就像温思罗普航空公司那样，每个人都只为自己着想——重要的任务可能会被推迟或无法完成。利塞还记得在她刚开启职业生涯的时候，在一个特别的早晨，她比大多数同事晚几个小时到办公室。和往常一样，他们在办公桌前忙碌着，但这天又和往常有所不同，接待区的家具——沙发、桌子、椅子——全不见了！接待区空空如也。利塞知道最近没有装修或重新粉刷的计划，所以她感到很困惑：家具怎么会凭空消失了呢？

她和同事都注意到家具不见了，但没有人打电话向上司报告这件事，因为这不归他们管。明明这十几个人都有机会采取行动解决问题，但几小时后，仍然没有一个人采取行动，于是利塞便自己承担起责任。她打了一通电话便了解到，有人看错了订单，导致本该搬走五楼的家具的搬家工人，错将利塞所在部门位于四楼的家具都搬走了。打电话时，为时已晚，家具已经全部装车并运往仓库了，更糟糕的是，其中大部分家具已经被丢掉了。由于没有人及时负责该问题并立即采取行动，该部门不得不重新购买家具。

在类似该案例的情况下，人们会避免去承担不可晋升型任务，而这会导致代价迅速增大。即使任务超出了员工的职责范围（比如打电话询问家具为什么会消失），组织仍旧需要员工站出来承担责任。在一项涉及 3500 多个业务单元的研究中，研究人员发现，员工如果更多地参与这些无报酬的日常任务，能够为组织带来更高的生产力和工作效率。

　　培养一种人人参与并做好应该做的事情的组织文化，对员工和组织大有益处。确保公平分配不可晋升型任务，这意味着员工将会愿意挺身而出。这是一种积极的组织公民行为，能够带来健康的员工环境和同样健康的净利润。

改善不可晋升型任务的管理方式，以提升员工的敬业度和满意度

　　当特蕾莎没有获得晋升时，其他女性员工同样感到被背叛了。首席执行官指派她负责指导项目，却无视她做出的贡献；她为接替直接主管接受了充分的锻炼，做好了充足的准备，最终却没有得到提拔。这些女性同事在小组中就此讨论，认为这不仅意味着特蕾莎的工作没有获得应有的认可，也意味着她们所做的工作以及她们认为重要的工作被大家忽视了。她们心情很糟糕，沮丧的情绪像病毒一样快速传播。不久，不仅仅是女性员工，整个公司的员工都受到了影响。如果公司会忽视大家的努力，那为什么还要努力工作呢？如果绩效评估不将帮助他

人纳入其中，那为什么还要答应帮助他人呢？公司的环境不再是有趣、积极又充满支持的了，也不像以前那样，每个人都努力地完成工作。人们开始只为自己着想，工作满意度也逐渐下降。

对公司不满意的员工在工作中可能会变得不再敬业，这会影响公司的整体表现和净利润。每年，低敬业度会给美国公司造成高达 5500 亿美元的损失。大量研究表明，当员工认为公司的程序不公平或不公正时，他们的敬业度便更有可能降低。在分析 450 多项研究（这些研究调查了 96 个国家 11.2 万个业务单元的 270 万名员工）后，咨询公司盖洛普（Gallup）指出了员工敬业度和经济效益之间的惊人关系：在员工敬业度排名中，居前 1/4 的业务单元在客户忠诚度、销售生产力和盈利能力三个方面比排名居末 1/4 的业务单元分别高出 10%、18% 和 23%。更具说服力的是，在分析涉及 5.4 万多人的 300 多项研究后，一份综合分析研究报告揭示了工作满意度和工作绩效之间存在着极强的正相关关系——确保你的员工投入工作并心情愉悦能带来更好的业务成果。

让女性员工过多地承担不可晋升型任务所产生的不良影响，加剧了员工敬业度下降的问题。女性员工承担了更多的不可晋升型任务的同时，她们还得艰难地去完成与男性同事同等数量的可晋升型任务。由于与男性同事相比，女性员工根本无法在可晋升型任务上倾注全力，女性员工的工作量和压力都在增加。

然后，当这些女性员工因超负荷工作和承担的巨大压力而相互同情时，一种新的文化基于她们的共同经历形成了，并成为组织的一部分。最终，个人压力逐渐累积，对整个组织造成损害。

正如我们所见，压力既对个人有害，也会通过降低生产力、增加工作事故、增加旷工情况和增大员工流动率等来影响组织的发展。世界卫生组织（World Health Organization）称压力为"21 世纪的健康流行病"，有人预估美国企业每年为此付出高达3000 亿美元的代价。

那么，你的组织该如何减轻这种压力呢？请确保你的员工在可晋升型任务和不可晋升型任务之间取得平衡，这有助于他们发挥个人潜力并高度投入工作。对工作满意的员工更有工作动力，更有可能内化组织的目标和价值观，并付出额外的努力，也更有可能留在你的组织中，选择不跳槽。在全球范围内展开的诸多研究发现，对工作满意且高度投入的员工能够提高客户忠诚度、生产力、工作表现和安全性，并有效降低员工流动率和缺勤率。

 ## 改善不可晋升型任务的管理方式，以留住优秀的员工

当公司选择亨利成为新的副总裁时，特蕾莎十分消沉，并

在不久后，到另一家区域性航空公司担任副总裁。让特蕾莎承担过多的不可晋升型任务，导致公司最终失去了一名最优秀的员工。特蕾莎在温思罗普航空公司没有得到相应的回报，于是便去寻求更好的前程。

这种情况并不少见。2019 年，工作研究所（Work Institute）的一份报告表明，人们自愿辞职的首要原因是追求更好的职业发展和晋升机会。另一项对来自 70 多个国家的近 4000 名职场女性的调查，研究了女性辞职的具体原因。这两项研究都认同女性辞职的主要原因是自己的工作没有意义或没有意思、职业发展受限、个人技能与才华的施展没有得到令人满意的回报。这些都与工作的可晋升性有关，即承担大量的不可晋升型任务会导致女性辞职，因为她们的任务都是些没有影响力的例行公事，这不仅会减少她们的晋升机会，还可能会导致她们只能得到有限的回报，这正对应我们在第二章中描述的不可晋升型任务的特征。麦肯锡在 2021 年发布的一份报告对此表示赞同。与男性相比，女性正在成为更强大的领导者，她们参与额外的工作来支持自己的团队，并为多元化、公平与包容性倡议做出贡献。由于这样的关键工作往往得不到相应的回报，麦肯锡的报告得出结论，"组织正面临着失去所需领导者的风险……"。

如果女性将不可晋升型任务分配不公平看作组织内更大范围的性别不平等的一个标志，那么分配不公平还可能会导致人才流失。一项针对建筑行业女性的研究发现，那些认为工作场所中性别不平等问题较大的女性更有可能考虑辞职。

所有组织都应该关注自愿辞职的情况，这对应非常昂贵的代价。据估计，2018 年，美国有 4100 万人自愿辞职。在新冠疫情期间，女性辞职人数创下历史纪录。人力资源管理协会预测，每次辞职所产生的代价约为该员工年收入的 1/3，其他机构所预估的数额甚至更高。需要补充的是，对于正努力提高性别多元化和包容性的组织而言，如果失去了承担不可晋升型任务的女性员工，它们就会更难达成这一目标。

但情况可以被改变。想想你的员工中有没有像特蕾莎这样的人，她有没有充分利用其技能？是否有员工因为自愿承担工作、帮助他人或被指派负责不可晋升型任务而不堪重负？你可以，也应该采取措施解决这些问题，从而留住真正有价值的员工。

 ## 改善不可晋升型任务的管理方式，
以吸引最优质的人才

在特蕾莎到另一家区域性航空公司担任副总裁后，温思罗普航空公司关于女性员工的组织文化瓦解了。该公司花费十几年的时间建立了女性友好的声誉，但该声誉几乎在一夜之间崩塌。随着跳槽的人数增加，消息越传越远，该公司也越来越难吸引到新的女性人才。

在决定是否接受一份工作时，2/3 的男性和女性都会探究该组织内是否有情况跟他们相似的积极榜样。对于有色人种女性及身处由男性主导的领域的女性来说，尤其如此。如果没有女性榜样，女性求职者会认为自己不可能在目标组织中获得晋升。

组织越来越重视招聘女性人才，并为此投入了大量资金。最好的招聘宣传方式是组织以适合女性工作而闻名。在互联网上简单搜索一下"最适合女性工作的好地方"，就会看到无数文章和调查，它们对各种组织做出了排名。没有入选的组织将更难雇用到女性员工，因为就像员工会因无法晋升而离开组织一样，她们也会以此为基础来评判目标组织。改变任务分配和奖励不可晋升型任务的承担者将为女性创造机会收获成功，反过来也能帮助组织吸引最优秀的女性人才。

让我们回到温思罗普航空公司的案例。他们对不可晋升型任务管理不佳，导致女性员工（而且是一位杰出女性）被那些在管理层看来与公司前途无关紧要的工作拖累了。如果温思罗普航空公司能够更好地管理不可晋升型任务，那么特蕾莎还有可能会留下来成为新的运营副总裁，公司也许就会获得更高的生产力和利润。并且，公司的其他女性员工也将有机会处理更多的可晋升型任务，从而为公司的利润做出贡献。此外，若分配方式更合理，温思罗普航空公司便可以获益更多，包括改善组织文化、提高员工满意度、降低员工流动率（归功于指导项目）以及高效聘用到最优质的候选人等。

温思罗普航空公司要如何做才能实现上述转变？应该改变哪些部分？所幸我们对此有答案。接下来的两章将重点关注像特蕾莎和她同事这样的女性应如何推动变革，以及组织应如何更好地管理不可晋升型任务。

第十章

如何在你的组织中推动变革

The No Club

Putting a Stop to Women's
Dead-End Work

　　温思罗普航空公司的管理层显然做出了一个不利于公司长远发展的决策。他们本应为所有员工铺设一条平等的成功之路，并最大化地利用员工的才能，但相反，他们不成比例地让女性员工承担没有晋升机会的任务，从而损害了公司的士气和净利润。管理层忽略了一个至关重要的事实，即改变不可晋升型任务的分配方式不仅对女性员工有利，也对公司有好处。这个案例告诉我们，组织需要改变不可晋升型任务的管理方式。如果当初温思罗普航空公司的女性员工能够意识到不可晋升型任务背后的危险，她们也许能够帮助公司认识到这是个亟须解决的问题。无论是温思罗普航空公司还是你所属的组织，都需要从某个地方开启变革。例如，你可以促使管理层采取相关行动。虽然这听起来令人畏惧，但你可以对结果保持乐观，并且你也可以成为促成变革的那个人。

　　如何让变革的雪球滚动起来呢？可以从给同事讲解开始。在工作中，你可以向同事讲解不可晋升型任务存在的问题和解决办法。你的目标是让组织接受你的想法，并创建一套流程来改善不可晋升型任务的分配与奖励方式。虽然你的这些个人努力在短期内不会帮助你在职业上有所进步，但随着时间的推移，随着不可晋升型任务的分配变得愈加公平，这些努力将会得到回报。本章将重点讲述你和你的盟友可以采取怎样的自下而上的行动来让你的组织进行变革。但你需要知道的是，事情的发展不仅仅取决于你。下一章将探讨你的组织应当如何解决该问题，以确保员工能够持续改善自身工作时间的分配。

当提到组织变革时，我们常会设想一个自上而下的过程——领导者会设定一个供大家跟随的新路线。但是变革不一定要从高层开始，你可以在任何层面上开启变革计划，并且有很多理由可以让你对促使组织在不可晋升型任务方面做出改变保持乐观。

首先，要知道，全组织范围的实践是随着员工或管理层的需求逐渐演变的。我们并不总能意识到指导我们行为的规范的存在，而且很少质疑它们；我们可能会假设，如果"我们本来就该这么做"，那么这便一定是最好的方法。实践和规范的产生是因为我们需要一种方法来协调我们的行为，而不是因为我们采用的做法是最好的一种（就像布伦达总是在会议中做记录）。当你开始质疑将不可晋升型任务分配给女性员工的做法，并提出更好或更公平的新做法时，你便为新规范铺平了道路，这些改进为组织更广泛的变革打下了基础。我们认为，这些都是微小却十分重要的胜利。

其次，当现有任务的分配与组织的整体目标相悖时，便是变革的最佳时机。正如上一章所述，女性员工过度承担不可晋升型任务，会与组织最有效地利用劳动力、创造人人参与的组织文化、提升员工的敬业度和满意度、留住优秀的员工与吸引最优质的人才的目标背道而驰。组织的使命和实践之间的矛盾是变革信号的重要组成部分。如果温思罗普航空公司的员工认识到不可晋升型任务管理不善会给公司带来危害，那么他们当时本可以提出有说服力的理由来促成变革。

最后，当领导者认识到不可晋升型任务的分配不公平及其对组织的多元化会造成负面影响时，就会突然意识到问题的核心所在。心理学和经济学的研究发现，这种由发现负面影响而产生的解决方案会带来更快、更可持续的变化，因为一旦你看到正确的答案，应该做什么就会突然变得显而易见，不可能被忽视。努力改善并留住女性员工的组织很快就会发现，任务分配的差异使组织付出的努力难以获得成功。它们认识到不可晋升型任务影响了女性员工的薪酬和晋升，以及提供平等的机会才能改变人们利用工作时间的方式。

我们分享的很多策略都是问题导向的，可以帮助你将想法具象化、聚焦可行性，并降低实施它们的预期风险。我们还根据自己的成功案例制定了其他策略。当我们开始踏上探索不可晋升型任务的旅程时，我们各自所任职的组织还没有意识到其背后的不良后果，但随着我们分享自己学到的知识，它们认识到了问题并做出了改变。

组织变革可以像“草根运动”一样开始——由热衷于改进的人播下变革的种子。自下而上的变革过程需要三个步骤来完成：提高公众意识，确定并团结盟友，行动起来。

提高公众意识

利塞早早来到学校准备不可晋升型任务的主题报告。在演讲中，她把图 10-1 投放到屏幕上。

Credit: Sarah Silbiger/*The New York Times*/Redux

图　10-1

在这张照片中，时任美国国土安全部长的科斯特珍·尼尔森（Kirstjen Nielsen）和同事从会议室走出，他们刚结束了关于美国前总统特朗普边境墙的会议。利塞指出，尼尔森是这次会议的关键人物——作为美国政府第三大部门国土安全部的负责人，这是她的会议和政策议程。尽管如此，她还是手提着一袋为会议准备的咖啡。她的同事可能没有注意到，她自己也许也没意识到，刊登此照片的报纸甚至也没有发现这种不协调的场景——社会对女性员工承担这类任务的期望是如此根深蒂固。我们对女性员工主动承担这类任务司空见惯，以至于根本不会注意到女性员工在承担这类任务。

　　在报告现场，大多数男性认识到了这张照片的荒谬之处。接着，利塞告诉听众，他们的一位同事，一位女性助理教授，今天提前到达现场来为他们准备午餐。直到此时，他们才意识到他们身边存在着同样的问题。一直以来，我们身边的女性员工都在做着无报酬的工作，而我们却从未注意。

　　利塞就是这样开始提高公众意识的。她使用了一些基本策略，你也可以利用这些策略让同事倾听、理解并愿意解决与不可晋升型任务有关的问题。在讨论相关问题时，请使用相关的术语，将问题与重要的组织目标联系起来，并坚持不懈。

用可理解的方式呈现讨论话题

　　通过向同事及管理层成员讲解任务的可晋升性，可以让这一概念成为你所属组织文化的一部分。可以帮助你的同事了解可晋升型任务和不可晋升型任务是如何推动或阻碍他们获得成功的。在谈论不可晋升型任务时，你应该使用同事能够理解、认同并重视的语言。那么，组织成员通常是如何交流想法的呢？是基于数据、故事还是研究报告？他们是更倾向于逻辑分析还是情感表达？他们通常在哪里交流想法？是在会议上、休息时、社交活动中，还是通过在线平台？你应该根据组织成员的沟通习惯来介绍自己的想法，避免过于激进地描述不可晋升型任务及相关解决方案。研究表明，如果变革者能够相对稳妥地提出新想法，并循序渐进地推进，那么成功的可能性会增大。你可以向他人介绍可晋升型任务和不可晋升型任务的概念，并鼓励他们分享自己的经历。事实和数据确实有助于证实问题的真实性，并展示问题存在的广泛性，但故事能够用数据无法做到的方式揭示不可晋升型任务可能带来的损失。参与讨论的组织成员越多，相关概念在组织中的影响力就越大。当利塞展示尼尔森的那张照片并将它与那位准备午餐的女性助理教授联系起来时，现场的听众立刻领悟了概念的含义。虽然不可晋升型任务是新的概念，但它帮助他们看到了自己以前从没有注意到的东西——女性正在做的那些没有前途的任务。于是，不可晋升型任务成为他们语言的一部分，变成一颗容易生根发芽的种子。

为避免潜在的阻力，在从任务分配及公平性的角度阐述问题前，请先定义和讨论不可晋升型任务这个概念。无论是男性同事还是女性同事，多多少少会对任务分为可晋升型和不可晋升型这一想法有所共鸣。当与同事讨论任务时，使用本书中的定义和示例，并将其与办公室当前的任务联系起来。如果一位同事与一位高知名度的客户建立了联系或获得了一项高可见度的任务，那么祝贺他获得了一项高可晋升度的任务；如果一位同事抱怨自己被安排加入某个没什么人注意得到的委员会，请充满同理心地指出这项任务的可晋升度很低。你还可以通过讲解第二章中提及的不可晋升型任务的特征（即无助于实现组织的核心追求、往往是人们注意不到的任务、不需要特殊技能等）来帮助管理层成员和同事了解影响任务可晋升性的因素。

如果温思罗普航空公司的员工了解不可晋升型任务，他们可以利用这些策略慢慢引入可晋升性的概念，尤其是向那些被不可晋升型任务拖累的女性员工讲解。该公司原本有一个午餐学习项目（由一名女性员工组织），这便可以是介绍这一概念的绝佳平台。在项目中，他们可以讲解可晋升型任务，并让同事帮忙解读公司中各种任务的可晋升性。试想，他们可以进行许多热火朝天、多维度的讨论，可以辩论什么对公司和自己更重要。通过将任务的可晋升性融入组织的语言体系中，人们将会对最能促进晋升的重要任务类型形成一种集体意识。这将有助于管理者和员工识别不可晋升型任务，并关心它们是如何分配的。

将问题与重要的组织目标联系起来

帮助你的同事和管理者知晓哪些任务的可晋升度较低后，下一步要做的是让他们知晓这些任务的分配是如何干扰组织实现目标的。在此之前，请考虑以下几个问题：组织的目标是什么？高层管理的关键战略问题是什么？组织中存在哪些问题（例如压力过大或人员流动频繁）？是什么问题让那些管理者夜不能寐？你也许并不清楚，但你可以从第二章的练习中得到一些相关信息，例如，可以从战略计划、使命宣言以及新闻稿、网站文章、通讯稿中查找所强调的那部分信息。用你搜集来的这部分信息来组织有关不可晋升型任务的讨论框架。

例如，你可以帮你的上司认识到，当前不可晋升型任务分配的不公平让发掘人才变得十分困难，因为那些负担过重的人没有什么机会在可晋升型任务上展现自己的技能。或者，还可能存在任务和员工不匹配的情况，从而导致组织收入受损，成本增加。同时，你可以帮助上司认识到，当他们寻求自愿承担任务的人时，任务不太可能会被指派给最空闲的人。更糟糕的是，寻求自愿承担任务人选的过程对女性（尤其是有色人种女性）来说是不公平的，其后果往往与组织的价值观和组织希望打造平等职场的目标相悖。利塞在任教的大学中就这一主题进行了大量的演讲，提高了人们的意识，并展示了不可晋升型任务的分配问题会如何对组织的目标产生各种负面影响。她介绍了针对不可晋升型任务男女员工工作量差异的研究，并描述了这种差异对女性员工及其所属组织的影响。如果你的组织像她任教的大学一样重视数据，那么你可以通过介绍我们的研究，表明女性员工为何会最终获得更多的不可晋升型任务——不是因为她们喜欢这类任务，而单纯是因为人们希望她们这样做。你可以参考本书或我们出版的其他相关著作。

坚持不懈

在播种变革的种子的过程中，你可能会遭遇意想不到的阻碍或人们的冷漠态度，但请不要放弃，应尽可能地多与人交谈，以促使公众建立并提高对这一概念的认知。如果你没有机会在正式场合讨论你的观点，那就在愉快、轻松的时候或吃午餐时分享。如果远程工作使分享本身变得更加困难，那就需要更加主动，例如将相关主题添加到会议议程中，并在讨论新业务时提出，或者安排一次线上研讨会。如果沟通渠道不起作用，那就去尝试另一种渠道，同时争取那些能助你一臂之力的人。

确定并团结盟友

尽管盟友在推动变革方面能发挥重要作用，但我们也不应过分夸大其影响力。温思罗普航空公司的女性员工可能并没有意识到这一点——她们确实有许多盟友。最起码，她们是彼此的盟友——她们都负担过重，有着相似的情况和共同的目标，她们都可以利用公司内部的人际网络。一些女性员工本身就是主管或经理，她们可以实施团队提出的想法。她们有能力建立一个强大的联盟来解决温思罗普航空公司不可晋升型任务的分配问题。

你的组织中也有许多潜在的盟友。他们可能已经形成团体，这样的团体能够基于人数上的优势给你提供力量。具有影响力能够说服他人的同事也可以成为你的盟友。你可以列出组织中潜在的盟友，对此，我们有一些建议，但请先想一想那些可能会支持改变不可晋升型任务分配方式的团体和同事。不可晋升型任务对谁的影响最大？无论是正式员工还是非正式员工，谁有权力来推进相关改变？哪些团体可以帮助你宣传这项变革？当你阅读我们提供的有关盟友的建议时，请将你能想到的盟友写在你的列表中。

承担过多不可晋升型任务的同事

你很有可能不是唯一一个过多承担不可晋升型任务的人。在你的部门中，谁的不可晋升型任务占比过高？有没有和你同级或比你级别低的同事同样负担过重？这些人是天然的盟友。帮助他们了解承担过多的、没有前途的任务会对他们的职业生涯和个人发展造成怎样的伤害，这有助于你说服他们与你合作。你还可以寻找负担过重的高层成员，因为他们也可以成为（非常有影响力的）盟友。成功的管理者有时会主动承担本应由其他人来处理的任务，因此他们也会理解不可晋升型任务所带来的挑战。你可以像利塞一样，向他们求助。在与一位高层经理交谈的过程中，她发现自己找到了一位重要的盟友，对方立即理解了不可晋升型任务的概念。得益于这位盟友，她可以进行多次公司级的演讲，这为她传递变革的紧迫性提供了平台，并使她获得了认可。

能够理解这一概念的同事

在你谈论任务的可晋升性时，或许有同事能立刻心领神会。他们可能没有承担过多的不可晋升型任务，但也深知过度工作的压力和倦怠。虽然改变不可晋升型任务的分配方式可能会为他们带来一些不便，但他们依然希望能成为你的盟友。其中会有一些女性同事，她们以某种方式巧妙地控制着不可晋升型任务的工作量，同时，也会有一些男性同事展现出同样的理解与支持。

还记得琳达的故事吗？她的同事乔治原本打算拒绝参与伦理审查委员会，但当他意识到自己的拒绝意味着琳达需承担更多时，他反悔了。他向琳达坦言，自己不愿让女性同事来帮自己收拾烂摊子，他不是那种人。乔治说到做到，开始协调教师的招聘活动，筛选博士生候选人。这些工作虽耗时却对学院的发展至关重要。他还通过在自己家里举办活动来促进学院内部的友谊（当然，他并未让妻子承担这部分额外的工作）。许多男性都像他一样，视自己为女性盟友，坚信无论是在职场还是在家庭，都应实现性别平等。如果你跟这类同事深入探讨不可晋升型任务的问题，我们相信他们一定会挺身而出并提供帮助。

许多有女性伴侣的男性经常会看到他们的伴侣疲于应对大量没有报酬的工作。在我们演讲结束后，经常有男性观众向我们索要研究报告副本，表示想和自己的伴侣或女儿分享我们的研究。有研究表明，拥有女儿的男性更倾向于支持促进实现性别平等的公共政策，并比没有女儿的男性更愿意接受非传统的性别角色。这些在生活中为女性争取平等的男性，同样能成为我们强大的盟友。

现有的自发团体

组织内部自发形成的团体，尤其是那些专注于女性议题的自发团体，可以成为你宝贵的盟友来源。自发团体的成员能迅速理解不可晋升型任务对女性职业发展的阻碍，并渴望参与相关讨论。BIPOC[⊖]自发团体也是重要的盟友来源，社会总是期望它们的成员承担责任，这些成员往往承受着双重压力——既要面对促进多元化计划带来的外界期待，又要遭受歧视性期望所带来的影响。

一旦你找到了来自这些自发团体的盟友，就可以通过参与他们的活动来提升他们对不可晋升型任务的了解。这些盟友横跨多个部门和项目组，能让你接触到更大范围内的同事，引发更广泛的组织内部讨论。这种讨论又会联结更多的盟友，促使各部门内部形成对不可晋升型任务的公众意识。正如利塞在大学所做的那样，通过与自发团体沟通，她讲授的内容传播开来，

⊖　全称为 Black, Indigenous and People of Color，即"黑人、原住民和有色人种"。——译者注

人们逐渐理解她提出的概念，微小的变化就开始出现了。你可能会顾虑，不知道哪些场合比较适合谈论相关话题，如果你所在的组织有读书俱乐部，不妨推荐这本书作为下次阅读活动的阅读书目，或者你也可以邀请外部人士来讨论不可晋升型任务。让这一概念在组织内部生根发芽，为未来的组织变革奠定基础。

你的上司或其他管理人员

在第八章中，我们鼓励你与上司讨论如何更有效地利用工作时间，以及哪些任务对你的职业发展最为关键。我们在前面提醒过，如果你觉得你的上司还没有准备好面对这类谈话的内容，那就稍后再议。但如果你有幸遇到了开明的上司，那么你很可能已经找到了你最坚定的盟友。上司不仅能为你的变革提供助力，还可能会主动调整任务的分配方式，更重要的是，他们恰处于向其他部门及高层成员传递成功经验的关键位置。成为你的盟友，这对你的上司来说也有好处。在变革过程中，高层成员也许会因此认可他们的领导能力，认为他们帮助组织更有效地部署了资源，营造了公平的工作环境以及改善了部门的职场文化等。我们将在下一章中详细阐述这一点。

非正式领导者

你的团队中是否有不担任正式领导职务却具有影响力的

人？他们深受同行尊重，观点常在会议中被采纳。这些非正式领导者也可以成为你的盟友。每个组织都有正式的等级制度和非正式的等级制度，后者通常被称为"社交网络"。社交网络是推动组织变革的强大工具，了解这一网络中谁具有影响力至关重要。

若一个人与许多人都联系密切，或者在自己的社交网络中能够连接起不相连的子群体，那么这个人就具有影响力。如果你能让这样的人成为你的盟友，或者至少确保他们不站在你的对立面，那么你就能够在改变组织实践方面取得更大的成功。

意识到不可晋升型任务的问题和确定盟友为变革奠定了基础，现在是时候卷起袖子采取一些直接行动了。行动包括推动你的组织进行更大范围的变革，以及实现体量较小的、没什么威胁性的小变化。

行动起来

你播种的变革种子将慢慢发芽，这是一个由点滴积累、具体行动和一次次微小的胜利构筑起的渐进式过程。请与你的盟友合作建立最初的变革势头，并在最后阶段充分利用这些微小的胜利。这一慢而稳的过程将使变革更容易让人接受。可以用小规模的示范活动来证明，改变不可晋升型任务的分配可以提高所有人的收益和士气，并增加机遇。

你还需要精心选择行动的时机。变革是场持久战，因此一旦时机成熟，你需立刻行动。要学会审时度势，即了解、明白何时人们愿意倾听你的声音，何时则应保持沉默。当人们正为不可晋升型任务而烦恼时，他们就更有可能考虑如何改变这种不合理的分配现状。

打破现状

在练习3.2中，你分析了你的组织通常是如何分配不可晋升型任务的，这些信息有助于你干扰此类决策的制定方式。例如，如果组织常常为不可晋升型任务招募自愿负责的志愿者，那么下次发生这种情况时，你可以看似漫不经心地提议："嘿，为什么我们不直接拿顶帽子抽签选人呢？这样更简单！"在遇到学校寻找志愿者来撰写宣传委员会的报告时，利塞就是这么提议的。如果任务不重，你的提议往往能得到大家的认可。如果大家能接受自愿做某项任务，那么它就不是什么难做的任务，因此抽签决定人选便也能被接受。

但如果有人反对你的提议，你得准备好应对这些反对。你可以解释这项任务是一项不可晋升型任务，没有人特别渴望承担它，因此平均分担负担也许更好。在利塞的案例中，从帽子中抽签的方法取代了让员工自愿报名的做法。该解决方案显然很公平，因此被采用。如果抽签决定的方式不符合你所属组织的工作规范，你可以尝试其他方式，例如，你可以提议："既然我们知道有些人比其他人更有可能自愿承担任务，那么我们何不尝试用另一种方式来分配工作呢？"

若同事以"太忙"为由拒绝，你可以提议轮流承担。若大家同意，你就当第一个承担者。有研究表明，轮流承担的建议通常能得到积极响应。人们总是希望逃避当前令人不愉快的任务（不可晋升型任务有时就是这样的任务！），因此他们更愿意推迟或拖延，想拖到以后再说。不必当时就承担这类任务带来的解脱感，很可能让人们答应轮流承担。

参与协调秘密行动

在实施计划之前，若能得到支持，成功的概率将大幅度增加。假设你想让大家轮流承担一项特定的任务，你事先和同事艾丽聊过，她也同意了，那么她就会支持你的想法，甚至让你的计划更进一步。在部门会议上，你提议让大家轮流承担并说自己来打头阵，这时候艾丽就可以补充说一句："那我第二个。布莱克，你呢？你第三个吗？"

这种默契的协作不仅具有影响力，而且可能非常有效。奥巴马政府中的女性员工就如何在会议中使自己的声音被听到（我们大多数人都很熟悉的一个问题）制定了策略。经过仔细且有目的性的规划，她们设计了一个简单、有效的解决方案——"扩增"。女性员工会重复其他人提出的重要观点，并提及最初提出相关建议的女性员工的名字。《华盛顿邮报》的记者朱丽叶·艾尔佩林（Juliet Eilperin）在讲述应用这一策略的成功案例时指出，"这迫使房间中的男性承认女性的贡献，并且让他们没有办法把这些都说成是自己的想法。"该策略奏效了。奥巴马总统更加清晰地看到女性所做出的贡献，并有意更多地选择女性员工和初级助手来负责工作。

这种策略的美妙之处在于，尽管是事先协调，但看起来却像是自然的协作，且参与者全程坚定并遵守约定。若你想推动不可晋升型任务的分配有所改变，这种秘密行动或许能助你一臂之力。

尽你所能

如果你是管理者，那么你应善用职权，改变现状。洛里便是如此。她向同事寻求帮助，请他们一起帮忙思考应如何更好地分配任务。

在我们俱乐部成立的早期，洛里和迈克都担任着商学院的高级副院长，二人共同负责为学院的治理委员会安排教师，洛里要求迈克帮忙解决不可晋升型任务的分配问题。迈克十分关心公平问题，而洛里想知道自己关于女性承担委员会工作负担的看法是否正确。由于商学院总是基于数据来交流想法和结果，她和迈克一起创建了一个电子表格，用来统计每位教师加入的委员会数量。洛里的猜想是对的：在承担繁重的委员会工作的教师中，女性的比例明显过高，有27%的女性及12%的男性在两个以上的学院常设治理委员会中任职。而在分布数据的底端，情况也没有好到哪里去：有24%的男性没有任何委员会职务，但只有9%的女性免于被分配到委员会工作。显然，和男性相比，女性承担了不成比例的负担，因此洛里和迈克着手改变人员分配来公平地分配任务负担。如今，多年过去，现在的高级副院长仍然在使用那个电子表格来公平地分配任务。

　　洛里十分满意商学院内部的变化，但她希望能更广泛地影响她所在的大学，她知道自己需要影响最高管理层来实现这一想法。她通过电子邮件将一篇表述了男女教师任务负荷不平衡的研究论文发送给大学的副教务长，因为她猜测对方一定会回应该问题。在邮件中，她还描述了她如何在学院治理委员会中平衡分配教师承担的不可晋升型任务的工作量。该问题和洛里的解决方案引起了副教务长的共鸣，这一举动为有效变革种下了一颗种子，促使后来所有学院的院长开会讨论这一问题：在整个大学范围内应如何改善不可晋升型任务的分配？你应该让你的上司或其他领导者成为你的盟友，他们会沿着你努力探索的步伐继续走下去。

大声说出来

当其他女性被分配去参与节日派对委员会的活动时,你可能会感到一丝宽慰,但这样的安排实际上是个坏苗头,你必须站出来。当你看到那些看似无足轻重却能在无形之中剥夺同事展现才华的平等机会的任务被分配时,你必须勇敢发声,采取行动。面对这种情况,可以参考约翰·刘易斯(John Lewis)的名言——"要惹麻烦,就惹大麻烦,必要的那种……"。

当彼得提议让雷切尔再"自愿"负责一次年度筹款活动时,当忒妮莎仅因做饭好吃便被请来挑选会议上供应的食物时,当布伦达被指派做下一次会议的联络人时,请大声说出来!如果她们的职位比你低,你就有责任保护她们。你可以说"想确保她现在将时间投入她的可晋升型任务中,所以让我们找其他人来做吧"或"最好所有任务都设有候补人员,如果每个人都能轮流做并获得经验,那就更理想了"。你可以对你的同事做同样的事情,向他们提议采取轮流分担任务的做法。

一旦每个人都理解了可晋升型任务及不可晋升型任务的概念,那大声反对不公平的任务分配就变得十分容易。一所大学的院级委员会在首次召开会议时,科学系(教师以男性为主)只指定女性来做委员会代表。会上,女性教师直言委员会的构成比例不合理,于是,主席宣布休会并解散委员会,要求各系重新提名,以更好地代表教师的构成。像这些女性一样,遇到不公请马上说出来。同时，你要认识到，这是社会学习（或忘却）的过程，即使这些委员会的任命不合理，但最初的出发点也许是充满善意的。指出不可晋升型任务给女性带来了过多的负担，能够推动你的同事做出改变。你可以提出质疑——"女性是否在某项不可晋升型任务中占比过高？"，尝试这样能否让女性拥有更多的时间来从事可晋升型任务。

指导职场新人

也许一些刚来到初级岗位的同事不太清楚什么因素对晋升至关重要，而你恰巧看到他们承担了过多的不可晋升型任务，那么此时，你可以试着联系他们并指导他们哪些任务对他们的成功更重要，若想更进一步，还可以与他们的导师交流，建议导师和新员工聊一聊哪些任务对晋升最重要。如果你看到弗朗西斯卡把所有时间都花在招聘暑期实习生上，那就去见见她或她的导师，甚至还可以和她的主管谈谈这件事（如果你有能力这么做的话）。如果弗朗西斯卡能从这项没有回报的任务中解脱，她就可以把更多的时间花在重要的工作上。把这点告诉她！确保总是急于取悦他人的新员工能够得到妥善的指导，让他们知道自己现在应该避免哪些任务，或者劝告他们一开始就不要承担太多任务。

创建一个不可晋升型任务创新团队

推动变革和组织盟友的方式之一是在组织内部成立一个专注于倡导这项变革的团队——不可晋升型任务创新团队。不可晋升型任务创新团队与拒绝俱乐部截然不同。前者具有战略性，是行动导向性的，专注于组织变革这一专业领域。团队成员可以分享经验和自己设想的最佳实践方式，并为改进工作条件进行游说。后者则是一个私人团体，在你应对不可晋升型任务和工作内部失衡时为你提供支持。俱乐部高度个性化，有时还会令人情绪激动，要求对成员分享的信息保密。要想让你的个人挣扎与职业目标分开，你应让不可晋升型任务创新团队专注于修复组织的各种问题，同时利用拒绝俱乐部来促进个人成长、相互支持以及增进友谊。你现在或未来的老板可以成为你的不可晋升型任务创新团队的成员，但他们也许不应该加入你的拒绝俱乐部。

不可晋升型任务创新团队可以优先考虑哪里最需要变革，任务的哪部分可以改进，但请不要忘记改变那些本应“帮助”女性却伤害了她们的组织惯例（这类惯例被称为“善意的性别歧视”，参见第五章）。我们讨论了一些组织将女性分配到特殊的团队或项目中，声称以此来培养她们，为她们将来成为领导者做准备，但如果男性不必参与这些活动就能成为领导者，那么女性为什么要参加呢？这种做法转移了女性对获得领导岗位至关重要的可晋升型任务的注意力。

当时，温思罗普航空公司的女性员工确实需要一个不可晋升型任务创新团队。该公司问题的根源在于公司不公平地分配不可晋升型任务——要么直接由上司分配（但上司过多地将任务分配给女性员工），要么寻找志愿者（女性志愿者占大多数）。如果创建了一个不可晋升型任务创新团队，那她们就可以像利塞一样，为分配不可晋升型任务制定策略，并在整个公司内部展开讨论。

我们衷心希望你的努力能够成功唤起同事对不可晋升型任务相关问题的意识，携手建立同盟并采取行动，同时希望你的努力能够促使你的组织准备好进行变革。如今，你已发起变革的倡议，那么现在你的组织及领导者需要采取下一步措施来铺开这次变革，使每个人都能从中受益，让组织蓬勃发展。在下一章中，我们将展开描述组织可以采取哪些具体步骤来确保不可晋升型任务分配得当、奖励得当，并确保变革效果的持续性。

第十一章 管理好不可晋升型任务，促进女性员工和组织发展

The No Club

Putting a Stop to Women's
Dead-End Work

　　终于，我们证明了组织可以通过优化对不可晋升型任务的管理来提升净利润与员工士气！接下来，我们将展示如何达成这一目标。对不可晋升型任务管理不善不是女性员工能够或应该自己独立解决的问题。相反，唯一可行且能够持久发挥作用的解决方案是改变组织的任务分配方式和奖励政策。

　　本章列出了简单明了且通常易于实施的解决方案，许多组织都已成功应用，我们相信这些方案也能促进你的组织进步发展。此外，我们还将在本章中分享了如何应对方案落地过程中潜在的陷阱和隐藏的阻力。

　　你可能会想，"这一章和我有关系吗？"，我们可以向你保证，这一章和你息息相关。如果你是一名高级经理，你可以借用本章提出的想法，发挥你的领导才干。如果你是中层管理人员，你可以在部门或团队的实践中借鉴本章中的许多理念。如果你不担任监督性的职务，你也可以推动你的上司或其他领导者去实施你认为会产生影响的变革。

　　所以，这章就是写给你看的。

　　变革举措的规模可以各不相同，既可能局限于一个部门或子部门，也可能涉及整个组织根深蒂固的政策和实践方案。无论规模大小，有效的变革流程包括四个基本阶段。

　　第一阶段：诊断问题并设立目标。

　　第二阶段：选择、设计和制订方案。

　　第三阶段：传递变革愿景。

第四阶段：将变革落实为组织的常规制度。

本章会按这四个阶段来展示我们的解决方案，以开发并实施能够促进持续性改进的不可晋升型任务管理方式。

第一阶段：诊断问题并设立目标

有人说，"不测量就无法修复"。要想改善不可晋升型任务的问题，就需要研究这类任务的分配方式。仔细观察组织中每个人在做什么，员工执行的任务是否与他们的专长相匹配，任务相较其能力是否太过简单？是否有人与其他同事非常不一样，承担了大量的不可晋升型任务？任务分配存在性别差异吗？是否有色人种女性受到的影响尤其大？改变任务的分配方式是否合理可行？调整后的分配方式应是什么样？

我们可以使用两种方法来诊断组织是否存在不可晋升型任务的分配问题。第一种，以任务为导向。你可以识别不可晋升型任务，并记录哪些员工被分配来承担这些任务。第二种，以员工为导向。利用现有的（或新收集的）员工时间分配数据来评估可晋升度高和低的任务耗时。第二种方法的优势是，它能够完全量化员工之间不可晋升型任务负荷的差异，数据可以无可辩驳地证明制度变革具有必要性。面对事实，员工和经理便不能说这项变革毫无根据，或批评它只是建立在职场轶事之上，站不住脚。为帮助你完成这一诊断流程，我们在本章末尾的练习中为每种方法都提供了辅助指导。

在研究过程中，我们曾与一家专业服务公司合作。该公司详细记录了可计费小时数和不可计费小时数的相关数据，并采用以员工为导向的方法来诊断不可晋升型任务的分配是否公平和合理。他们根据晋升机会对任务进行分类，并对员工的时间分配数据做记录。研究结果显示，在承担不可晋升型任务的人群中确实存在性别差异。研究结果还证实了女性承担过多的不可晋升型任务并非潜在的问题，而是现实存在的问题。这一发现点燃了该公司全公司范围内对变革举措的支持。经过之后的重复分析，该公司得以成功监控变革措施的成效，并优化分配方式的调整。

无论采用哪种方法，你都需要员工参与以收集必要的数据。你要让每个人都明白，不可晋升型任务分配不公平是一个亟待解决的问题，寻求可行的方案来解决，让任务变得更公平，对大家也都有好处。并且要让大家明白，每个人都能够在制订和实施这些方案的过程中发挥作用。

先让员工了解各类任务具备的可晋升度及其对个人和组织的影响。你可以通过分发相关文章（和这本书）来帮助你和员工沟通。我们建议，你的沟通计划可包含文字信息、面对面会议及主题报告。你需要和员工解释为什么组织会关注不可晋升型任务，如此，员工便能理解他们参与的重要性。另外，你需要阐明解决任务的分配问题会如何帮助组织最有效地利用劳动力、创造人人参与的组织文化、提升员工的敬业和满意度、留住优秀的员工以及吸引最优质的人才。同时，你需要向员工传递这样的信息：这次变革的目标是不要让任何一个团队承担过多的不可晋升型任务，是确保每个团队都能得到公平的任务分配。"公平分配不可晋升型任务"并不意味着每个人都要承担相同数量的工作，而是通过更合理的分配来提供平等的机会，让每个人都能发挥自己的才华和技能，为组织做出贡献。每个人的工作量会根据部门、员工级别、技能和经验的不同而有所差异。请注意，不可晋升型任务的分配问题可能是系统性的且长期存在，但不必为此责怪任何人。告诉他们，这个问题在大多数组织中都存在，你只是想确认你的组织是否也存在这一问题，如果存在，也不必过于担忧。

评估完当前的任务分配情况和存在问题的严重性，你便可以评估现有的实践，以确定哪些是导致不可晋升型任务分配不公平的原因。是因为管理人员过多地要求女性来承担不可晋升型任务吗？或者，是管理人员过多地让员工自愿报名承担任务，而这类自愿承担的志愿者往往都是女性吗？一旦了解问题的成因，便可以更容易地从我们提供的建议中选择最佳的改进方案。

如果有所发现，你也许会兴奋地与员工分享，并认为展示问题的严重性会更有利于整个变革的推进。但我们建议最好不要过早分享。与我们合作的一家公司，在调查结果出炉后便立刻向员工展示了结果——对于那些花费大量时间在不可晋升型任务上的员工，男女比例严重失衡。然而，当时该公司并没有一个明确的未来愿景或解决问题的计划。领导层以为让员工意识到公司内部存在这个问题就是好的开始，但这远远不够。员工更想知道接下来该如何解决这个问题。女性员工感到愤怒，男性员工手足无措，领导层则茫然不知所措。很快，女性员工开始拒绝承担任何不可晋升型任务，公司内部一片混乱。最终，公司领导层进行重组，并采纳我们在本章中提出的部分解决方案。但如果领导层一开始就有明确的计划，就能避免很多不必要的麻烦。

我们建议先在组织内部组建一个指导委员会，帮助你理解统计数据、设定变革方向、确定有效的解决方案，并发现潜在的挑战和阻力。委员会的成员应来自组织的各个层级和部门，包括可能从变革举措中受益的员工。没错，是时候请女性和代表性不足的少数族裔提供服务了。为回报他们的贡献，你可以考虑减轻他们原有的部分不可晋升型任务负担。同时，邀请那些对变革持保留意见的员工加入委员会也是明智之举，他们的思考和疑虑有助于你更全面地考虑问题与潜在的阻力。指导委员会能够提供很有价值的意见，帮助你与其他员工沟通，也有助于监督变革计划的进展。在与其他员工沟通时，委员会成员应清楚阐述组织希望实现的公平局面，并告知此次变革的目的和目标。问问自己，"这次变革怎样才算成功?"，也问问其他人这个问题。组织的成功可能涉及实现以下几个目标：

- 平等地提供通往成功的机会（可晋升型任务）。
- 确保不可晋升型任务的分配不受个人特征影响（如性别、种族、年龄、民族、性取向等）。
- 确保不可晋升型任务分配的公开透明。

第二阶段：选择、设计和制订方案

依据组织的情况和面对不可晋升型任务时所遇到的具体挑战来决定你要采用哪些措施与政策。我们同时提供了许多可供选择的解决方案，因为我们认识到，并非每一种解决方案都适用于每个组织。要决定哪些更适合你的组织，请考虑组织是否为变革做好了准备，以及当前的情况如何。小型或相对扁平化的组织处理问题的方式与大型的或多部门的组织不同，后者需要更多的部门间的协调。你可以进行试验，看看什么样的改变是有效的。和我们合作的一个组织在不同地理区域的子部门展开了小规模试点项目，以此确定最佳实践、变革需要哪些资源以及实施变革的难易程度。作为试点的子部门因为自己身处组织最佳实践的前沿而感到荣幸，而子部门试点的成功也让其余部门认同了变革计划。

根据实施的难易程度，我们列出了两类解决方案。先列出的方案相对简单，不需要全组织的协同合作，单个部门就能实施。后续提出的方案则需要在全组织范围内统一实施，并需要高层管理人员或人力资源部门的参与，因此其复杂性会略高一些。我们将第一类方案称为特定的部门举措，将第二类方案称为全组织的举措。请浏览这些措施，并思考你可以借鉴哪些部分来勾勒你的变革方案。

特定的部门举措

要优化任务分配流程，关键在于调整分配方式与对象。摒弃一成不变的分配模式（如总是指派给最先想到的人），我们推荐以下几种更为灵活的替代方式。

随机分配法。放弃依赖志愿者的做法，采用随机方式分配任务。对于某项任务，如果你愿意通过招募志愿者的方式来分配，那么便意味着无论由谁来做都可以，而随机分配能够确保每个人被选中的概率相同。你可以通过抓阄、抽签等方式，或者开发一个随机抽选符合条件的员工的程序，同时规定最近刚刚负责过这类任务的人可以不用参加。每个人都能意识到这种分配方式很公平，因此改为这种分配方式不太会遇到阻碍。

轮流负责制。让适合某项任务的人轮流负责，并记录好最近承担过该任务的人。像例会会议记录这样的任务，可以每周轮换负责人，要想追踪记录每周的负责人也并非难事。还记得第三章中提到的多萝西娅吗？她在一家政府机构工作，负责培训执法人员。在她的工作小组中，男性员工几乎总是负责讲解教学，女性员工则总是负责抄写，但女性员工也有资格来主持教学工作，因此由男女员工轮流负责讲解和抄写的任务，让每个人都能够有机会承担这两种工作职责，不仅可以分担工作量，还能构建强大的培训讲师团队，使每个人都能发挥自己的独特优势。

战略性地以技能为导向分配。 分配一次性或体量大的不可晋升型任务时，选择合适的人选至关重要。通过让员工自愿报名承担任务的方式来让上司自己逃避选择，可能会酿成大错。

正如我们在第九章中所看到的，上司在分配此类任务时，需深思熟虑，考虑员工的时间是否应更高效地用于其他更有价值的任务。回想一下销售人员珊德拉和詹姆斯的案例，招揽新客户是一项可晋升型任务，而你作为上司需要其中一人协助开发新的销售跟踪数据库（一项不可晋升型任务）。虽然他们在数据库任务上会表现得同样出色，但珊德拉在招揽新客户方面比詹姆斯强得多。即使珊德拉可能会自愿接手数据库任务，但让她去负责这项任务就是一个错误。最好的选择是，让珊德拉全力投入招揽新客户的工作中，并让詹姆斯分出一些时间来协助开发数据库。分配任务的关键在于识别哪些员工最擅长执行能推动组织业绩增长的可晋升型任务，并据此进行任务分配，而非为摆脱不讨喜的不可晋升型任务而仓促决定。

你可能会想，在某些时候，例如在面对新员工时，如果还不知道员工的技能专长，要怎么战略性地分配呢？如第九章所述，这并不难。为确定新员工更擅长的任务类型，你可以均等分配任务，然后观察每个员工执行各类任务（包括可晋升型任务和不可晋升型任务）的水平如何。将相似的任务分配给同等水平的新员工，既可为他们提供展示技能专长的平等机会，也可使你拥有更恰当地评估他们的机会，便于日后战略性地分配后续的任务。

制定一份能承担不可晋升型任务的人员名单。在第六章中，我们分享了歌莉的故事，她总是负责做面向全公司的报告。歌莉总是做得很好，所以这类任务一直交给她来做。然而，指派歌莉做报告对她自己和公司都无益，因为她本可以在可晋升型任务上发挥更大的作用，可她却没时间去做。如果有任务时你的第一反应是分配给像歌莉这样"久经考验的人"，请不要这么做。针对不可晋升型任务制定一份轮流承担任务的人员名单，尤其是那些反复出现的任务。优先考虑承担不可晋升型任务较少的合适的男性员工。与其分配给那些会接受任务请求的人，不如考虑任务执行者所需的技能以及指派给错误的人可能产生的损失，再利用这些信息来确定一批能做得和歌莉一样好（或差不多好）的员工。

培训新人承担不可晋升型任务。如果团队中没有像歌莉一样优秀的成员，上司应该如何应对呢？事实上，歌莉及众多女性员工之所以会更擅长某项任务，只是因为她们过去积累了相关的经验。因此，我们可以让那些在不可晋升型任务上经验丰富的员工来承担培训新人的责任。短期内，这对于负责培训的员工来说是一项不可晋升型任务，但从长远来看，这却能极大地拓宽合格候选人的队伍，改善任务的分配情况，并丰富组织员工的技能组合。

利用导师和赞助商，并随时准备介入。 在员工刚入职时就介入其任务分配环节，打破不可晋升型任务的分配旧例。基于现有的导师制度，你可以指导新员工学会如何合理组合不可晋升型任务和可晋升型任务。这样，新员工便能明白恰当的任务组合其实既包含不可晋升型任务又包含可晋升型任务，并了解哪些任务对职业发展至关重要，从而为之努力。同时，这种方法也有助于导师自我审视，及时调整自己的行为，确保任务分配更加公平。

在与某组织交流时，我们发现其初级岗位男女员工的任务组合存在显著差异。与男性员工相比，女性员工参与的创收类任务较少。为了解决这个问题，导师建议女性员工不要负责特定的低收入或低回报客户，而负责具有更大增长潜力的客户，同时明确告诉她们在参加部门会议时应该避免或争取哪些任务。这些受过指导的员工为会议做好了充分的准备，并感到十分自信。她们不再自愿接受不太有利的任务，能够有理有据地拒绝不受欢迎的工作请求。最重要的是，这证明她们已准备好负责更受重视的大客户。

然而,有时仅仅提供建议是不够的,还需要强有力的倡导与支持。这最终让歌莉摆脱了永无休止地做报告的困境。歌莉的经理艾安娜意识到歌莉做了大量没有回报的工作,于是她们一起对歌莉目前承担的不可晋升型任务进行了分类,并限制了她花在这些任务上的时间。虽然艾安娜没有给歌莉分配更多的不可晋升型任务,但其他人还是不断给她派活。歌莉告诉我们,是艾安娜最终挺身而出来制止此类行为:

> 有一次,我正为晋升做准备,极力专注于最后一个对晋升无比重要的项目,这时一位副总裁找到我说:"歌莉,两天后我们需要在大型会议上向全公司做报告。"艾安娜怒气冲冲地来到我的办公桌前:"我听说副总裁让你做报告,他不该找你来做的。够了!公司里有500多人,又不是只有你会做报告!我会结束这一切。"

最终,她做到了——艾安娜为歌莉辩驳,并让副总裁让步。她还就该情况与副总裁展开了讨论,这改变了他的做法。相比于其他人,直属领导更清楚员工的时间安排,如果他们能够拥有管理任务的自由度,便可以代表员工、保护员工,并采取行动。

重新分配不可晋升型任务以促进员工成功。一种更复杂的做法是让上司对应由谁来处理各种任务进行系统评估,并在需要时重新分配任务。对于看起来负担过重的员工,即使你无法获知她完整的工作时间分配情况，也可以通过与她沟通来了解其实际的工作量，进而进行评估，并重新分配她承担的超额的不可晋升型任务。这是歌莉最终获得晋升的原因：

> 我曾两次被提名晋升，第一次没有通过，因为我没有展示出职位所需的战略制定能力。我的经理艾安娜很可能以前也遇到过类似的情况，于是她将一堆我之前一直在负责的事情分配给团队的其他人，让我得以在接下来的六个月中专注于战略制定工作，而这最终促使我成功晋升。

即使没有正式的数据和跟踪记录，歌莉的经理依然能够看到不可晋升型任务正在阻碍歌莉获得晋升。通过重新分配歌莉的不可晋升型任务，她给予歌莉更多的时间去专注于战略制定这一可晋升型任务。经理保护了歌莉，让她得以远离未来可能会指派给她的不可晋升型任务，使她能更专注于核心工作。组织若鼓励这种行为还会收获一个额外的好处，就是让员工对上司充满感激——歌莉很感激经理给她的指导，并在后来管理自己的团队时采用了同样的方法来激励和保护员工。

上述解决方案可以先在小规模的部门和团队中试行，并逐步推广至整个组织，促成更广泛的认可和变革。试行成功的案例可以转变成更大规模变革的催化剂，甚至可能让你因创新的领导能力而受到关注。要想将成功的解决方案扩展到更大范围、更大领域，很关键的一点是记录执行的过程，并追踪考察变革措施的有效性。

全组织的举措

这类解决方案与上述解决方案的不同之处在于，它们需要在整个组织内以更加统一协调的方式实施。这些举措通常需要更多的时间和高层管理人员或人力资源部门的支持，但它们也会带来更为持久和全面的改善。

强制执行不可晋升型任务的相关要求。人们接受不可晋升型任务的行为往往受到一系列社会规范的影响，而这些规范对男性和女性可能有所不同。为解决该问题，你可以为员工设定承担不可晋升型任务的最低额度。例如，哈佛大学肯尼迪政府学院就采用了该方法。在了解了我们的研究后，他们的领导层制定了一个积分制度，并要求教师承担最低额度的不可晋升型任务：

> ……教师通过完成教学和管理性任务（如委员会工作）累积积分，而在履行职责方面，他们享有较大的灵活度。有一些教师的教学时长可能会超出最低时长的要求，其他人则可能会在调查、商务活动或伦理审查委员会上花费更多时间。一名全职教师应贡献100分积分的工作量（误差约为±10%），超额工作的

教师会获得额外补偿，不足者则需要调整其工作时间或薪酬。

积分制度的一个好处是它能引导人们关注职场不平等的问题。以肯尼迪政府学院为例，他们发现一位黑人女教授在学院指导了大量的 BIPOC 女性，还发现该学院的每个行政委员会中至少有一名女性成员，这相当于要求每名女性教师更多地承担委员会的工作，给女性带来了不公平的工作负担（男性教师就没有这方面的困扰）。

值得注意的是，积分制度不会改变任务的回报或晋升机会，不可晋升型任务仍然是不可晋升型的。但通过设定最低额度，肯尼迪政府学院提高了不可晋升型任务的可见度，并让更多的教师一同分担任务。要使这一制度更加完善，还可以进一步规定不可晋升型任务的工作量上限。设定工作量上限能够确保教师个人不会承担过重的工作负担，这可为平衡负荷提供额外的着力点。在设定不可晋升型任务的工作量时，请记住职位级别和资质不仅会影响哪些任务具有可晋升性，还会影响员工应该花在不可晋升型任务上的时间。你肯定不会希望副总裁和助理一样，处理相同数量的不可晋升型任务，而是会希望副总裁能够承担和同级别的同事相当的不可晋升型任务。在理想的情况下，组织应根据职位级别设定不可晋升型任务工作量的上限和下限。

技能匹配也是需要考虑的因素。如果员工有不可晋升型任务工作量的下限要求，并且他们可以灵活地选择承担哪些任务，那么他们就会寻找最适合自己的任务。这能确保任务被分配给那些喜欢某项特定任务或拥有与之匹配的技能的人。

为承担不可晋升型任务设定激励措施。承担不可晋升型任务往往缺乏直接回报——它们不会促进你的职业发展，也不会让你的钱包鼓起来。但如果组织改变了这一点呢？如果它们用奖励来吸引更多的人接受这类任务呢？

多年前，布伦达在一所小型大学中担任行政管理人员。学校的筹款负责人希望她能帮忙撰写一份资助学生奖学金的申请书，尽管这与她的部门和工作职责并无直接关联。对方选择她的唯一原因是他知道她过去有撰写申请书的经验。由于当时正值工作繁忙期，布伦达拒绝了这一请求，并提供了几个合适的人选。然而，几天后，这位负责人再次联系她，并提出愿意支付额外报酬。这一变化使得布伦达更容易接受这一任务，因为在那个时期，额外的收入对她来说是非常有吸引力的。如果筹款负责人能够更广泛地传播任务请求和报酬信息，相信会有更多的人愿意承担这项任务，甚至可能有一些人正好就来自相关部门。

激励不可晋升型任务的承担者表明这项任务是有价值的，值得投入时间和精力。激励有助于补偿员工因从事这类任务而失去的可用于可晋升型任务的时间，还能吸引更多人愿意承担这类任务。我们并不是建议女性员工应该为处理超负荷的不可晋升型任务而获得更多的报酬，因为这会使当前的分配问题永远都无法解决。相反，通过做出相应激励，有助于解决缺乏志愿者的情况，还能鼓励更多的员工承担有利于组织但不会促进其个人职业发展的任务。变革的最终目标是改变任务的分配方式，设定有吸引力的激励措施并明确传递相关信息只是实现这一目标的一种方式。

也许你可以给组织高尔夫锦标赛的人多放一天假，可以一次性付清招聘委员会负责者的报酬，还可以给装修委员会的负责人赠送礼品卡。为参加会议、培训项目、辅导或其他项目支付报酬，是鼓励员工承担不可晋升型任务和提升组织人才技能组合的好方法。为确保你的激励措施有效，需要找到员工重视的东西，如果可行的话，你可以提供几种激励选项让他们自己选择。

避免文化税。组织希望任务小组和委员会的成员尽可能多元化，以确保组织能够获得多种观点，它们通常会考虑少数群体的代表性，无论是女性还是有色人种。以肯尼迪政府学院为例，他们要求行政委员会少数群体的代表比例超过教师的实际比例。因为这些任务通常是不可晋升型的，这便给少数群体的员工带来了不成比例的负担或文化税。我们并不主张全面实行比例代表制，实际上，有时候多元化的代表是必不可少的，但管理层需要评估何时这样做以及为什么要这样做。在有些任务中，女性或有色人种代表非常重要。例如，在处理与他们特别相关的问题时，他们有独特的见解、经验，或者对任务的完成至关重要。但并不是非得要一名女性来帮忙才能完成选择自助餐厅的食品供应商、策划员工答谢日或翻新员工休息室的任务。在你说“我们的委员会需要更多的女性”之前，先问问自己“为什么?”，请确保你知道答案。找出哪里需要代表，并相应地分配人员。

如果某些群体在某些任务中的代表比例过高，并且不被允许在其他任务上减少工作量以平衡工作负担，就会产生文化税，这可能会导致组织在多元化、公平和包容方面的努力适得其反。相反，你可以考虑将女性和有色人种从其他不太重要的不可晋升型任务中剔除，但注意不要将他们从可能让他们获得地位或接触高层领导者的任务中剔除。将不可晋升型任务局限于与多元化、公平和包容相关的活动可能会妨碍他们发挥真正的作用，无法为与其专业知识相匹配的其他战略计划做贡献。

消除不值得的不可晋升型任务。当你审视员工承担的任务时，可能会发现一些令人惊讶的地方。有些任务纯粹是在浪费时间。例如，一家公司在十年前成立了一个新产品团队。该公司要求每个部门都派一名代表加入该团队，负责审查新产品，并从各自的职能领域提供关于新产品可行性的观点。团队每月开一次例会，但工作却敷衍了事。随着时间的推移，越来越难找到愿意加入的人，因为委员会的任务已经变成不可晋升型任务——无助于新产品的推出。如果你的部门也有类似的委员会，那么应该仔细检查它们是否达到了预期目标。如果答案是否定的，那么是时候该解散这样的委员会了，让员工把时间投入其他重要的工作中去。

再比如，当你检查行政助理帕姆的工作内容时，发现她每周都要花好几个小时浇水并打理植物。作为一名重要的行政助理，她的时间应该更高效地用在其他任务上。那么，她应该如何优化自己的时间安排呢？如果其他部门也有员工负责打理他们自己部门的植物，那么将这项任务外包出去也许是明智的，是更为经济的。当员工处理的任务远低于他们的工资级别和专业水平时，资源就被浪费了。

重新规划任务，让某位员工的不可晋升型任务转变为其他人的可晋升型任务。只有当组织能够充分利用员工的技能组合时，才能最大限度地发挥他们的才能。这要求组织将不可晋升型任务分配给合适的人，并在发现分配不当或员工的能力远超任务所需时及时进行调整。例如，玛凯拉在一家保险公司工作了六年，从初级核保员做起，后晋升为主管。她早期曾负责一项更新破产申请人月度报告的任务，虽然这项任务十分枯燥且不需要太多的专业技能，但这项任务使她熟悉了部门的运作流程和风险管理计划。然而，六年后，她仍在负责这项任务，而她的能力早已超出这一任务所需。因此，她向老板建议重新分配这项任务，将其交给一名负责部门数据管理的行政协调员，而不是分配给一名无法从这项任务中获得成长或晋升的初级核保员。她的老板同意了。这样既能让行政协调员的工作更加充实，又能让他有机会与承保团队合作，提升他在团队中的可见度，并有可能获得额外的奖励。这样的调整能够实现双赢的效果。

将关于工作内部平衡的反馈作为绩效评估流程的一部分。通过在员工的绩效评估流程中讨论工作内部平衡，让员工更多地了解自己是如何分配时间完成可晋升型任务和不可晋升型任务的。为流程增加一个新的步骤，将该主题纳入每一次的评估会议，以强调实现恰当的工作内部平衡的重要性，并鼓励员工和上司共同制订有利于双方与组织发展的改进方案。

改变绩效评估的方式。不可晋升型任务对绩效评估的影响可以忽略不计，不然它们就是可晋升型任务了。事实上，管理人员需要概述哪些任务是可晋升型的，哪些是不可晋升型的，但很少有管理人员会这么做。相反，员工更依赖暗示（通常是微妙的暗示），并可能错误地认为某些任务很重要，因为他们被要求去承担它们。为了组织和员工的共同利益，管理人员应当明确区分可晋升型任务和不可晋升型任务，并在绩效评估时讨论并重新考虑哪些任务应该被归为可晋升型。

琳达受邀为一家组织就我们在不可晋升型任务方面的研究工作发表演讲，恰逢该组织正在重新设计他们的绩效评估系统。琳达的来访促使他们更仔细地审视组织定义的能够促进晋升的任务。该组织的领导层意识到帮助他人对组织至关重要，但这一点却没有在评估系统中体现。他们知道帮助他人包括一系列的活动，所有这些活动都有利于组织。于是，他们开始对这一行为进行跟踪：在一年中，员工可以撰写"感谢信"，信件会被放入那些为他们提供宝贵帮助的其他员工的档案中。接受帮助对员工的绩效评估没有负面影响，提供帮助的员工则会收获正面反馈——员工档案中的"感谢信"越多，绩效评估的评级就越高，更高的评级会转化为更好的整体评价和薪酬待遇。通过这一政策，该组织将不可晋升型任务转变成可晋升型任务。

组织需要仔细考虑评估和激励的内容。从长远来看，改变评估标准可能是有益的，但这是一个复杂的过程，需要人力资源部门的协调，并会涉及整个组织的领导者和经理。变革过程复杂并不意味着不应该变革，这是实现机会平等和工作平等的重要一步，但变革落地需要规划、监控和调整以确保激励措施有效。

第三阶段：传递变革愿景

是时候在组织上下传播你的变革愿景了。在筹备变革之际，有两类强有力的论据可以作为支撑，即商业案例和公平案例。两者都可以体现在不可晋升型任务的愿景声明中，例如以下声明：

> 本组织致力于构建平等与高效并重的职场环境，

确保每位员工都能有平等展示技能与潜力的机会。我
们将依据员工的能力、职级与岗位合理分配任务，力
求均衡。我们都肩负着变革的责任，管理层与员工将
共同努力，让不可晋升型任务的分配更加公平。

你的目标应该是接触并动员尽可能多的同事，让大家参与
进来。请基于组织的实际情况，不断更新和完善你的沟通策略，
以便大家更好地了解为什么改变不可晋升型任务值得每个人付
出努力。

和我们合作的一家公司在推广其变革计划时，采取了一系
列富有成效的行动。该公司以任务为出发点来诊断问题所在，
即先评估任务的可晋升性，再与不同岗位的员工深入交流，探
讨任务分配应如何优化。结果显而易见——变革势在必行。他
们还制作了幻灯片，直观展示研究成果与具体案例，深刻剖析
不可晋升型任务在公司内部是如何发挥作用的，并探讨任务分
配不公平带来的负面效应。他们根据自身的工作及不可晋升型
任务分配不公平给员工和组织带来的代价来定义任务的可晋升
性。最重要的是，他们阐明了招募自愿接受任务者等日常行为
为何会无意中造成一些员工（以女性员工为主）工作内部失衡。

该公司将这些信息在全公司公开，让全体员工清晰了解当
前变革涉及的概念以及公司目前面临的具体挑战。他们提出了
包括任务轮换在内的多项改进措施，并鼓励主管与员工面对面

交流，共同讨论如何实现工作的恰当平衡。你也可以借鉴他们的方法，和员工坦诚交流组织面临的挑战，展现变革的决心，并详细介绍即将实施的新举措、新政策。这样，全体员工便能心往一处想，劲儿往一处使，共同推动变革向前发展。

为确保新举措得到坚定的支持，每个人都需要参与进来并做出承诺。要让你的计划成功，你需要同时依靠支持者和那些可能持反对意见的人。那些从现状中获益的人，如承担不可晋升型任务较少的经理和员工，最有可能反对变革。尝试让他们参与进来，提前消除他们的疑虑。经理可能会担心变革会引发混乱，或者担心新的工作流程会损害他们的自主权，从而限制他们保护某些员工免于额外的工作的权力。他们还可能对新举措能带来的好处持怀疑态度。在整个变革过程中，与他们保持沟通以获取反馈，并提醒他们，尽管这种转变可能会在短期内产生破坏性的影响，但从长远来看，这些变化能够改善资源分配、组织文化、员工留存率和工作效率，从而惠及组织的每一个人。对于承担不可晋升型任务较少的员工，他们可能会担心变革将导致他们失去部分可晋升型任务，从而产生不安全感。尽管如此，你仍有可能争取到他们的支持。当他们认识到自己没做的那部分不可晋升型任务都被分配给了同事，并给同事带来了沉重的负担后，他们也许会感到懊悔，同时将实施变革视为组织前进必经的一步。我们曾见过一些承担较少的不可晋升型任务的人，最终都认识到了当前状况的不公平并希望发生改变。通过引导他们认识到自己的责任，他们便能够纠正过去的错误，确保他人不再面对不公平的待遇。

第四阶段：将变革
落实为组织的常规制度

经过初步的政策与实践调整，下一步是将这些变革深深植根于组织的日常运营之中。持续评估变革措施的效果，并在必要时加以改进。

监控新举措

在你付出所有努力之后，你肯定不希望事情又回到原点。我们都清楚，女性员工总是会成为承担不可晋升型任务的人，其背后的原因并不会神奇地消失。因此，请密切关注变革进展，确保各项措施得到有效执行。本章末尾的练习将帮助你评估当前的任务分配情况，并为你提供监控的实用方法。

重新分配不可晋升型任务可能会导致某些任务被遗漏。你需要接受失败，并从中吸取教训，根据失败的经验调整变革计划以确保能根据情况持续改进。在寻求新举措时，鼓励管理人员和员工也试着设计并实践有效的新方法。如果这些试验没有达到预期效果，那就让他们继续开发新方法。创造一个允许试错的环境，你将了解到在组织中哪些方法有效，哪些方法无效。随着时间的推移，你的变革计划将逐渐成形，并映射出一系列最佳措施。

评估变革进展

将变革目标转化为可衡量的指标。这些指标必须符合 SMART 原则（即具体的、可衡量的、可实现的、相关的、有时限的）。例如，你可以指定何时必须实施举措、报告实施效果；你可以根据你收集的数据，为不同级别的员工在不可晋升型任务上的耗时设定最小目标值和最大目标值，并指定你希望实现这一设定的日期。对衡量变革进展所需的数据做好收集工作，并承诺在特定的时间框架内发布进展报告，报告可以以绩效评分卡的形式呈现。

将有效的做法制度化

将全组织范围内的不可晋升型任务分配优化列为优先事项，并让管理人员负责。为管理人员制定报告要求细则，让他们描述自己对不可晋升型任务做出的变革计划和改进方案，并在全组织范围内分享具有创造性的解决方案，鼓励员工广泛采用。改进不可晋升型任务相关的政策和做法应该是管理人员的首要任务，优秀的表现和改进应该获得加薪或奖金。

　　确保不可晋升型任务始终是大家关注的焦点，特别是在变革初期。正如你个人需要时常提醒自己一样，你的组织同样需要不断得到提醒。行为学研究表明，接种疫苗的短信提醒减少了错过预约的情况，提醒父母送孩子到校学习的信息减少了幼儿缺课的情况，提醒按时服药的信息提高了患者服药的依从性。任何可以用来引起员工对新流程的关注的东西，包括内部简报、公告、电子邮件等，都将有助于提醒和鼓励员工以新的方式做事，并能表明你的组织对变革秉持着认真的态度。在整个变革过程中，应充分利用这些载体来交流最新的变革进展和成果，使每个人都能更容易地参与实施新举措。

　　当你改变组织的任务分配时，即使是微小的改变也能为组织和员工福祉带来显著的提升。若每个人都认识到女性在不可晋升型任务上花费了更多时间，并面临着由此产生的诸多挑战，人们就会改变自己的行为，新举措也将顺势产生。当你重新分配和监控不可晋升型任务时，你就扩大了处理不可晋升型任务的员工范围。最终，组织将实现更公平、更高效的任务分配方式，确保所有员工享有均等的机会，并进一步提升组织的生产力和盈利能力。我们建议的改进措施简单明了且可以实现，我们希望你能带头实施。我们已经帮助过许多组织更好地管理它们的不可晋升型任务，从而有效发挥了组织和员工的潜力，我们知道你也可以做到这一点。

练习6 ✳

评估可晋升型任务和不可晋升型任务的分配情况

有两种方法可以帮助你评估不可晋升型任务在组织中的分配情况。第一种是以任务为导向的，是一种粗略的评估，但更容易完成；第二种是以员工为导向的，更加细化，但数据收集工作会更复杂。

练习6.1：理解不可晋升型任务分配的任务导向型流程

请将此视为一次宏观的诊断，在此过程中，你可以确定组织的不可晋升型任务有哪些以及在由谁执行。一个简单的表格将帮助你跟踪和评估相关信息（见表11-1）。

表　11-1

不可晋升型任务	耗时情况 （多 / 中 / 少）	谁经常承担这项任务	每周耗时估算
任务分类A • 任务1 • 任务2			
任务分类B • 任务1 • 任务2			
任务分类C • 任务1 • 任务2			

步骤1. 列出你所在小组或部门的不可晋升型任务。识别出最明显的几项并记录下来，比如写会议纪要或组织聚会。请

参考第二章中"拒绝俱乐部总结的十大不可晋升型任务"，例如培训方面的协助工作和帮助他人完成工作等。你可以注意那些容易被忽视的、不需要专业技能就能完成的、与组织的核心追求没有紧密联系但仍然需要完成的任务，这些任务都可以填进表格（可参见第二章，尤其是练习1.4）。特别关注这样的任务：没有明确的负责人；通常由志愿者承担；无人愿做；大家轮流做；大家被迫承担。

步骤2. 与其他知情人士（同事、经理等）见面讨论，分享你的列表，询问他们是否有所补充。请他们将自己的不可晋升型任务列表拿出来一起讨论。细化你的列表，将这些讨论中出现的所有不可晋升型任务都纳入。

步骤3. 将相似的任务合并在一起以方便思考。

步骤4. 在任务旁边注明负责执行该任务的员工姓名。只需记录那些经常执行任务的员工，不用记录偶尔参与的员工。

步骤5. 根据你对任务耗时和每个人工作量的估计，估算出你认为每个人在这项任务上花费的小时数。

步骤6. 现已拥有关于任务、员工和耗时的相关信息，再审视任务是如何分配的。具有相似岗位和资历的员工在任务分配上是否存在差异？承担任务较多的员工之间是否存在某种共性？相对于每种性别的代表性而言，分配给其中一种性别的不可晋升型任务是否多于另一种性别？有色人种女性是否被分配了更多的不可晋升型任务？

练习 6.2：理解不可晋升型任务分配的员工导向型流程

对能够收集员工时间分配数据的组织来说，分析不可晋升型任务在整个组织中的分配情况是相对容易的。这一分析过程相对复杂，需要时间和资源来完成。在理想情况下，组织要创建一个数据库来收集、跟踪和报告员工的时间使用情况。许多组织已将这些数据系统地用于计算薪酬或其他与费用相关的事项。

步骤 1. 管理层需要先完成练习 1.1 以评估组织的核心追求，并以此决定所有任务的可晋升性。

步骤 2. 要求每位员工完成第二章中的练习 1.2 和 1.3。

步骤 3. 结合任务列表，根据可晋升度对任务逐一评级，在评级时，应考虑在任务中的付出能够被人注意到、任务对专业技能的依赖度以及任务与组织核心追求的一致性（见步骤 1）。

步骤 4. 分析数据。

- 对于某个工作岗位，单个员工在不可晋升型任务上花费多少时间？在可晋升型任务上又花费多少时间？
- 不可晋升型任务和可晋升型任务的耗时是否因职级或头衔而异？
- 不可晋升型任务和可晋升型任务的耗时是否因性别而异？女性员工在不可晋升型任务上花费多少时间？男性员工呢？存在种族差异吗？有色人种女性员工在不可晋升型任务上花费的时间多吗？

第十二章

成长与收获

The No Club

Putting a Stop to Women's
Dead-End Work

女性员工承担了过多的不可晋升型任务,这是阻碍她们职业发展的一个主要原因。我们发现,这一负担的根源深植于社会对女性职业角色的刻板印象与期待。那么,如何让女性员工摆脱这种束缚呢?我们写这本书就是为了解决这个问题。还记得我们第一次参加拒绝俱乐部的聚会时,大家面面相觑,茫然无措。我们看到的是女性同事、朋友和书前的你同样在这种困境中挣扎。我们都经历过同样的困境,也经历过不知道怎样改善自己的处境、经常质疑自己的阶段,但如今,我们已找到了出路!我们和你分享了我们所学到的知识,希望书前的你能从中获得解脱的力量、创新的思维与行动的灵感,从而做出改变。能够帮助大家成为变革运动中的一员,我们非常兴奋、激动。

这本书从我们俱乐部的故事开始讲起,以我们的成长与收获来收尾再合适不过。在过去的 12 年里,我们一直在生活、思考、研究并试图改变我们自己,改变其他女性、其他组织以及现在正在看书的你,帮助大家解决各自所面临的困境。前面我们分享了自己的奋斗与成功,现在我们将为你留下我们的个人收获,以及我们每个人的一些想法。

因为工作类型、职业阶段和个人偏好的不同,我们共同航行的旅程终将驶向各自独特的彼岸。布伦达退休了。洛里在大学当了一阵子领导,后来回到了她的教师岗位。利塞的研究得到了广泛的认可,还得到了一所常春藤盟校的工作邀请。除在卡内基梅隆大学任职外,琳达还在一家全球公司将我们的研究结果付诸实践。这些职业轨迹和人生阶段让我们每个人都开始思考不可晋升型任务是如何影响我们的选择和行动的。在本书中，我们提供了我们的见解，描绘了可能发生的情况，并提醒你人生的旅程还没有结束——我们仍在学习的路上。

如今，我们可以看到不可晋升型任务何时会向我们涌来，知道如何识别它们，也知道什么时候会被安排负责这类任务。我们每个人都变得更善于评估任务请求，也更懂得该接受哪一个任务请求。但是说实话，诚如书中所言，有时即便我们想拒绝，却还是会接受。原因诸如不想让他人失望、想成为有团队精神的一员、希望能被他人喜欢、希望因职业道德而受到尊敬等，我们仍旧没有完全摆脱这类任务的束缚，但同时，我们更擅长规划自己的时间了，并且会不断地重新调整以平衡任务，但我们还没有彻底解决这个问题。正如书中所指出的那样，这是因为我们中没有人能单凭自己就做到这一点。我们需要所属的组织认识到，优化人力资源配置和战略性地管理不可晋升型任务是其不可推卸的责任。在实现这些之前，我们无法创造出员工所需要的平等的工作环境，而这意味着员工和组织都将继续遭受损失。因此，我们再次强调组织需要主动担起调整不可晋升型任务失衡的重任。这是我们学到的最重要的一课：问题的解决，不应以牺牲女性为代价。

尽管我们任职的组织发生了变化，我们在平衡工作量方面也有所进步，但我们仍然对我们的拒绝俱乐部非常依赖。迷茫时，它为我们指引方向；困顿时，它给予我们力量。在第一章中，我们讲述了 MJ 的故事，她是拒绝俱乐部的第五名成员。她的离去让我们深感悲痛，也促使我们更加紧密地团结在一起。但是我们没有退缩，而是加倍努力。我们知道必须通过继续研究不可晋升型任务的相关问题来纪念她。在很多场合，我们为她举杯，并为一次又一次犯下同样的错误向她道歉。我们仍然能够感受到，当我们陷入困境时，她的失落和沮丧；当我们更好地管理不可晋升型任务时，她的喜悦与欢呼，以及她对我们帮助组织实现变革的由衷自豪。她看到我们成功地帮助了其他女性，一定会无比欣慰。

从自我改变到影响组织，再到携手更多女性及其所属组织共同前行，我们在一步步加速向前走。拒绝俱乐部最开始只是我们个人的倾诉之地，后来逐渐转变为一个探讨如何能够更加广泛地改善不可晋升型任务分配的平台。看到"不可晋升型任务"这个术语开始流行时，我们倍感欣慰。它引发了饱受无报酬工作之苦的员工的共鸣，将这类任务命名有助于他们理解和应对自己所面临的挑战。同时，这也为组织提供了提升效率与增加盈利的新视角。我们希望，通过这本书，这一概念能够更广泛地传播开来，继续影响并改变更多女性与组织的命运。

我们一点也没有预料到，沉闷的二月的一次会面，会让我们踏上这样一场变革之旅。无论是俱乐部的聚会、我们的研究还是完成这本书的过程，都让我们每个人受益匪浅。这本书就要结束了，我们猜想，你兴许会想知道这趟旅程如何改变了我们的生活。以下是我们的故事。

布伦达前几年退休了，所以很少有机会将我们的想法在她任职的组织中付诸实践。当她想到自己的新身份时，忽然冒出一个念头，她想知道不再工作的女性是否会琢磨怎么打发时间。事实证明，确实如此。尽管她已经退休，但她仍会收到参加专业活动的工作邀请。现在她将时间的价值作为自我决策的一个考量因素，她会深思熟虑，考量自己愿意花费宝贵的时间去追求哪些更有价值的目标。在她了解了自己真正喜欢什么样的任务后，对于这类任务的请求她便会欣赏接受。例如，她会答应帮忙指导年轻教师，因为这类任务会让她很有成就感；她会拒绝教授一个班级的工作请求，因为固定的工作时间不再适合她；至于参与编写这本书，完全是出于与 MJ 的深厚情谊和对她的敬意。选择适合自己的任务给布伦达带来了快乐，她很感激拒绝俱乐部帮助她确定适合自己的任务是什么。回顾过去，她不禁思考，要是一切能重来，自己会有哪些不同的做法。她认为自己不会再接受那么多任务，包括那些她可以轻松完成但本无须接受或自己不想做的任务。她会更加自信地将编排课程表等本应由同事承担的任务交还出去且不会感到内疚，也不会担心对方会感到不安或对她有不好的看法。最重要的是，她会把"乐意之至"留给那些真正能让她开心并对她的职业生涯有所裨益的任务，幸运的是，这样的任务并不少。

　　此外，布伦达还了解了家庭生活中那些吃力不讨好的付出。我们之前没有花太多时间谈论工作之外的任务，布伦达在退休后终于有机会近距离地观察家庭生活中的任务——竟有这么多！她在家里既负责给亲戚买生日礼物和贺卡，还负责亲戚间联络的大小事务。她丈夫讨厌接电话，并且他是唯一没有手机的人，而家里只有一部固定电话，因此接电话就成了布伦达的任务——她知道丈夫是不会接的。她（频繁地）告诉他这是一项吃力不讨好的任务，但他只是微笑着耸耸肩。她知道这一点不会改变，对此也没有意见，因为丈夫也做着另一些吃力不讨好的任务（比如照顾他们共同养育的两条狗）。他们夫妻的分工非常均衡，但并非每家都能如此。最常见的情况是，女性在处理完工作中的不可晋升型任务后，回到家里还得处理费力不讨好的家庭任务。如果你也是这样的女性，那么你也许可以考虑一下如何与伴侣更公平地分担家庭任务。

　　布伦达的感悟虽简洁却深刻：把“乐意之至”留到重要的时候再说。去了解你所热爱的东西。比如，若指导他人对你而言很重要，就像布伦达那样，那么就找机会去做——即便这是一项不可晋升型任务（记住，每个人都不免要承担一些不可晋升型任务）。但同时，学会限制工作中的不可晋升型任务，在家庭中也应合理规避吃力不讨好的劳动。

　　洛里在卡内基梅隆大学担任了一年半的临时教务长（即首席学术官），之后转回传统的教师岗位。在担任了超过十年的领导和行政职务之后，这个转变显得有些突兀。在当高级副院长和临时教务长的时候所承担的许多任务，已不在她的职责范围之内了。她不再需要主持战略计划、领导团队及做出重大决策。相反，她回到课堂，重新做研究、教学生。这些任务都是她喜欢且擅长的，但与她过去十年所使用的技能却并不匹配。

洛里基于任务的可晋升性顺利地度过了这一转变期。在这一过程中，她不得不重新分析什么任务是可晋升型的，什么任务是不可晋升型的。重新成为一名教授，意味着工作应专注于研究和教学。她很快意识到，在一条职业道路上能够促进职业发展的任务，在另一条职业道路上却可能无所助益，因此，她需要做出选择。如果想重启她的研究（并写下这本书），她就需要调整自己的不可晋升型任务，以确保她承担的任务对自己的研究有利。

洛里尝试更加谨慎地选择应该负责哪些不可晋升型任务。她选择了自己感兴趣且与个人专长相契合的不可晋升型任务，并同意参加有助于保持她在行业内的知名度的活动，同时尽量避免一次性参与多个大型的校级项目。另外，她承担了多元化委员会的工作，并带头通过课堂和体验学习将团队合作纳入课程中，同时兼任初级教师的导师。所有这些任务对她来说都很重要，并且能够充分发挥她的优势。

在本书的前几章，我们描述过洛里是凭直觉决定自己该朝什么方向前进的。她在这些年感悟到的是，应当将直觉转化为深思熟虑的选择。现在，她学会了有意识地接受适合自己的任务，拒绝不适合自己的任务。

相比之下，**利塞**的职业道路则比较曲折。多年来她总是接受太多的请求，导致自己长时间超负荷工作，这一点在短时间内很难改变。高血压是促使她努力减轻工作量的导火索。在与疾病长时间的搏斗中，她逐渐明白仅仅依靠加倍努力来完成所有任务并非长久之计。她需要专注于最重要的事情，而拒绝俱乐部能确保她不会迷失方向。于是，她辞去了系主任的职务，开始拒绝那些其他人同样能做的不可晋升型任务，与此同时，留出更多的时间与精力给家人和她真正关心的不可晋升型任务。她在职业生涯中一直在研究的课题是女性进步之路上的障碍——虽然障碍很多，但解决方案却很少。利塞意识到，不可晋升型任务虽然也会阻碍女性前进，但有一点不一样：它对女性成功虽然具有首要影响，但解决方案也很简单。她放下了现有的不可晋升型任务，通过大量的指导工作和无数次演讲，将不可晋升型任务的相关概念传播给自己任职的学校、各类组织和广大女性。

在个人层面上，对于一个已经思考了十多年的问题，利塞终于找到了答案。由于她是研究竞争中的性别差异的专家，纽约头部公司负责多元化方面的领导者经常向她寻求指导，想知道该如何鼓励公司中最优秀的女性员工加入最高管理层。这些公司遇到了麻烦，因为公司中非常成功且受重视的女性往往会在快晋升到最后一级的时候选择停下脚步。从不可晋升型任务的角度来看，她们这么决定是有道理的。由于工作量过大，在处理了过多的可晋升型任务和不可晋升型任务后，这些女性便到达了一个临界点，她们会感到进一步发展并非她们对生活的全部期待。

利塞也曾面临相似的抉择。随着时间的推移，她的研究获得了人们极大的关注和认可。她在自己的领域已成为一名重要且著名的学者，这使她收到了许多的工作邀请，包括一份来自常春藤盟校的邀请。这是她梦寐以求的工作，可以说，接受邀请能够保证她在事业上取得重大成功。这份工作会为她带来更高的知名度、更高的薪酬，并让她有机会接触到有助于她进一步研究的人和组织。但这也意味着她需要重新开始，即需要建立新的研究关系、重新筹集资金以及承担更多的行政职责和新的委员会任务（不可晋升型任务），以获得新同事的关注和认可。

这对她来说是难以抉择的。虽然她在匹兹堡大学过得很开心，也很有收获，但新的机会太棒了。她清楚接受这份新工作意味着工作时间会变得更长，和家人相处的时间会更短，而她极力想避免这一点。做这个决定让她感到很痛苦，但同时她也更加清楚地知道什么对她来说才是更重要的。她喜欢动脑和做研究，希望有更多时间继续负责不可晋升型任务，延续她的工作对女性生活和组织的影响。她的职业生涯是她个人幸福的关键，但生活于她也是如此。她珍惜与朋友之间的友谊、在匹兹堡的家、去海外旅行看望丹麦家人的时间，以及能够与丈夫、孩子待在一起，和他们共同经历人生中的种种时刻。生活，对她来说是至关重要的，比她的事业更重要。因此，她拒绝了这个工作邀请。对她来说，这是一个正确的决定。她并不排除以后接受其他工作邀请的可能性，但就目前而言，她希望也需要留在这里。

利塞在这个过程中认识到的一点是，需要重新评估和平衡自己的生活。她正处于职业生涯中可以做出这一行动的阶段（她发现在职业生涯的早期阶段，很难存在这种选择的空间）。如果是你，也许会做出不一样的选择，但利塞关于分清事物重要性的经验值得深思。你需要扪心自问：对我来说什么是最重要的？我要如何才能做到这一点呢？

琳达一直致力于将研究付诸实践——从学术界获得重要见解，并将理念传播给个人和作者。她撰写了一本关于女性与谈判的开创性著作，希望帮助女性缩小男女之间存在的薪酬差距。她创办了一所高管教育学院，教授女性谈判技巧。她还创建了一个名为"PROGRESS"的项目，专门研究与妇女和女童进步相关的问题。她甚至与女童子军合作制作了一枚谈判徽章。她专注于研究阻碍女性成功的因素，这也让她开始关注招聘协议、晋升流程以及导师等问题。在她的文章中，她展示了组织的行为与措施是如何（不知不觉地）阻碍女性进步的。

也许你还记得琳达曾有过一段自我怀疑的日子，她质疑自己的工作，也怀疑自己作为研究人员的价值。我们关于不可晋升型任务的研究工作表明，她仍然是一位多产且有独到见解的学者，而这一研究也带给她一个新的研究重点。更妙的是，她能够采纳我们的解决方案，并向我们展示这些方案的构想确实能在现实世界中发挥作用。在过去的两年里，她一直在为一家大公司的全球特别工作组提供咨询服务，试图打破阻碍女性成功的壁垒，而壁垒的核心就是不可晋升型任务。该公司的努力让员工意识到在执行不可晋升型任务方面确实存在性别差异。更重要的是，该公司制定了许多全公司范围内的干预措施，以更公平地分配不可晋升型任务。在充满有趣工作的漫长职业生涯中，这是琳达最有收获的一段经历。她现在明白这就是她想做的工作，即利用我们共同的研究来改善女性的工作前景，并使组织获得成功。要达成这一目标，并非要基于改变女性，而是要基于改变组织来实现。为此，她一直在慢慢地转变她在大学里承担的任务，好为这项对她来说真正重要的工作腾出时间。同时，她也明确了自己的工作价值和方向。为了能做自己想做的事情，现在她有勇气大声说"不"。

如果我们十多年前没有在那家餐馆相遇，谈论我们不知道如何拒绝他人，那么我们就不会了解这些，就不会了解其他女性与不可晋升型任务的斗争，就不会发现自己对于解决这个问题饱含热情，更不会为妇女和组织制订容易实施的解决方案。不可晋升型任务的分配不公是女性进步的主要障碍，现在比以往任何时候都更需要解决这个问题。这不仅仅是一个长期存在的问题，随着组织越来越依赖远程工作，这个问题还在恶化。因此，我们正在为你和你的组织吹响解决不可晋升型任务相关问题的号角。现在，是时候停止女性员工那没有前途的任务了。

想象一下，你满怀信心地走进会议室，知道这次你不用再负责做笔记了，这一次的会议笔记由洛恩来记，这感觉该多棒！让他人为你分担这部分任务，意味着你的职业生涯可以朝向你希望的方向发展，你的组织可以从你所有的才能和努力中获益。这不难，只需要一点意志力。你可以做到，你的组织也一样可以。

我们非常支持你，并且将一直祝愿你取得成功。我们希望你比我们更快实现目标，更容易辨别出不可晋升型任务，更快地平衡好自己的工作结构，并且你的组织也能牢记它有系统性地解决这一问题的义务。我们希望你的俱乐部也能带给你智慧和快乐、支持与友谊。最重要的是，我们希望这本书所讲述的内容能帮助你的职业生涯和生活朝着你梦想的方向发展。最后，我们希望你能和我们一起努力，做更多充满意义的工作，推动所属组织在性别平等上走得更远，走向一个不可晋升型任务能够被公平分配的未来，最终，让女性和她们的组织都能够发挥出自己的潜力。

如何创建一个拒绝俱乐部

很高兴你正考虑创建这样一个俱乐部！如果你需要指导，我们的经验定能助你一臂之力。简而言之，我们的俱乐部十多年前成立时仅有五名成员，第五名成员就是我们已故的好朋友MJ。我们几人各自有着不同的工作，在不同的地方上班，兴趣和才能也各不一样。第一次见面是在当地的一家餐馆，在那儿花十美元就能买到一瓶红酒。我们探讨了自己在拒绝时遇到的困难，这最终改善了我们的工作时间安排。多年来，我们俱乐部讨论并规划了改善我们所属组织职场环境的策略，而这不仅改善了我们的生活，也改善了我们同事的生活。时至今日，我们仍然相互帮助。我们的拒绝俱乐部不仅帮我们减轻了过多的不可晋升型任务的负担，还帮助其他人了解相关问题。我们在生活中经常谈论俱乐部的事情，其他女性也会向我们询问创建俱乐部的建议。自那以后，我们已经帮助创建了好几个类似的俱乐部了，并且每个俱乐部都有自己的特色。为了给你提供创建俱乐部的不同视角的参考，我们会分享几个俱乐部的运作方式以及这些创建者各自的经历。

2015 年，琳达在一次会议上谈到了我们俱乐部的研究工作。这引起了参会的行为科学家凯瑟琳·米尔克曼（Katherine Milkman）的浓厚兴趣。后来，她与同事多莉·楚弗（Dolly Chugh）和莫杜佩·阿基诺拉（Modupe Akinola）共同创建了她们的拒绝俱乐部。尽管俱乐部成员分处纽约与费城，但在视频会议因新冠疫情成为日常沟通渠道之前，她们便通过网络紧密相连了。她们有些经历跟我们很相似。例如，多莉也觉得她的俱乐部帮助她明确了应该拒绝什么、怎么拒绝，以及在接受某个请求之前应该提出什么要求。有趣的是，我们的俱乐部至今仍会时不时聚会，成员之间也彼此依赖，但多莉觉得她的俱乐部教会了她更加独立地应对任务请求："我现在甚至很少会向拒绝俱乐部的成员咨询了，因为我已经能预想到她们会说什么，而这也促使我练习如何在回应请求之前向自己和他人提出更好的问题。"凯瑟琳赞同多莉的评价："帮助我的同事明确什么时候该拒绝让我变得越来越自信，这也让我能够独立判断何时该拒绝，因此我对俱乐部的依赖正逐年减少。"而在我们的俱乐部，尽管我们也认为自己对于何时该说"不"掌握得越来越好了，但成员之间建立了深厚的情谊，这让我们难以想象不见面或不向彼此寻求建议的日子。对我们来说，俱乐部更像是一个常设的实体组织；而对于凯瑟琳她们来说，俱乐部的最大价值体现在俱乐部创建的早期阶段。

我们的俱乐部聚会是在餐馆里见面，凯瑟琳她们则是用视频会议软件 Zoom 见面，而另一个拒绝俱乐部选择在加利福尼亚州伯克利某位成员的家中见面。这第三个俱乐部的成员的工作各不相同——网页设计师、护士、项目经理、教授，没有同行。她们的孩子是学校的同学，因此这几位家长也算相识，但是俱乐部让她们建立了牢固的联系。所有带着年幼孩子并致力于兼顾事业与家庭的女性，都感受到了来自职业和个人生活的压力。她们在俱乐部处理了大量的问题，例如，如何答应接受工作中的重要任务？如何且何时应对家人、朋友说"不"？如何拒绝社区、孩子的学校甚至孩子的朋友期待她们自愿接受的任务请求？她们早期的聚会充满了内疚的表述，但在之后的聚会中，几位女性渐渐掌握了自己的话语立场，开始变得有信心说"不"，并开始重新掌控自己极其充实的个人生活。由于时间问题，她们俱乐部的聚会没有我们频繁，也许几个月才有一次。

第八章中提到的流行病学家卡米尔有两个小群体：一个是她的"拒绝"咨询委员会，由三名身处高级岗位的女性组成，她们会针对重要的职业问题向她提供建议；另一个是拒绝俱乐部，在那里她可以更多地专注于个体的挣扎与矛盾。卡米尔的俱乐部的成员都在同一家机构工作，且都有孩子要照顾。这个俱乐部对成员来说很重要，因为她们和伯克利那个俱乐部的成员一样，都需要理解她们所面临的挑战的人来帮助她们。她们指出成员都在同一家机构工作的好处便是可以集体发声。在新冠疫情初期，几位成员都是居家工作，这意味着她们同时还得兼顾孩子的教育，于是她们一起找领导层反映工作中遇到的不合理要求。她们意识到，作为一个集体来发声能够让她们更好地代表更广泛的女性群体，这让她们的言语更有力量，能保护她们每个人不至于成为荒野中苦苦呼唤的独狼。她们的言语很有说服力，成功让男性老板了解到她们所面临的挑战。之后，老板与她们一起调整机构对员工的工作期望。他们一起把不重要的任务放在次要位置，并将任务的最后完成期限调整得更加灵活，以便让她们和其他需要照料孩子的员工能够应对疫情带来的额外压力。

创建完美的俱乐部真的没有什么特定的规则，每个俱乐部都有各自的特点和需求。当然，你的俱乐部不需要完美，因为一个不完美但良好的俱乐部也非常有帮助，但我们怀疑，你最终会像我们一样拥有一个能让你觉得非常棒的俱乐部。在创建俱乐部的过程中，我们学习到一些东西，现在我们将它们传递给你，供你参考——要有目的性，要保持专注，最重要的是要给予支持。在你们第一次聚会时，最好就你们为什么要创建俱乐部达成共识，明确你们的目的会是一个很好的开始。

目的

创建拒绝俱乐部的目的是帮助你更好地决定如何度过工作时间。俱乐部能够通过以下方式帮助你实现这一目的：

- 评估你被要求承担或他人期望你自愿承担的任务是否具备可晋升性。
- 确保你在接受或拒绝某项请求时做出正确的选择。
- 让你为自己的选择负责。
- 让你意识到自己接受的每个请求所伴随的隐性拒绝。
- 就何时及以何种方式拒绝有关某项不可晋升型任务的请求提供建议。
- 帮你改变你现有的工作结构。

俱乐部成员

1. 保持小规模，最多五六名女性。控制人数能够让每个人都参与进来，不会有人游离在俱乐部边缘。

2. 邀请和你有共同点的人加入，但也不要完全相同。在舒适和多元化之间找到平衡点。成员并非必须相互认识（最开始我们每个人都是琳达的朋友，但琳达以外的所有人并不相互认识），但确实需要彼此相处融洽。此外，成员在相似的行业工作更容易让彼此建立联系，而工作场所的多元化能够增加新的视角。

3. 以多元化为目标。尝试寻找不同种族、年龄、工作类别和职级的女性。我们的俱乐部成员来自不同的年龄段，而 MJ 和布伦达的工作与其他人的不同，这也让我们得以从一些很好的视角出发看问题。

4. 俱乐部应该让男性加入吗？你可以让男性加入，但是如果真这样做了，就会让你们更难关注到女性面临的具体问题，也更难找到最适合女性的解决方案。尽管确实有好几位男性提出想加入，但我们最终选择只接受女性成员。我们拒绝了他们的请求，幸好我们在俱乐部练习了怎么拒绝别人。

俱乐部的聚会

1. 时机。有关不可晋升型任务的请求总是接踵而至，于是便很难找到机会去打破旧习惯。因此，俱乐部需要定期组织聚会（例如每三四周一次），讨论工作中遇到的挑战和对应的解决方案，为成员提供支持。我们会提前几个月安排聚会，以配合每个人的日程安排。相比之下，卡米尔的俱乐部聚会就像"快闪活动"一样，因为提前计划不适合她们。她们一致认为，如果有成员需要帮助，其他人就会放下手头的一切（包括自己的孩子），对伴侣说："我要出去一趟！"

2. 地点。谈话内容可能会涉及个人隐私和情感，因此面对面或通过视频会议交流也许更容易让成员敞开心扉。我们喜欢线下见面，觉得这是最好的方式，因此我们将地点定在一家对我们所有人来说都很方便的餐馆。卡米尔的俱乐部也一样。凯瑟琳的俱乐部成员分散在不同的城市，因此她们会用电话或视频通话的方式交流。伯克利那个俱乐部选择在成员家中见面。根据我们的经验，酒精对交流有所助益。

3. 静修。我们组织过几次俱乐部的静修活动，一起到一个偏僻的地方待几天。我们一起做饭、打牌、散步，进行言辞激烈（但有趣）的交谈。在俱乐部成立早期组织这样的活动能够很好地拉近成员间的距离，让彼此的关系更加紧密。

俱乐部规范

1. 信任是分享的必要条件。俱乐部成员应对谈话内容保密。

2. 对彼此的行为负责，但不要妄加评判。

3. 认识到每个人都有不同的弱点和接受请求的理由——有些源自个人，有些源自特定情况。尊重这些差异，并根据差异调整自己的建议。

4. 庆祝成员取得的成功，无论是多微小的成功。你可能会笑话我们，但是我们俱乐部有一个传统，就是给当月说"不"最成功的成员颁发一顶皇冠。同样，我们也会给陷入旧习惯、坏习惯的人颁发一顶傻瓜帽。我们每个人都戴过这两顶帽子。

5. 随时回应。尽快回复成员的紧急求助邮件。如果你有一个想法，请你提出来；如果你不知如何回复，就直说，但要热心支持他人。

6. 只有在非常紧急的情况下才取消聚会。否则，想办法照常聚会。工作中的"紧急情况"可不是借口。

最佳实践

1. 第一次见面时花些时间相互了解，包括个人情况和工作环境。请你耐心一些，好好分享信息和背景。

2. 和俱乐部成员分享你的职业目标和个人目标。它们会随着时间的推移而变化，因此，请确保每个人都能了解你的最新情况。你可以征求成员对你理想的不可晋升型任务组合提供反馈，当这一理想组合随着时间而发生变化时，请让成员知道最新的情况。

3. 每次聚会时，让成员轮流讨论在管理现有的不可晋升型任务方面遇到的最新请求和挑战。和成员分享你的成功、失败和正在进行的斗争。

- 说出你的故事。提供足够的细节信息来描绘你遇到的新任务请求和当前的情况，以及现有的不可晋升型任务的负荷。比如，这项任务涉及什么人？你被要求做什么？是在什么场合提出这个任务请求的（例如，是在公开场合要求你接受吗？）？为什么会找你来做？任务的可晋升度如何？这项任务与你理想的工作结构匹配吗？接受这项任务会伴随什么样的隐性拒绝？你计划怎么回应或你当时是怎么回应的？为什么这么难做决定（如果有这种情况的话）？

- 你对你的回应满意吗？

a. 满意：很高兴你接受了；很高兴你拒绝了。

b. 不满意：因为你接受了请求而生气或失望；希望你能以不同的方式拒绝。

- 在讨论管理当前的不可晋升型任务的负荷所面临的挑战时，请详细介绍你的总工作量及与理想的不可晋升型任务组合的对比情况。讨论你想改变的任务，就某些变化如何实现或可能无法实现给出自己的见解。详细介绍与做决定相关的人，以帮助你将自己的不可晋升型任务组合与个人目标保持一致。讨论决定对你个人和组织的影响。就你想做的事情征求俱乐部成员的建议和意见。在你和上司交谈之前，征求成员的意见，以确保你能提出一个令人信服的理由来促成你希望实现的变化。

4. 乐于接受反馈。

- 俱乐部成员看待事情的方式和你一样吗？你是否对自己太苛刻了？关于什么是不可晋升型任务，你是否存在认知盲区？
- 对于你做出的决定：俱乐部成员建议你当时可以或应该采取什么不一样的做法？有什么你觉得行之有效而想要沿用的做法？
- 对于悬而未决的纠结：俱乐部成员认为你应该拒绝吗？她们会建议你如何最好地表达你拒绝的态度以减轻任何可能的负面影响吗？如果俱乐部成员认为你应该接受某个请求，一定要讨论接受所伴随的隐性拒绝，以及如果接受了请求，能否以剔除某项现有的任务作为条件？

- 对于在管理不可晋升型任务的负荷时遇到的挑战：俱乐部成员对如何减轻你的工作负荷有创造性的想法吗？有没有一些对其他人来说是可晋升型的且本就该属于其他人的任务？你能通过交换任务来得到与你其余工作内容更协调的任务吗？

5. 倾听，认真倾听。专注于你正在听的故事。你可以通过提问题来帮助成员弄清楚到底发生了什么。尽量忍住，不要说"我能懂你"，而是分享发生在你身上类似的事情，这样做能够很好地为其他人的故事做补充。通过分享自己的故事来回应其他人的故事是很自然的事，这能够将焦点从最初的故事和讲述者身上转移走。

6. 最后，我们鼓励你享受你们在一起的时光。愿意为你的成功添砖加瓦的人越来越难找到了，俱乐部成员则愿意成为你坚实的后盾。除得到扎实而专业的建议外，我们彼此之间还建立了深厚的终身友谊，我们希望你的俱乐部也能如此。

强烈反应：对违反行为规范的惩罚性反应。例如，社会期待女性提供帮助，如果拒绝寻求帮助的请求，女性可能会受到惩罚。

善意的性别歧视：保护和关爱女性的积极导向行为。这是一种"居高临下"的性别歧视形式，它看似以积极的方式来帮衬女性，却使她们永远处于男性的从属地位。

协调博弈：在博弈理论中，这个词用来描述这样一种情况，参与者通过选择相同或相对应的策略来协调他们的行为，使他们的处境变得更好。例如，在十字路口相遇的两个司机如果协调行动，左面的司机让位于右面的司机，情况就会更好。

文化税：指派少数群体成员作为其少数群体的代表而产生的额外的无报酬工作。虽然其目的是听取代表人数不足的群体的声音，但结果却是负面的，因为受影响的个人必须比他们的同事承担更多没有报酬的工作，因此被"征税"。

情绪劳动：努力调节或管理自己的情绪表达，以满足他人对自己的专业身份的期望。

教师委员会：学术机构中的官方组织，通过思考教育政策和其他机构关注的问题并提出建议来参与机构的共同治理。此组织的任务通常是不可晋升型任务。

胆小鬼博弈：博弈理论中用来描述玩家之间的冲突情形。其经典例子是两个司机相向而行，驶向一座单车道的桥。先停下来把路让位给另一个司机的是"胆小鬼"。我们用这个术语来描述这样一种情况，即当多个人被要求做一项不可晋升型任务时，第一个答应的就是"胆小鬼"。

性别一致性：反映了某一特定性别的人与某一任务或情境的契合度。例如，女性主动提供帮助是符合其性别预期的（因为社会期望女性提供帮助），而女性拒绝提供帮助是不符合其性别预期的（因为这不是社会期望发生的情况）。

理想的工作结构：包含合理的可晋升型和不可晋升型任务组合，让员工能发挥自身潜力，获得成功。理想的工作结构是员工在考虑是否接受新的任务请求和重新分配当前任务时努力实现的目标。它明确了可晋升型任务和不可晋升型任务之间适当的时间划分，以及最有助于员工成功的任务。

隐性拒绝：一个人答应了某件事情而放弃的东西。如果你同意在一个会在晚上开会的委员会中任职,那么你的隐性拒绝可能是你必须放弃健身或与家人在一起的时间。经济学家把被放弃的价值称为机会成本。

无形的任务: 不被人注意也不被人认可的工作。

宽松的文化: 社会规范灵活且不正式,同时允许个人诠释。

中位数: 一半的数值或点比它高(在它上方),另一半比它低(在它下方)。

不可晋升型任务: 对组织很重要,但对于完成这类任务的个人,并不能促进其职业生涯的发展。不可晋升型任务对组织实现核心追求没有帮助,并且通常不为人所注意,而且可能不需要专业技能就能做(即许多人都可以完成这类任务)。

规范: 对人们将要或应该如何做出行动的期望。

最佳的不可晋升型任务组合: 基于理想的工作结构,员工在考虑新的任务请求和重新分配当前任务时努力实现的不可晋升型任务组合。它定义了花费在不可晋升型任务上的时间上限以及最佳的时间分配方式。为拥有该组合,员工应选择契合自己的工作岗位、与自己的专业技能和经验水平相匹配、符合组织期望、让自己感到满足同时还能让自己留出充足的时间来专注于可晋升型任务的不可晋升型任务。

组织文化：共同的价值观和理念，塑造了对组织中的人应该如何表现的期望。

组织的核心追求：组织最重视的东西，例如利润、使命、客户满意度和增长。可晋升型任务与组织的核心追求高度一致。

任务的可晋升度：任务的可晋升度越高，就越有可能在薪酬、绩效评估、职位晋升和工作地位等方面促进员工的职业生涯发展。可晋升度低的任务对职业发展几乎没有正面影响，可晋升度高的任务则相反。

可晋升型任务：能够促进职业生涯发展的任务。可晋升型任务与组织的核心追求紧密相连，为人所关注，通常需要那些让员工彼此区分开的独特专业技能才能完成。为员工在将来负责可晋升型任务打下坚实基础的任务是间接可晋升型任务。

专业技能：独特的或需要特殊训练和天赋的能力。

刻板印象：基于一个人所属的人口群体或身份等方面，对此人的特征或行为有广泛持有的、过于简化的信念。

终身教职：在学术界，这是指授予无限期的学术任命，并确保被任命者持续受雇。

严格的文化：社会规范有严格的规定和定义，个人诠释的空间很小。

工作与生活平衡：实现职业生活和个人生活之间最佳的时间分配，让我们感到幸福。

超负荷工作：工作负担过重的员工花费了过多的时间来完成其承担的所有任务，这会导致工作与生活失衡。

工作内部平衡：在不可晋升型任务和可晋升型任务之间划分工作时间，使员工能够取得成功并发挥潜力。

工作内部失衡：相较于同事，某员工的不可晋升型任务的负荷超过了可晋升型任务，这种失衡可能导致职业发展停滞、晋升机会减少等。

致谢

在写作本书时，许多人给予了我们帮助和支持，我们非常感谢。

MJ是我们拒绝俱乐部的第五位成员，她是我们的灵感缪斯，她帮助女性的精神激励我们撰写这本书。我们深深地怀念她。

Margo Beth Fleming在一开始就理解了我们的想法，并不辞辛苦地工作，使这本书得以完美呈现。她的洞察力和幽默感、热情与鼓励让我们的工作充满乐趣。

我们出色的编辑Stephanie Frerich拿到我们的书稿后，将它编辑成了我们所希望的样子。她对改变女性职业前景的热情让我们专注于撰写一本既有个人特色又有研究支持的书，我们还在书中明确指出，不可晋升型任务带来的挑战需要由组织来解决。我们还要感谢出版商西蒙与舒斯特（Simon & Schuster）的整个团队，他们提供了绝佳的想法、有力的支持和大量的人才。

对于那些和我们讲述了她们故事的女性，感谢你们信任我们并允许我们分享你们的经历。你们的故事至关重要，说明了不可晋升型任务的相关问题是多么普遍而严重。

非常感谢我们各自任职的大学，它们为我们的研究和写作提供了支持。它们认真倾听并且能够理解改变不可晋升型任务的分配方式有助于女性和学校发挥更大的潜力。感谢它们愿意改变当前的做法，以帮助员工获得平等的机会。

非常感谢美国国家科学基金会（SES1330470）为我们的研究提供宝贵的资源。

非常感谢我们的研究伙伴，尤其是玛丽亚·雷卡尔德和阿曼达·韦鲁普，她们帮助我们为本书的研究奠定了基础。

我们的研究助理 Felipe Augusto de Araujo，David Klinowski，Rachel Landsman，Ben Schenck 和 Pun Winichakul 完美地完成了相关项目的研究后勤工作。我们还要感谢 David Danz，当我们在试验中遇到技术难题时，他总是及时伸出援手。

与我们合作的组织给我们提供了很多数据，给予了我们充分的信任来解决它们的问题，并不懈地努力推翻女性前行路上的障碍。如果没有它们，我们就无法理解不可晋升型任务的问题。它们是开拓者。

我们非常感谢 100 多家机构、组织和公司邀请我们去展示我们的研究成果。关于不可晋升型任务带来的挑战对它们产生的影响，它们也跟我们分享了许多自己的见解。

我们非常感谢那些为我们的研究奠定基础的学者。我们很幸运有同事激励我们并包容我们对不可晋升型任务研究的痴迷，同样幸运的是，我们亲爱的朋友都非常有耐心，在过去十几年中鼓励我们工作，我们不断向他们讲解最新的研究和发现，他们都饶有兴趣地倾听并提供反馈。感谢 Union Grill，它提供了完美的环境让我们的俱乐部建立友谊，不断探索。

最后，我们要向那些提供了最重要的支持的人，也就是我们的家人，表示诚挚的感谢。

琳达感谢丈夫马克的鼓励和爱，也感谢女儿爱莉在她违背不再写书的承诺时能够给予理解。

布伦达很感激在研究和写书的过程中为她加油打气的家人：她的丈夫比尔每天都让她开怀大笑，让她觉得一切都值得；他们的孩子和孩子的配偶，詹姆斯、雷切尔、贝丝、乔伊、乔和朱莉，他们真的是天底下最棒的孩子；还有他们的孙辈，布鲁克、布莱克、科尔、曼迪和卢娜，他们带来了无穷的欢乐、活力和乐趣。

利塞很感谢丈夫丹尼尔。他的爱、鼓励和对家庭的奉献为这本书的诞生奠定了坚实的基础。她也感谢她心爱的孩子劳拉和雅克布，他们每天都在提醒她生命中存在的奇迹、爱与快乐。

洛里感谢丈夫格雷格的爱与支持；感谢她的孩子雷切尔和布雷特让世界变得更加美好；还要感谢她的母亲博比，感谢母亲鼓励她做自己，鼓励她追求自己的梦想。

琳达·巴布科克（Linda Babcock）是卡内基梅隆大学的经济学教授——詹姆斯·M.沃尔顿讲席教授。她是《主动要求：女性如何利用谈判的力量获得她们真正想要的东西》（*Ask for It: How Women Can Use the Power of Negotiation to Get What They Really Want*）及《谈判力：职场女性最需要开发的生存潜能》（*Women Don't Ask: Negotiation and the Gender Divide*）的作者。琳达是一名行为经济学家，专注于了解女性在工作场所晋升所遇到的障碍，并制定基于证据的干预措施以促进竞争环境的公平性。她是社会性别平等研究与推广项目（Program for Research and Outreach on Gender Equity in Society, PROGRESS）的创始人和主任，该项目通过教育、伙伴关系与研究为妇女和女童寻求积极的社会变革。琳达曾在《早安美国》《美国广播公司今夜世界新闻》《纽约时报》《华盛顿邮报》《华尔街日报》《魅力》《大都会》《今日美国》等媒体露面或被提及。如今她住在宾夕法尼亚州的匹兹堡市。

布伦达·佩泽（Brenda Peyser）在企业界和学术界担任领导职务已有三十多年。目前她是卡内基梅隆大学职业沟通领域的杰出服务教授，同时担任公共政策学院的副院长，并且是卡内基梅隆大学澳大利亚校区的创始执行董事。布伦达曾在卡内基梅隆大学专为女性设立的领导力与谈判项目任教，并为一些组织提供咨询服务，以提高女性的沟通技能。在来卡内基梅隆大学之前，她在一家大型咨询公司工作，还曾经是一名专业演员，现住在宾夕法尼亚州的匹兹堡市。

利塞·韦斯特隆德（Lise Vesterlund）是匹兹堡大学的经济学教授——安德鲁·W.梅隆讲席教授。同时，她是匹兹堡大学实验经济学实验室和行为经济设计倡议（BEDI）的负责人。此外，她是美国国家经济研究局（National Bureau of Economic Research）的助理研究员。她极具影响力的工作成果展示了性别在竞争、自信和期望方面的差异是如何导致了职场晋升中持续存在着性别差异的。她的研究发表在领先的经济学期刊上，引起了媒体的广泛关注，这些媒体包括《纽约时报》、美国全国公共广播电台、《华盛顿邮报》、美国广播公司、《经济学人》《大西洋月刊》《卫报》《芝加哥论坛报》和《福布斯》。她在丹麦出生和长大，现住在宾夕法尼亚州的匹兹堡市。

洛里·R.魏因加特（Laurie R. Weingart）是卡内基梅隆大学的组织行为学与理论教授——理查德·M.西尔特和玛格丽

特·S.西尔特讲席教授。同时，她也是泰珀商学院合作与冲突研究实验室的主任。她曾担任卡内基梅隆大学的临时教务长，以及商学院的高级副院长和加速领导力中心的主任。洛里专门研究合作、冲突与谈判，重点关注人与人之间的差异会如何帮助或阻碍人们有效解决问题与创新。她的研究屡获奖项，被《纽约时报》和《商业内幕》报道，还在顶级管理学和心理学期刊上发表。如今她住在宾夕法尼亚州的匹兹堡市。

注释 ❧❧❧❀❧❧❧

第一章　拒绝俱乐部

1. M. Pickett, "I Want What My Male Colleague Has and That Will Cost a Few Million Dollars," *New York Times*, April 18, 2019.

第二章　什么是不可晋升型任务

1. McKinsey & Company, "Women in the Workplace," 2021.

2. Pittsburgh Zoo & PPG Aquarium, "About the Zoo," accessed 5/3/2021.

3. 在发表于《哈佛商业评论》的文章中，Joan Williams 和 Marina Multhaup 把能带来晋升的工作称为"有魅力的工作"，而不是本书中的"可晋升型任务"。虽然有些可晋升型任务可能确实很有魅力，但我们更倾向于使用我们创造的术语——"可晋升型任务"，因为这个词与职业发展和成功相契合（J. C. Williams and M. Multhaup, "For women and minorities to get ahead managers must assign work fairly," *Harvard Business Review*, March 5, 2018）。

4. 这本书提到了办公室内务：R. M. Kanter, *Men and Women of the Corporation* (New York: Basic Books, 1977, p.79)。

第三章　不可晋升型任务让女性不堪重负

1. L. Babcock, M. Recalde, L. Vesterlund, and L. Weingart, "Gender differences in accepting and receiving requests for tasks with low promotability," *American Economic Review* 107, no. 3 (2017): 714–47.

2. C. M. Guarino and V. M. H. Borden, "Faculty service loads and gender: Are women taking care of the academic family?," *Research in Higher Education* 58, no. 4 (2017): 672–94.

3. J. Misra, J. H. Lundquist, E. Holmes, and S. Agiomavritis, "The ivory ceiling of service work," *Academe Online*, January-February 2011.

4. S. M. Mitchell and V. L. Hesli, "Women don't ask? Women don't say no? Bargaining and service in the political science profession," *PS: Political Science & Politics* 46, no. 2 (2013): 355–69.

5. L. Babcock, M. Recalde, L. Vesterlund, and L. Weingart, "Gender differences in accepting and receiving requests for tasks with low promotability," *American Economic Review* 107, no. 3 (2017): 714–47.

6. J. Misra, J. H. Lundquist, and A. Templer, "Gender, work time, and care responsibilities among faculty," *Sociological Forum* 27, no. 2 (2012): 300–323.

7. M. L. Bellas and R. K. Toutkoushian, "Faculty time allocations and research productivity: Gender, race, and family effects," *Review of Higher Education* 22, no. 4 (1999): 367–90. See also B. Baez, "Race-related service and faculty of color: Conceptualizing critical agency in academe," *Higher Education* 39, no. 3 (2000): 363–91; B. V. Laden and L. S. Hagedorn, "Job satisfaction among faculty of color in academe: Individual survivors or institutional transformers?," *New Directions for Institutional Research* 2000, no. 7 (2000): 57–66; C. S. V. Turner, "Women of color in academe: Living with multiple marginality," *Journal of Higher Education* 73, no. 1 (2002): 74–93.

8. 女性因其在教师中的代表性不足而被"征税",这一概念与文化税的概念密切相关 [A. M. Padilla, "Ethnic minority scholars, research, and mentoring: Current and future issues," *Educational Research* 23, no. 4 (1994): 24-27]。

9. C. K. Chan and M. Anteby, "Task segregation as a mechanism for within-job inequality: Women and men of the Transportation Security Administration," *Administrative Science Quarterly* 61, no. 2 (2015): 184–216.

10. C. L. Williams, "The glass escalator: Hidden advantages for men in the 'female' professions," *Social Problems* 39, no. 3 (1992): 253–67.

11. L. M. Roth, *Selling Women Short: Gender and Money on Wall Street* (Princeton, NJ: Princeton University Press, 2006).

12. J. C. Williams, M. Multhaup, S. Li, and R. Korn, "You can't change what you can't see: Interrupting racial and gender bias in the legal profession," Report for the American Bar Association's Commission on Women in the Profession and the Minority Corporate Counsel Association (2018). 报告中的其他统计数据来自与黑斯廷斯法律学院职业生活法律中心研究人员的个人交流。

13. Ibid., 27.

14. J. C. Williams, S. Li, R. Rincon, and P. Finn, *Climate control: Gender and racial bias in engineering?*, Center for WorkLife Law & Society of Women Engineers (2016).

15. J. C. Williams and M. Multhaup, "For women and minorities to get ahead managers must assign work fairly," *Harvard Business Review*, March 5, 2018.

16. M. Tolich and C. Briar, "Just checking it out: Exploring the significance of informal gender divisions amongst American supermarket employees," *Gender, Work, & Organization* 6, no. 3 (1999): 129–33.

17. Ibid., 131.

第四章　为什么女性总是接受

1. L. Babcock, M. Recalde, L. Vesterlund, and L. Weingart, "Gender differences in accepting and receiving requests for tasks with low

promotability," *American Economic Review* 107, no. 3 (2017): 714–47.

2. T. C. Schelling, *The Strategy of Conflict* (Cambridge, MA: Harvard University Press, 1960).

3. 有关性别偏好差异的文献资料相当丰富，其中许多已记录的差异可能导致女性更多地自愿接受任务。例如，在以下情境中，女性比男性更可能接受承担不可晋升型任务的请求：如果女性更关心他人的福祉 [e.g., C. C. Eckel and P. J. Grossman, "Are men less selfish than women: Evidence from dictator experiments," *The Economic Journal* 108, no. 448 (1998): 726–35; J. Andreoni and L. Vesterlund, "Which is the fair sex: Gender differences in altruism," *Quarterly Journal of Economics* 116, no. 1 (2001): 293–312]；如果她们更随和，并且更渴望被请求者喜欢 [H. B. Braiker, *The Disease to Please: Curing the People-Pleasing Syndrome* (New York: McGraw-Hill, 2002)]；如果她们更渴望去遵循接受此类请求的规范 [e.g., R. T. Santee and S. E. Jackson, "Identity implications of conformity: Sex differences in normative and attributional judgments," *Social Psychology Quarterly* 45, no. 2 (1982): 121–5; A. H. Eagly, W. Wood, and L. Fishbaugh, "Sex differences in conformity: Surveillance by the group as a determinant of male nonconformity," *Journal of Personality and Social Psychology* 40, no. 2 (1981): 384–94]；如果她们更厌恶风险 [e.g., C. C. Eckel and P. J. Grossman, "Differences in the economic decisions of men and women: Experimental evidence," in *Handbook of Experimental Economics Results, Vol. 1*, eds. C. Plott and V. Smith (New York: Elsevier, 2008), 509–19]，并且担心拒绝请求所带来的后果 [M. E. Heilman and J. J. Chen, "Same behavior, different consequences: Reactions to men's and women's altruistic citizenship behavior," *Journal of Applied Psychology* 90, no. 3 (2005): 431–41]；如果她们竞争力较弱 [M. Niederle and L. Vesterlund, "Do women shy away from competition? Do men compete too much?," *Quarterly Journal of Economics* 122, no. 3 (2007): 1067–101; M.

Niederle and L. Vesterlund, "Gender and competition," *Annual Review of Economics* 3, no. 1 (2011): 601–30.]。翻看以下文献以了解有关性别差异的表述：R. Croson and U. Gneezy, "Gender differences in preferences," *Journal of Economic Literature* 47, no. 2 (2009): 448–74；M. Niederle, "Gender," in *The Handbook of Experimental Economics*, Vol. 2, eds. J. H. Kagel and A. E. Roth(Princeton, NJ: Princeton University Press, 2016), 481–562。正如我们将要说明的，这些性别差异都不能解释我们在试验中观察到的结果模式。

4. M. E. Heilman and J. J. Chen, "Same behavior, different consequences: Reactions to men's and women's altruistic citizenship behavior," *Journal of Applied Psychology* 90, no. 3 (2005): 431–41.

5. A. Weirup, L. Babcock, L. Vesterlund, and L. Weingart, "How emotions affect the decision to do non-promotable tasks." Unpublished manuscript, available from authors upon request, 2017.

6. A. Weirup, L. Babcock, and T. Cohen, "Gender differences in the response to requests to do non-promotable tasks." Unpublished manuscript, available from authors upon request, 2020.

7. A. Weirup, L. Babcock, L. Vesterlund, and L. Weingart, "How emotions affect the decision to do non-promotable tasks." Unpublished manuscript, available from authors upon request, 2017.

8. M. G. Gelfand, *Rule Makers, Rule Breakers: How Tight and Loose Cultures Wire Our World* (New York: Scribner, 2018).

9. M. E. Heilman and J. J. Chen, "Same behavior, different consequences: Reactions to men's and women's altruistic citizenship behavior," *Journal of Applied Psychology* 90, no. 3 (2015): 431–41.

10. A. Weirup, L. Babcock, L. Vesterlund, and L. Weingart, "How emotions affect the decision to do non-promotable tasks." Unpublished manuscript, available from authors upon request, 2016.

11. J. C. Williams, S. Li, R. Rincon, and P. Finn, *Climate control: Gender and racial bias in engineering?,* Center for WorkLife Law & Society of Women Engineers (2016); J. C. Williams, M. Multhaup, S. Li, and R. M. Korn, "You can't change what you can't see: Interrupting racial & gender bias in the legal profession," American Bar Association and Minority Corporate Counsel Association (2018).

12. L. Morgan Roberts, A. J. Mayo, R. J. Ely, and D. A. Thomas, "Beating the odds: Leadership lessons from senior African American women," *Harvard Business Review* (March-April 2018).

13. J. Misra, J. H. Lundquist, and A. Templer, "Gender, work time, and care responsibilities among faculty," *Sociological Forum* 27, no. 2 (2012): 300–323.

14. A. L. Antonio, "Faculty of color reconsidered: Reassessing contributions to scholarship," *Higher Education* 73, no. 5 (2003): 582–602.

第五章　为什么总是选择女性

1. 一项探讨如何分配可晋升型任务的研究发现，相较于女性，管理者更倾向于将可晋升型任务分配给男性 [I. De Pater, A. Van Vianen, and M. Bechtoldt, "Gender differences in job challenge: A matter of task allocation," *Gender, Work, and Organization* 17, no. 4 (2010): 433–53]。一项调查员工对可晋升型任务分配的看法的研究发现，就律师和工程师而言，人们认为相对于女性从业者，男性从业者有更多的机会被分配可晋升型任务 [J. C. Williams, M. Multhaup, S. Li, and R. Korn, "You can't change what you can't see: Interrupting racial and gender bias in the legal profession," Report for the American Bar Association's Commission on Women in the Profession and the Minority Corporate Counsel Association, 2018; J. C. Williams, S. Li, R. Rincon, and P. Finn, *Climate control: Gender and racial bias in engineering?*, Center for WorkLife Law & Society of Women Engineers (2016)]。

2. L. Babcock, M. Recalde, L. Vesterlund, and L. Weingart, "Gender differences in accepting and receiving requests for tasks with low promotability," *American Economic Review* 107, no. 3 (2017): 714–47.

3. J. C. Williams, S. Li, R. Rincon, and P. Finn, *Climate control: Gender and racial bias in engineering?*, Center for WorkLife Law & Society of Women Engineers (2016).

4. D. Kahneman, *Thinking, Fast and Slow* (New York: Farrar, Straus, and Giroux, 2011).

5. A. Jaroszewicz, "It does hurt to ask: Theory and evidence on informal help seeking." Doctoral dissertation, Carnegie Mellon University (2020); F. J. Flynn and V. K. B. Lake, "If you need help just ask: Underestimating compliance with direct requests for help," *Journal of Personality and Social Psychology* 95, no. 1 (2008): 128–43.

6. Bureau of Labor Statistics, Labor Force Statistics from the Current Population Survey, accessed 2020.

7. A. H. Eagly and S. J. Karau, "Role congruity theory of prejudice toward female leaders," *Psychological Review* 109, no. 3 (2002): 574–98; M. E. Heilman, "Sex bias in work settings: The lack of fit model," in *Research in Organization Behavior*, Vol. 5, B. M. Staw and L. L. Cummings, eds. (Greenwich, CT: JAI Press, 1983), 269–98.

8. A. H. Eagly, *Sex Differences in Social Behavior: A Social Role Interpretation* (Hillsdale, NJ: Erlbaum, 1987).

9. D. L. Kidder, "The influence of gender on the performance of organizational citizenship behaviors," *Journal of Management* 28, no. 5 (2002): 629–48.

10. J. Acker, "Hierarchies, jobs, bodies: A theory of gendered organizations," *Gender and Society* 4, no. 2 (1990): 139–58; D. M. Britton, "Gendered organizational logic: Policy and practice in men's and women's prisons,"

Gender and Society 11, no. 6 (1997): 796–818; E. Skuratowicz and L. W. Hunter, "Where do women's jobs come from? Job resegregation in an American bank," *Work and Occupations* 31, no. 1 (2004): 73–110; E. H. Gorman, "Gender stereotypes, same-gender preferences, and organizational variation in the hiring of women: Evidence from law firms," *American Sociological Review* 70, no. 4 (2005): 702–28; C. J. Turco, "Cultural foundations of tokenism: Evidence from the leveraged buyout industry," *American Sociological Review* 75, no. 6 (2010): 894–913; E. Reid, "Embracing, passing, revealing, and the ideal worker image: How people navigate expected and experienced professional identities," *Organization Science* 26, no. 4 (2015): 997–1017; J. K. Fletcher, "Relational practice: A feminist reconstruction of work," *Journal of Management Inquiry* 7, no. 2 (1998): 163–86.

11. 关于专业技能上女性不如男性的刻板印象，已有极为广泛和深入的研究，例如：M. E. Heilman and M. C. Haynes, "No credit where credit is due: Attributional rationalization of women's success in male-female teams," *Journal of Applied Psychology* 90, no. 5 (2005): 905–16；C. A. Moss-Racusin, J. F. Dovidio, V. L. Brescoll, M. J. Graham, and J. Handelsman, "Science faculty's subtle gender biases favor male students," *Proceedings of the National Academy of Sciences* 109, no. 41 (2012): 16464–79。

12. L. Babcock, F. Flynn, and J. Zlatev, "Assigning non-promotable work." Unpublished working paper, 2015.

13. 关于性别一致性对任务分配的影响的进一步证据：其他研究表明，男性比女性更倾向于将个人得到的任务评价为具有挑战性，研究还发现造成差异的部分原因是管理者更倾向于将具有挑战性的任务分配给男性下属而不是女性下属 [I. De Pater, A. Van Vianen, and M. Bechtoldt, "Gender differences in job challenge: A matter of task allocation," *Gender, Work, and Organization* 17, no. 4 (2010): 433–53]。

14. M. Tolich and C. Briar, "Just checking it out: Exploring the significance of informal gender divisions amongst American supermarket employees," *Gender, Work, & Organization* 6, no. 3 (1999): 129–33.

15. Ibid. Quote is on page 131.

16. 通过对来自 55 种文化背景的 1.7 万余人进行性格调查，研究者发现女性比男性更认真负责 [D. P. Schmitt, A. Realo, M. Voracek, and J. Allik, "Why can't a man be more like a woman? Sex differences in Big Five personality traits across 55 cultures," *Journal of Personality and Social Psychology* 94, no. 1 (2008): 168–82]。此外，对来自 50 种文化背景的 1.2 万人进行的研究也发现，一般来说，人们认为女性比男性更认真负责 [R. R. McCrae and A. Terracciano, "Universal features of personality traits from the observer's perspective: Data from 50 countries," *Journal of Personality and Social Psychology* 88, no. 3 (2005): 547–61]。

17. A. M. Padilla, "Ethnic minority scholars, research, and mentoring: Current and future issues," *Educational Research* 23, no. 4 (1994): 24–27.

18. M. L. Bellas and R. K. Toutkoushian, "Faculty time allocations and research productivity: Gender, race, and family effects," *Review of Higher Education* 22, no. 4 (1999): 367–90. See also B. Baez, "Race-related service and faculty of color: Conceptualizing critical agency in academe," *Higher Education* 39, no. 3 (2000): 363–91; B. V. Laden and L. S. Hagedorn, "Job satisfaction among faculty of color in academe: Individual survivors or institutional transformers?," *New Directions for Institutional Research* 2000, no. 105 (2000): 57–66; C. S. V. Turner, "Women of color in academe: Living with multiple marginality," *Journal of Higher Education* 73, no. 1 (2002): 74–93.

19. C. S. V. Turner, "Women of color in academe: Living with multiple marginality," *Journal of Higher Education* 73, no. 1 (2002): 74–93.

Quote is on page 82.

20. P. Glick and S. T. Fiske, "The ambivalent sexism inventory: Differentiating hostile and benevolent sexism," *Journal of Personality and Social Psychology* 70, no. 3 (1996): 491–512.

21. R. Gihleb, R. Landsman, and L. Vesterlund, "The effect of task assignment on compensation and negotiation." Working paper, University of Pittsburgh, 2021.

第六章　不可晋升型任务的代价

1. S. R. Porter, "A closer look at faculty service: What affects participation on committees?," *The Journal of Higher Education* 78, no. 5 (2007): 523–41; M. L. Bellas and R. K. Toutkoushian, "Faculty time allocations and research productivity: Gender, race, and family effects," *Review of Higher Education* 22, no. 4 (1999): 367–90; Y. Benschop, L. Halsema, and P. Schreurs, "The division of labour and inequalities between the sexes: An ideological dilemma," *Gender, Work, and Organization* 8, no. 1 (2001): 1–18; C. K. Chan and M. Anteby, "Task segregation as a mechanism for within-job inequality: Women and men of the Transportation Security Administration," *Administrative Science Quarterly* 61, no. 2 (2015): 184–216; M. Tolich and C. Briar, "Just checking it out: Exploring the significance of informal gender divisions amongst American supermarket employees," *Gender, Work, & Organization* 6, no. 3 (1999): 129–133.

2. J. Misra, J. H. Lundquist, and A. Templer, "Gender, work time, and care responsibilities among faculty," *Sociological Forum* 12, no. 2 (2012): 300–323, coined the term "work/work balance." 他们使用"工作内部平衡"这个术语来广义地区分多种类型的工作，而我们使用这个术语狭义地描述不可晋升型任务和可晋升型任务之间的平衡。

3. M. G. Pratt, K. W. Rockmann, and J. B. Kaufmann, "Constructing professional identity: The role of work and identity learning cycles in

the customization of identity among medical residents, " *Academy of Management Journal* 49, no. 2 (2006): 235–62.

4. E. Cech, B. Rubineau, S. S. Silbey, and C. Seron, " Professional role confidence and gendered persistence in engineering, " *American Sociological Review* 76, no. 5 (2011): 641–66.

5. A. R. Hochschild, *The Managed Heart: Commercialization of Human Feeling* (Berkeley, CA: University of California Press, 1983).

6. M. Tolich and C. Briar, " Just checking it out: Exploring the significance of informal gender divisions amongst American supermarket employees, " *Gender, Work, & Organization* 6, no. 3 (1999): 129–33.

7. C. K. Chan and M. Anteby, " Task segregation as a mechanism for within-job inequality: Women and men of the Transportation Security Administration, " *Administrative Science Quarterly* 61, no. 2 (2015): 184–216.

8. C. Boucher, " A qualitative study of the impact of emotional labour on health managers, " *The Qualitative Report* 21, no. 11 (2016): 2148–60.

9. E. B. King, M. R. Hebl, J. M. George, and S. F. Matuski, " Understanding tokenism: Antecedents and consequences of a psychological climate of gender inequity, " *Journal of Management* 36, no. 2 (2010): 482–510.

10. N. K. Semmer, N. Jacobshagen, L. L. Meier, A. Elfering, T. A. Beehr, W. Kalin, and F. Tschan, " Illegitimate tasks as a source of work stress, " *Work and Stress* 29, no. 1 (2015): 32–56; N. K. Semmer, F. Tschan, L. L. Meier, S. Facchin, and N. Jacobshagen, " Illegitimate tasks and counterproductive work behavior, " *Applied Psychology: An International Review* 59, no. 1 (2010): 70–96.

11. C. C. Miller, "Women Did Everything Right. Then Work Got ' Greedy. ' " *New York Times*, April 26, 2019; K. A. Weeden, Y. Cha, and M. Bucca, " Long work hours, part-time work, and trends in the gender gap in pay,

the motherhood wage penalty, and the fatherhood wage premium, " *The Russell Sage Foundation Journal of the Social Sciences* 2, no. 4 (2016): 71–102; C. Goldin, " A grand gender convergence: Its last chapter, " *American Economic Review* 104, no. 4 (2014): 1091–119; C. Goldin, *Career and Family: Women's Century-long Journey Toward Equity* (NJ: Princeton University Press, 2021).

12. J. H. Greenhaus and N. J. Beutell, " Sources of conflict between work and family roles, " *Academy of Management Review* 10, no. 1 (1985): 76–88; S. B. Bacharach, P. Bamberger, and S. Conley, " Work-home conflict among nurses and engineers: Mediating the impact of role stress on burnout and satisfaction at work, " *Journal of Organizational Behavior* 12, no. 1 (1991): 39–53; R. G. Netemeyer, J. S. Boles, and R. McMurrian, " Development and validation of work-family conflict and family-work conflict scales, " *Journal of Applied Psychology* 81, no. 4 (1996): 400–410.

13. J. Kodz, S. Davis, D. Lain, M. Strebler, J. Rick, P. Bates, J. Cummings, and N. Meager, " Working Long Hours: A Review of the Evidence, " Volume 1—Main Report, Employment Relations Research Eseries, ERRS16, Department of Trade and Industry (2003).

14. S. M. Bianchi, J. P. Robinson, and M. A. Milkie, *Changing Rhythms of American Family Life* (New York: Russell Sage Foundation, 2006); G. M. Dotti Sani and J. Treas, " Educational gradients in parents ' child-care time across countries, 1965–2012, " *Journal of Marriage and Family* 78, no. 4 (2016): 1083–96; S. L. Nock and P. W. Kingston, " Time with children: The impact of couples ' work-time commitments, " *Social Forces* 67, no. 1 (1988): 59–85.

15. 如果父母与工作有关的压力得不到缓解，就会增加亲子间发生冲突的可能性，并对儿童和青少年的福祉产生负面影响 [N. L. Galambos,

H. A. Sears, D. M. Almeida, and G. C. Kolaric, " Parents' work overload and problem behavior in young adolescents, " *Journal of Research on Adolescence* 5, no. 2 (1995): 201–23; A. C. Crouter, M. F. Bumpus, M. R. Head, and S. M. McHale, " Implications of overwork and overload for the quality of men's family relationships," *Journal of Marriage and Family* 63, no. 2 (2001): 404–16; D. L. Putnick, M. H. Bornstein, C. Hendricks, K. M. Painter, J. Suwalsky, and W. A. Collins, " Parenting stress, perceived parenting behaviors, and adolescent self-concept in European American families, " *Journal of Family Psychology* 22, no. 5 (2008): 752–62; A. C. Crouter, M. F. Bumpus, M. C. Maguire, and S. M. McHale, " Linking parents' work pressure and adolescents' well-being: Insights into dynamics in dual-earner families," *Developmental Psychology* 35, no. 6 (1999): 1453–61]。

16. J. Kodz, S. Davis, D. Lain, M. Strebler, J. Rick, P. Bates, J. Cummings, and N. Meager, " Working Long Hours: A Review of the Evidence," Volume 1—Main Report, Employment Relations Research Eseries, ERRS16, Department of Trade and Industry (2003); A. S. Wharton and M. Blair-Loy, " Long work hours and family: A cross-national study of employees' concerns," *Journal of Family Issues* 27, no. 3 (2006): 415–36.

17. J. A. Lavner and M. A. Clark, " Workload and marital satisfaction over time: Testing lagged spillover and crossover effects during the newlywed years," *Journal of Vocation Behavior* 101 (2017): 67–76.

18. M. Dilmaghani, "Exploring the link between sexual orientation, work-life balance satisfaction and work-life segmentation, " *International Journal of Manpower* 41, no. 6 (2019): 693–715.

19. T. L. Tuten and R. A. August, " Work-family conflict: A study of lesbian mothers," *Women in Management Review* 21, no. 7 (2006): 578–97.

20. J. Kodz, S. Davis, D. Lain, M. Strebler, J. Rick, P. Bates, J. Cummings,

and N. Meager, " Working Long Hours: A Review of the Evidence, " Volume 1—Main Report, Employment Relations Research series, ERRS16, Department of Trade and Industry (2003).

21. The Sainsbury Living Well Index, 2018.

22. J. Lunstad-Holt, T. B. Smith, and J. B. Layton, " Social relationships and mortality risk: A meta-analytic review," *PLOS Medicine* 7, no. 7 (2010): 1–20.

23. G. E. Vaillant, C. C. McArthur, and A. Bock, *Triumphs of Experience: The Men of the Harvard Grant Study* (Cambridge, MA: Belnap Press, 2012).

24. S. Glueck and E. Glueck, *Unraveling Juvenile Delinquency* (New York: Commonwealth Fund, 1950); S. Glueck and E. Glueck, *Delinquents and Nondelinquents in Perspective* (Cambridge, MA: Harvard University Press, 1968).

25. S. Sonnentag and M. Frese, " Stress in Organizations, " in *Handbook of Psychology, Vol.* 12, eds. W. C. Borman, D. R. Ilgen, and R. J. Klimoski (Hoboken, NJ: Wiley, 2003), 453–91; S. M. Jex, *Stress and Job Performance: Theory, Research, and Implications for Managerial Practice* (Thousand Oaks, CA: Sage Publications Ltd., 1998); M. Kivimaki, M. Jokela, S. T. Nyberg, A. Singh-Manoux, et al., " Long working hours and risk of coronary heart disease and stroke: A systematic review and meta-analysis," *The Lancet* 386, no. 10005 (2015): 1739–46; M. Vander Hulst, "Long workhours and health," *Scandinavian Journal of Work, Environment & Health* 29, no. 3 (2003): 171–88.

26. M. Kivimaki, M. Jokela, S. T. Nyberg, A. Singh-Manoux, et al., " Long working hours and risk of coronary heart disease and stroke: A systematic review and meta-analysis," *The Lancet* 386, no. 10005 (2015): 1739–46.

27. For a recent meta-analytic study see K. Wong, A. Chan, and S. C.

Ngan, " The effect of long working hours and overtime on occupational health: A meta-analysis of evidence from 1998 to 2018, " *International Journal of Environmental Research and Public Health* 16, no. 12 (2019): 2102; see also K. Sparks, B. Faragher, and C. L. Cooper, " Well-being and occupation health in the 21st century workplace, " *Journal of Occupational and Organization Psychology* 74 (2001): 489–509; S. Maruyama and K. Morimoto, " Effects of long hours on lifestyle, stress and quality of life among intermediate Japanese managers, " *Scandinavian Journal of Work Environment & Health* 22 (1996): 353–9; A. Alexandrova-Karamonova, I. Todorova, A. J. Montgomery, E. Panagopolou, et al., " Burnout and health behaviors in health professionals from seven European countries, " *International Archives of Occupational and Environmental Health* 89, no. 7 (2016): 1059–75; J. Kodz, S. Davis, D. Lain, M. Strebler, J. Rick, P. Bates, J. Cummings, and N. Meager, " Working Long Hours: A Review of the Evidence, " Volume 1—Main Report, Employment Relations Research Eseries, ERRS16, Department of Trade and Industry (2003).

28. J. Kodz, S. Davis, D. Lain, M. Strebler, J. Rick, P. Bates, J. Cummings, and N. Meager, " Working Long Hours: A Review of the Evidence, " Volume 1—Main Report, Employment Relations Research Eseries, ERRS16, Department of Trade and Industry (2003).

29. S. Sonnentag and M. Frese, " Stress in Organizations, " in *Handbook of Psychology, Vol.* 12, eds. W. C. Borman, D. R. Ilgen, and R. J. Klimoski (Hoboken, NJ: Wiley, 2003), 453–91.

30. R. Purvanova and J. Muros, " Gender differences in burnout: A meta-analysis, " *Journal of Vocational Behavior* 77 (2010): 168–85. 接受过培训的临床医生在看病历或面对患者时，更有可能诊断出女性而非男性患者患有抑郁症或焦虑症，参见：M. K. Potts, M. A. Burnam, and

K. B. Wells, "Gender differences in depression detection: A comparison of clinician diagnosis and standardized assessment," *Psychological Assessment* 3, no. 4 (1991): 609–15。

31. See the meta-analytic study: R. K. Purvanova and J. P. Muros, "Gender differences in burnout: A meta-analysis," *Journal of Vocational Behavior* 77, no. 2 (2010): 168–85.

32. M. Galanakis, A. Stalikas, H. Kallia, C. Karagianni, and C. Karela, "Gender differences in experiencing occupational stress: The role of age, education and marital status," *Stress Health* 25 (2009): 397–404; E. Mayor, "Gender roles and traits in stress and health," *Frontiers in Psychology* 6 (2015): 779.

33. For evidence of diminishing returns to work see D. M. Olds and S. P. Clark, "The effect of work hours on adverse events and errors in health care," *Journal of Safety Research* 41, no. 2 (2010): 153–62; J. Pencavel, *Diminishing Returns at Work: The Consequences of Long Working Hours* (New York: Oxford University Press, 2018).

第七章 拒绝俱乐部行动手册

1. L. Babcock, M. Recalde, L. Vesterlund, and L. Weingart, "Gender differences in accepting and receiving requests for tasks with low promotability," *American Economic Review* 107, no. 3 (2017): 714–47.

2. R. Buehler, D. Griffin, and J. Peetz, "The planning fallacy: Cognitive, motivation, and social origins," *Advances in Experimental Social Psychology* 23, no. 43 (2010): 1–62.

3. G. Loewenstein and R. H. Thaler, "Anomalies: Intertemporal choice," *Journal of Economic Perspectives* 3, no. 4 (1989): 181–93.

4. S. Almond and C. Strayed, *Dear Sugars* (Radio Show), WBUR, July 15, 2017.

5. S. Rhimes, *Year of Yes: How to Dance It Out, Stand in the Sun and Be Your*

Own Person (New York: Simon & Schuster, 2015), 222.

6. B. Tewfik, T. Kundro, and P. Tetlock, "The help-decliner's dilemma: How to decline requests for help at work without hurting one's image." Unpublished working paper, 2018.

7. W. Ury, *The Power of a Positive No: How to Say No and Still Get to Yes* (New York: Bantam, 2007); W. Ury, "The power of a positive no," Oxford Leadership.

8. A. H. Petersen, "Against 'Feel Free to Take Some Time If You Need It,'" newsletter on Substack, April 21, 2021.

9. R. Tulshyan, "Women of color get asked to do more 'office housework.' Here's how they can say no," *Harvard Business Review*, April 6, 2018.

10. M. E. Heilman and J. J. Chen, "Same behavior, different consequences: Reactions to men's and women's altruistic citizenship behavior," *Journal of Applied Psychology* 90, no. 3 (2015): 431–41; S. Keck and L. Babcock, "Who gets the benefit of the doubt? The impact of causal reasoning depth on how violations of gender stereotypes are evaluated," *Journal of Organizational Behavior* 39, no. 3 (2017): 276–91.

11. L. Morgan Roberts, A. J. Mayo, R. J. Ely, and D. A. Thomas, "Beating the odds: Leadership lessons from senior African American women," *Harvard Business Review* (March-April 2018).

12. D. M. Kolb and J. L. Porter, "'Office housework' gets in women's way," *Harvard Business Review*, April 16, 2015.

13. National Center for Faculty Development and Diversity, "The Art of Saying No," PowerPoint deck.

第八章 优化你的工作结构

1. S. Keck and L. Babcock, "Who gets the benefit of the doubt? The impact of causal reasoning depth on how violations of gender stereotypes are evaluated," *Journal of Organizational Behavior* 39, no. 3 (2017): 276–91.

2. Personal mission statements are becoming quite popular: S. Vozza, "Personal mission statements of 5 famous CEOs (And why you should write one too)," *Fast Company*, February 25, 2014. Here is a guide for how to write one: "A step-by-step guide to creating a personal mission statement," Indeed .com, December 1, 2020.

第九章　员工分担不可晋升型任务时，组织会从中受益

1. C-T. Hsieh, E. Hurst, C. I. Jones, and P. J. Klenow, "The allocation of talent and U.S. economic growth," *Econometrica* 87, no. 5 (2019): 1439–74.

2. N. P. Podsakoff, S. W. Whiting, P. M. Podsakoff, and B. D. Blume, "Individual-and organizational-level consequences of organizational citizenship behaviors: A meta-analysis," *Journal of Applied Psychology* 94, no. 1 (2009): 122–41.

3. S. Sorenson and K. Garman, "How to tackle U.S. employee's stagnating engagement," Gallup, June 11, 2013.

4. J. A. Colquitt, D. E. Conlon, M. J. Wesson, C. O. Porter, and K. Y. Ng, "Justice at the millennium: A meta-analytic review of 25 years of organizational justice research," *Journal of Applied Psychology* 86 (2001): 425–45; Society for Human Resource Management, "Employee job satisfaction and engagement: Optimizing organizational culture for success," 2015.

5. J. K. Harter, F. L. Schmidt, S. Agrawal, A. Blue, S. K. Plowman, P. Josh, and J. Asplund, "The relationship between engagement at work and organizational outcomes," Gallup, 2020 Q12 Meta-Analysis: Tenth Edition.

6. T. A. Judge, C. J. Thoresen, J. E. Bono, and G. K. Patton, "The job satisfaction-job performance relationship: A qualitative and quantitative review," *Psychology Bulletin* 127, no. 3 (2001): 376–407.

7. The American Institute of Stress, accessed July 2, 2020.

8. World Health Organization, "Occupational health: Stress at the workplace," 2020.

9. R. T. Mowday, L. W. Porter, and R. M. Steers, *Employee-organizational Linkages: The Psychology of Commitment, Absenteeism, and Turnover* (New York: Academic Press, 1982).

10. J. K. Harter, F. L. Schmidt, S. Agrawal, A. Blue, S. K. Plowman, P. Josh, and J. Asplund, "The relationship between engagement at work and organizational outcomes," Gallup, 2020 Q12 Meta-Analysis: Tenth Edition; T. A. Judge, C. J. Thoresen, J. E. Bono, and G. K. Patton, "The job satisfaction-job performance relationship: A qualitative and quantitative review," *Psychology Bulletin* 127, no. 3 (2001): 376–407.

11. The Work Institute, 2019 Retention Report.

12. PricewaterhouseCoopers, "Winning the fight for female talent," 2017.

13. McKinsey & Company, "Women in the Workplace," 2021.

14. E. B. King, M. R. Hebl, J. M. George, and S. F. Matuski, "Understanding tokenism: antecedents and consequences of a psychological climate of gender inequity," *Journal of Management* 36, no. 2 (2010): 482–510.

15. P. Gogoi, "Stuck-At-Home Moms: The Pandemic's Devastating Toll on Women," NPR, October 28, 2020; McKinsey & Company, "Achieving an inclusive US economic recovery," February 3, 2021; S. Albanesi and J. Kim, "The gendered impact of the COVID-19 recession on the US labor market," NBER Working paper 28505, February 2021.

16. T. Avogino, "To have and to hold," Society for Human Resource Management Report, February 23, 2019.

第十章　如何在你的组织中推动变革

1. D. Cooper and J. Kagel, "A failure to communicate: An experimental investigation of the effects of advice on strategic play," *European Economic Review* 82, no. C (2016): 24–45.

2. J. E. Dutton, S. J. Ashford, R. M. O'Neill, and K. A. Lawrence, "Moves that matter: Issue selling and organizational change," *Academy of Management Journal* 44, no. 4 (2001): 716–36. S. Lu, K. M. Bartol, V. Venkataramani, and X. Zheng, "Pitching novel ideas to the boss: The interactive effects of employees' idea enactment and influence tactics on creativity assessment and implementation," *Academy of Management Journal* 62, no. 2 (2019): 579–606.

3. J. E. Dutton, S. J. Ashford, and K. A. Lawrence, "Moves that matter: Issue selling and organizational change," *Academy of Management Journal* 44, no. 4 (2001): 716–36.

4. M. Moon, "Bottom-up instigated organizational change through constructionist conversation," *Journal of Knowledge Management Practices* 9, no. 4 (2008): 1–14.

5. L. Babcock, M. Recalde, and L. Vesterlund, "Why women volunteer for tasks that don't lead to promotions," *Harvard Business Review*, July 16, 2018; C. Fleisher, "Women's work? Why female employees take on thankless tasks shunned by men . . . and how that hurts women's careers," Research Highlights, American Economic Association, March 15, 2017.

6. How daughters affect their legislator fathers' voting on women's issues," *American Economic Review* 98, no. 1 (2008): 311–32; R. L. Warner and B. S. Steel, "Child rearing as a mechanism for social change: The relationship of child gender to parents' commitment to gender equity," *Gender & Society* 13, no. 4 (1999): 503–17; E. F. Shafer and N. Malhotra, "The effect of a child's sex on support for traditional gender roles," *Social Forces* 90, no. 1 (2011): 209–22; A. Wessel, "Does having a daughter make fathers more liberal?," Unpublished manuscript, 2020; P. A. Gompers and S. Q. Wang, "And the children shall lead: Gender diversity and performance in venture capital," National Bureau of Economic Research, Working paper,

May 2017.

7. V. Gewin, "The time tax put on scientists of color," *Nature* 583, July 16, 2020; L. E. Hirshfeld and T. D. Joseph, "'We need a woman, we need a black woman': Gender, race, and identity taxation in the academy," *Gender and Education* 24, no. 2 (2012): 213–27.

8. R. Cross and L. Prusak, "The people who make organizations go—or stop," *Harvard Business Review*, June 2002.

9. J. Battilana and T. Casciaro, "The network secrets of great change agents," *Harvard Business Review*, July–August 2013.

10. G. Loewenstein and J. Elster, *Choice Over Time* (New York: Russell Sage Foundation, 1992); D. Laibson, "Golden eggs and hyperbolic discounting," *Quarterly Journal of Economics* 112, no. 2 (1997): 443–77; R. H. Thaler and H. Shefrin, "An economic theory of self-control," *Journal of Political Economy* 89, no. 2 (1981): 392–406.

11. J. Eilperin, "White house women want to be in the room where it happens," *Washington Post*, September 13, 2016.

第十一章　管理好不可晋升型任务，促进女性员工和组织发展

1. 数以百计的图书和数以千计的文章介绍了如何有效地实施和管理变革流程，它们令人信服地证明，如何实施变革与实施什么变革同样重要 [C. A. O'Reilly, D. F. Caldwell, J. A. Chatman, M. Lapiz, and W. Self, "How leadership matters: The effects of leaders' alignment on strategy implementation," *The Leadership Quarterly* 21, no. 1 (2010): 104–13]。我们不可能在短短的几页纸上对变革管理的知识进行全面的阐述，因此我们将简要地阐述一些适用于不可晋升型任务的最重要的观点。我们对第一阶段、第三阶段和第四阶段的讨论在很大程度上借鉴了以下研究成果：J. Stouten, D. Rousseau, and D. De Cremer, "Successful organizational change: Integrating the management practice and scholarly literatures," *Academy of Management Annals* 12 (2018): 752–88。

2. Commonly attributed to management consultant Peter Drucker. See also I. Bohnet, *What Works: Gender Equality by Design* (Cambridge, MA: Harvard University Press, 2016).

3. Perhaps share L. Babcock, M. Recalde, and L. Vesterlund, "Why women volunteer for tasks that don't lead to promotions," *Harvard Business Review*, July 16, 2018, or R. Tulshyan, "The 'I Just Can't Say No' Club Women Need To Advance In Their Careers," *Forbes*, June 28, 2016.

4. M. Bazerman, I. Bohnet, H. R. Bowles, and G. F. Loewenstein, "Linda Babcock: Go-getter and do-gooder," *Negotiation and Conflict Management Research* 11, no. 2 (2018): 130–45, quote is on page 141.

5. T. Williamson, C. R. Goodwin, and P. A. Ubel, "Minority tax reform— Avoiding overtaxing minorities when we need them the most," *The New England Journal of Medicine* 384, no. 20 (2021): 1877–79.

6. For examples on how individuals can craft their jobs see J. E. Dutton and A. Wrzesniewski, "What job crafting looks like," *Harvard Business Review*, March 12, 2020.

7. O. Georgeac, "The business case backfires: Detrimental effects of organizations' instrumental diversity rhetoric for underrepresented group members' sense of belonging and performance," Doctoral dissertation, London Business School, 2020.

8. D. Chugh, *The Person You Mean to Be: How Good People Fight Bias* (New York, NY: Harper Business, 2018).

9. G. T. Doran, "There's a S.M.A.R.T. way to write management's goals and objectives," *Management Review* 70, no. 11 (1981): 35–36.

10. R. S. Kaplan and D. P. Norton, "The balanced scorecard: Measures that drive performance," *Harvard Business Review* (January–February 1992).

11. K. L. Milkman, M. S. Patel, L. Gandhi, H. Graci, et al., "A mega-study of text-based nudges encouraging patients to get vaccinated at an upcoming

doctor's appointment," *Proceedings of the National Academy of Sciences* 188, no. 20 (2021); T. Rogers and A. Feller, " Reducing student absences at scale by targeting parents' misbeliefs, " *Nature Human Behaviour* 2 (2018): 335–42; S. E. Kimmel, A. B. Troxel, B. French, G. Loewenstein, et al., " A randomized trial of lottery-based incentives and reminders to improve warfarin adherence: The warfarin incentives (WIN2) trial, " *Pharmacoepidemiol Drug Safety* 25, no. 11 (2016): 1219–27.

Acker, J. "Hierarchies, jobs, bodies: A theory of gendered organizations." *Gender and Society* 4, no. 2 (1990): 139–58.

Agovino, T. "To have and to hold: Amid one of the tightest labor markets in the past 50 years, employee retention is more critical than ever." *Society for Human Resource Management.* February 23, 2019.

Albanesi, S., and J. Kim. "The gendered impact of the COVID-19 recession on the US labor market." NBER Working paper 28505, February 2021.

Alexandrova-Karamonova, A., I. Todorova, A. J. Montgomery, E. Panagopolou, et al. "Burnout and health behaviors in health professionals from seven European countries." *International Archives of Occupational and Environmental Health* 89, no. 7 (2016): 1059–75.

Andreoni, J., and L. Vesterlund. "Which is the fair sex: Gender differences in altruism." *Quarterly Journal of Economics* 116, no. 1 (2001): 293–312.

Antonio, A. L. "Faculty of color reconsidered: Reassessing contributions to scholarship." *Higher Education* 73, no. 5 (2003): 582–602.

Babcock, L., F. Flynn, and J. Zlatev. "Assigning non-promotable work." Unpublished working paper, 2015.

Babcock, L., M. Recalde, and L. Vesterlund. "Why women volunteer for tasks that don't lead to promotions." *Harvard Business Review*, July 16, 2018.

Babcock, L., M. Recalde, L. Vesterlund, and L. Weingart. "Gender differences in accepting and receiving requests for tasks with low promotability." *American Economic Review* 107, no. 3 (2017): 714–47.

Bacharach, S. B., P. Bamberger, and S. Conley. "Work-home conflict among nurses and engineers: Mediating the impact of role stress on burnout and satisfaction at work." *Journal of Organizational Behavior* 12, no. 1 (1991): 39–53.

Baez, B. "Race-related service and faculty of color: Conceptualizing critical agency in academe." *Higher Education* 39, no. 3 (2000): 363–91.

Battilana, J., and T. Cascario. "The network secrets of great change agents." *Harvard Business Review* (July–August 2013).

Bazerman, M., I. Bohnet, H. R. Bowles, and G. F. Loewenstein. "Linda Babcock: Go-getter and do-gooder." *Negotiation and Conflict Management Research* 11, no. 2 (2018): 130–45.

Bellas, M. L., and R. K. Toutkoushian. "Faculty time allocations and research productivity: Gender, race, and family effects." *Review of Higher Education* 22, no. 4 (1999): 367–90.

Benschop, Y., L. Halsema, and P. Schreurs. "The division of labour and inequalities between the sexes: An ideological dilemma." *Gender, Work, and Organization* 8, no. 1 (2001): 1–18.

Bianchi, S. M., J. P. Robinson, and M. A. Milkie. *Changing Rhythms of American Family Life.* New York: Russell Sage Foundation, 2006.

Bohnet, I. *What Works: Gender Equality by Design.* Cambridge, MA: Harvard University Press, 2016.

Boucher, C. "A qualitative study of the impact of emotional labour on health managers." *The Qualitative Report* 21, no. 11 (2016): 2148–60.

Braiker, H. B. *The Disease to Please: Curing the People-Pleasing Syndrome.* New York: McGraw-Hill, 2002.

Britton, D. M. "Gendered organizational logic: Policy and practice in men's and women's prisons." *Gender and Society* 11, no. 6 (1997): 796–818.

Bueher, R., D. Griffin, and J. Peetz. "The planning fallacy: Cognitive, motivation, and social origins." *Advances in Experimental Social Psychology* 23 (2010): 1–62.

Cech, E., B. Rubineau, S. S. Silbey, and C. Seron. "Professional role confidence and gendered persistence in engineering." *American Sociological Review* 76, no. 5 (2011): 641–66.

Chan, C. K., and M. Anteby. "Task segregation as a mechanism for within-job inequality: Women and men of the Transportation Security Administration." *Administrative Science Quarterly* 61, no. 2 (2015): 184–216.

Chugh, D. *The Person You Mean to Be: How Good People Fight Bias.* New York:

Harper Business, 2018.

Colquitt, J. A., D. E. Conlon, M. J. Wesson, C. O. Porter, and K. Y. Ng. "Justice at the millennium: A meta-analytic review of 25 years of organizational justice research." *Journal of Applied Psychology* 86 (2001): 425–45.

Cooper, D., and J. Kagel. "A failure to communicate: An experimental investigation of the effects of advice on strategic play." *European Economic Review* 82, no. C (2016): 24–45.

Croson, R., and U. Gneezy. "Gender differences in preferences." *Journal of Economic Literature* 47, no. 2 (2009): 448–74.

Cross, R., and L. Prusak. "The people who make organizations go—or stop." *Harvard Business Review* (June 2002).

Crouter, A. C., M. F. Bumpus, M. R. Head, and S. M. McHale. "Implications of overwork and overload for the quality of men's family relationships." *Journal of Marriage and Family* 63, no. 2 (2001): 404–16.

Crouter, A. C., M. F. Bumpus, M. C. Maguire, and S. M. McHale. "Linking parents' work pressure and adolescents' well-being: Insights into dynamics in dual-earner families." *Developmental Psychology* 35, no. 6 (1999): 1453–61.

Daniels, A. K. "Invisible work." *Social Problems* 34, no. 5 (1987): 403–15.

De Pater, I., A. Van Vianen, and M. Bechtoldt. "Gender differences in job challenge: A matter of task allocation." *Gender, Work, and Organization* 17, no. 4 (2010): 433–53.

Dilmaghani, M. "Exploring the link between sexual orientation, work-life balance satisfaction and work-life segmentation." *International Journal of Manpower* 41, no. 6 (2019): 693–715.

Doran, G. T. "There's a S.M.A.R.T. way to write management's goals and objectives." *Management Review* 70, no. 11 (1981): 35–36.

Dotti Sani, G. M., and J. Treas. "Educational gradients in parents' child-care time across countries, 1965–2012." *Journal of Marriage and Family* 78, no. 4 (2016): 1083–96.

Dutton, J. E., S. J. Ashford, R. M. O'Neill, and K. A. Lawrence. "Moves that matter: Issue selling and organizational change." *Academy of Management Journal* 44, no. 4 (2001): 716–36.

Dutton, J. E., and A. Wrzesniewski. "What job crafting looks like." *Harvard Business Review*, March 12, 2020.

Eagly, A. H. *Sex Differences in Social Behavior: A Social Role Interpretation*. Hillsdale, NJ: Erlbaum, 1987.

Eagly, A. H., and S. J. Karau. "Role congruity theory of prejudice toward female leaders." *Psychological Review* 109, no. 3 (2002): 574–98.

Eagly, A. H., W. Wood, and L. Fishbaugh. "Sex differences in conformity: Surveillance by the group as a determinant of male nonconformity." *Journal of Personality and Social Psychology* 40, no. 2 (1981): 384–94.

Eckel, C. C., and P. J. Grossman. "Are men less selfish than women: Evidence from dictator experiments." *The Economic Journal* 108, no. 448 (1998): 726–35.

Eckel, C. C., and P. J. Grossman. "Differences in the economic decisions of men and women: Experimental evidence." In *Handbook of Experimental Economics Results, Vol. 1*, edited by C. Plott and V. Smith, 509–19. New York: Elsevier, 2008.

Fleister, C. "Women's work? Why female employees take on thankless tasks shunned by men . . . and how that hurts women's careers." American Economic Association. March 15, 2017.

Fletcher, J. K. "Relational practice: A feminist reconstruction of work." *Journal of Management Inquiry* 7, no. 2 (1998): 163–86.

Flynn, F. J., and V. K. B. Lake. "If you need help just ask: Underestimating compliance with direct requests for help." *Journal of Personality and Social Psychology* 95, no. 1 (2008): 128–43.

Galambos, N. L., H. A. Sears, D. M. Almeida, and G. C. Kolaric. "Parents' work overload and problem behavior in young adolescents." *Journal of Research on Adolescence* 5, no. 2 (1995): 201–23.

Galanakis M., A. Stalikas, H. Kallia, C. Karagianni, and C. Karela. "Gender differences in experiencing occupational stress: The role of age, education and marital status." *Stress Health* 25 (2009): 397–404.

Gelfand, M. G. *Rule Makers, Rule Breakers: How Tight and Loose Cultures Wire Our World*. New York: Scribner, 2018.

Georgeac, O. "The business case backfires: Detrimental effects of organizations' instrumental diversity rhetoric for underrepresented group members' sense of belonging and performance." Doctoral dissertation, London Business School, 2020.

Gewin, V. "The time tax put on scientists of color." *Nature* 583. July 16, 2020.

Gihleb, R., R. Landsman, and L. Vesterlund. "The effect of task assignment on compensation and negotiation." Working paper, University of Pittsburgh, 2021.

Glick, P., and S. T. Fiske. "The ambivalent sexism inventory: Differentiating hostile and benevolent sexism." *Journal of Personality and Social Psychology* 70, no. 3 (1996): 491–512.

Glueck, S., and E. Glueck. *Unraveling Juvenile Delinquency*. New York: Commonwealth Fund, 1950.

Glueck, S., and E. Glueck. *Delinquents and Nondelinquents in Perspective*. Cambridge, MA: Harvard University Press, 1968.

Gogoi, P. "Stuck-At-Home Moms: The Pandemic's Devastating Toll on Women," NPR, October 28, 2020.

Goldin, C. "A grand gender convergence: Its last chapter." *American Economic Review* 104, no. 4 (2014): 1091–119.

Goldin, C. *Career and Family: Women's Century-long Journey Toward Equity.* New Jersey: Princeton University Press, 2021.

Gompers, P. A., and S. Q. Wang. "And the children shall lead: Gender diversity and performance in venture capital." Working paper, *National Bureau of Economic Research*. May 2017.

Gorman, E. H. "Gender stereotypes, same-gender preferences, and organizational variation in the hiring of women: Evidence from law firms." *American Sociological Review* 70, no. 4 (2005): 702–28.

Greenhaus, J. H., and N. J. Beutell. "Sources of conflict between work and family roles." *Academy of Management Review* 10, no. 1 (1985): 76–88.

Guarino, C. M., and V. M. H. Borden. "Faculty service loads and gender: Are women taking care of the academic family?" *Research in Higher Education* 58, no. 4 (2017): 672–94.

Harter, J. K., F. L. Schmidt, S. Agrawal, A. Blue, S. K. Plowman, P. Josh, and J. Asplund. "The relationship between engagement at work and organizational outcomes." Gallup, 2020 Q12 Meta-Analysis: Tenth Edition.

Heilman, M. E. "Sex bias in work settings: The lack of fit model." In *Research in Organization Behavior, Vol. 5*, edited by B. M. Staw and L. L. Cummings. Greenwich, CT: JAI Press, 1983, 269–98.

Heilman, M. E., and J. J. Chen. "Same behavior, different consequences: Reactions to men's and women's altruistic citizenship behavior." *Journal of*

Applied Psychology 90, no. 3 (2005): 431–41.

Heilman, M. E., and M. C. Haynes. "No credit where credit is due: Attributional rationalization of women's success in male-female teams." *Journal of Applied Psychology* 90, no. 5 (2005): 905–16.

Hirshfeld, L. E., and T. D. Joseph. "'We need a woman, we need a black woman': Gender, race, and identity taxation in the academy." *Gender and Education* 24, no. 2 (2012): 213–27.

Hochschild, A. R. *The Managed Heart: Commercialization of Human Feeling.* Berkeley, CA: University of California Press, 1983.

Hsieh, C-T., E. Hurst, C. I. Jones, and P. J. Klenow. "The allocation of talent and U.S. economic growth." *Econometrica* 87, no. 5 (2019): 1439–74.

Jaroszewicz, A. "It does hurt to ask: Theory and evidence on informal help-seeking." Doctoral dissertation, Carnegie Mellon University, 2020.

Jex, S. M. *Stress and Job Performance: Theory, Research, and Implications for Managerial Practice.* Advanced Topics in Organization Behavior Series: Sage Publications Ltd., 1998.

Judge, T. A., C. J. Thoresen, J. E. Bono, and G. K. Patton. "The job satisfaction-job performance relationship: A qualitative and quantitative review." *Psychological Bulletin* 127, no. 3 (2001): 376–407.

Kahneman, D. *Thinking, Fast and Slow.* New York: Farrar, Straus and Giroux, 2011.

Kanter, R. M. *Men and Women of the Corporation.* New York: Basic Books, 1977.

Kaplan, R. S., and D. P. Norton. "The balanced scorecard—measures that drive performance," *Harvard Business Review* (January–February 1992).

Keck, S., and L. Babcock. "Who gets the benefit of the doubt? The impact of causal reasoning depth on how violations of gender stereotypes are evaluated." *Journal of Organizational Behavior* 39, no. 3 (2017): 276–91.

Kidder, D. L. "The influence of gender on the performance of organizational citizenship behaviors." *Journal of Management* 28, no. 5 (2002): 629–48.

Kimmel, S. E., A. B. Troxel, B. French, G. Loewenstein, et al. "A randomized trial of lottery-based incentives and reminders to improve warfarin adherence: The warfarin incentives (WIN2) trial." *Pharmacoepidemiol Drug Safety* 25, no. 11 (2016): 1219–27.

King, E. B., M. R. Hebl, J. M. George, and S. F. Matuski. "Understanding tokenism: Antecedents and consequences of a psychological climate of gender inequity." *Journal of Management* 36, no. 2 (2010): 482–510.

Kivimaki, M., M. Jokela, S. T. Nyberg, A. Singh-Manoux, et al. "Long working hours and risk of coronary heart disease and stroke: A systematic review and meta-analysis." *The Lancet* 386, no. 10005 (2015): 1739–46.

Kodz, J., S. Davis, D. Lain, M. Strebler, J. Rick, P. Bates, J. Cummings, and N. Meager. "Working long hours: A review of the evidence." Volume 1 – Main Report, Employment Relations Research Eseries, ERRS16, Department of Trade and Industry, 2003.

Kolb, D. M., and J. L. Porter. "'Office housework' gets in women's way." *Harvard Business Review*, April 16, 2015.

Laden, B. V., and L. S. Hagedorn. "Job satisfaction among faculty of color in academe: Individual survivors or institutional transformers?," *New Directions for Institutional Research 2000*, no. 105 (2000): 57–66.

Laibson, D. "Golden eggs and hyperbolic discounting." *Quarterly Journal of Economics* 112, no. 2 (1997): 443–77.

Lavner, J. A., and M. A. Clark. "Workload and marital satisfaction over time: Testing lagged spillover and crossover effects during the newlywed years." *Journal of Vocation Behavior* 101 (2017): 67–76.

Loewenstein, G., and J. Elster. *Choice Over Time.* New York: Russell Sage Foundation, 1992.

Loewenstein, G., and R. H. Thaler. "Anomalies: Intertemporal choice." *Journal of Economic Perspectives* 3, no. 4 (1989): 181–93.

Lu, S., K. M. Bartol, V. Venkataramani, and X. Zheng. "Pitching novel ideas to the boss: The interactive effects of employees' idea enactment and influence tactics on creativity assessment and implementation." *Academy of Management Journal* 62, no. 2 (2019): 579–606.

Lunstad-Holt, J., T. B. Smith, and J. B. Layton. "Social relationships and mortality risk: A meta-analytic review." *PLOS Medicine* 7, no. 7 (2010): 1–20.

Maruyama, S., and K. Morimoto. "Effects of long hours on lifestyle, stress and quality of life among intermediate Japanese managers." *Scandinavian Journal of Work Environment Health* 22 (1996): 353–59.

Mayor, E. "Gender roles and traits in stress and health." *Frontiers in Psychology* 6 (2015): 779.

McCrae, R. R., and A. Terracciano. "Universal features of personality traits from the observer's perspective: Data from 50 countries." *Journal of Personality and Social Psychology* 88, no. 3 (2005): 547–61.

McKinsey & Company, "Women in the Workplace," 2021.

McKinsey & Company, "Achieving an inclusive US economic recovery," February 3, 2021.

Milkman, K. L., M. S. Patel, L. Candhi, H. Graci, et al. "A mega-study of text-based nudges encouraging patients to get vaccinated at an upcoming doctor's appointment." *Proceedings of the National Academy of Sciences* 188, no. 20 (2021).

Misra, J., J. H. Lundquist, E. Holmes, and S. Agiomavritis. "The ivory ceiling of service work." *Academe Online.* January–February 2011.

Misra, J., J. H. Lundquist, and A. Templer. "Gender, work time, and care responsibilities among faculty." *Sociological Forum* 27, no. 2 (2012): 300–323.

Mitchell, S. M., and V. L. Hesli. "Women don't ask? Women don't say no? Bargaining and service in the political science profession." *PS: Political Science & Politics* 46, no. 2 (2013): 355–69.

Moon, M. "Bottom-up instigated organizational change through constructionist conversation." *Journal of Knowledge Management Practices* 9, no. 4 (2008): 1–14.

Morgan Roberts, L., A. J. Mayo, R. J. Ely, and D. A. Thomas. "Beating the odds—Leadership lessons from senior African American women." *Harvard Business Review* (March–April 2018).

Moss-Racusin, C. A., J. F. Dovidio, V. L. Brescoll, M. J. Graham, and J. Handelsman. "Science faculty's subtle gender biases favor male students." *Proceedings of the National Academy of Sciences* 109, no. 41 (2012): 16464–79.

Mowday, R. T., L. W. Porter, and R. M. Steers. *Employee-organizational Linkages: The Psychology of Commitment, Absenteeism, and Turnover.* New York: Academic Press, 1982.

Netemeyer, R. G., J. S. Boles, and R. McMurrian. "Development and validation of work-family conflict and family-work conflict scales." *Journal of Applied Psychology* 81, no. 4 (1996): 400–410.

Niederle, M. "Gender." In *The Handbook of Experimental Economics, Vol. 2,* edited by J. H. Kagel and A. E. Roth, 481–562. Princeton, NJ: Princeton University Press, 2016.

Niederle, M., and L. Vesterlund. "Do women shy away from competition?

Do men compete too much?" *Quarterly Journal of Economics* 122, no. 3 (2007): 1067–101.

Niederle, M., and L. Vesterlund. "Gender and competition." *Annual Review of Economics* 3, no. 1 (2011): 601–30.

Nock, S. L., and P. W. Kingston. "Time with children: The impact of couples' work-time commitments." *Social Forces* 67, no. 1 (1988): 59–85.

Olds, D. M., and S. P. Clark. "The effect of work hours on adverse events and errors in health care." *Journal of Safety Research* 41, no. 2 (2010): 153–62.

O'Reilly, C. A., D. F. Caldwell, J. A. Chatman, M. Lapiz, and W. Self. "How leadership matters: The effects of leaders' alignment on strategy implementation." *The Leadership Quarterly* 21, no. 1 (2010): 104–13.

Padilla, A. M. "Ethnic minority scholars, research, and mentoring: Current and future issues." *Educational Research* 23, no. 4 (1994): 24–27.

Pencavel, J. *Diminishing Returns at Work: The Consequences of Long Working Hours*. New York: Oxford University Press, 2018.

Podsakoff, N. P., S. W. Whiting, P. M. Podsakoff, and B. D. Blume. "Individual- and organizational-level consequences of organizational citizenship behaviors: A meta-analysis." *Journal of Applied Psychology* 94, no. 1 (2009): 122–41.

Porter, S. R. "A closer look at faculty service: What affects participation on committees?" *The Journal of Higher Education* 78, no. 5 (2007): 523–41.

Potts, M. K., M. A. Burnam, and K. B. Wells. "Gender differences in depression detection: A comparison of clinician diagnosis and standardized assessment." *Psychological Assessment* 3, no. 4 (1991): 609–15.

Pratt, M. G., K. W. Rockmann, and J. B. Kaufmann. "Constructing professional identity: The role of work and identity learning cycles in the customization of identity among medical residents." *Academy of Management Journal* 49, no. 2 (2006): 235–62.

Purvanova, R. K., and J. P. Muros. "Gender differences in burnout: A meta-analysis." *Journal of Vocational Behavior* 77, no. 2 (2010): 168–85.

Putnick, D. L., M. H. Bornstein, C. Hendricks, K. M. Painter, J. Suwalsky, and W. A. Collins. "Parenting stress, perceived parenting behaviors, and adolescent self-concept in European American families." *Journal of Family Psychology* 22, no. 5 (2008): 752–62.

PricewaterhouseCoopers. "Winning the fight for female talent."

Reid, E. "Embracing, passing, revealing, and the ideal worker image: How people navigate expected and experienced professional identities." *Organization Science* 26, no. 4 (2015): 997–1017.

Rhimes, S. *Year of Yes: How to Dance It Out, Stand in the Sun, and Be Your Own Person*. New York: Simon & Schuster, 2015.

Rogers, T., and A. Feller. "Reducing student absences at scale by targeting parents' misbeliefs." *Nature Human Behaviour* 2 (2018): 335–42.

Roth, L. M. *Selling Women Short: Gender and Money on Wall Street*. Princeton, NJ: Princeton University Press, 2006.

Sainsbury's Living Well Index, The. 2018.

Santee, R. T., and S. E. Jackson. "Identity implications of conformity: Sex differences in normative and attributional judgments." *Social Psychology Quarterly* 45, no. 2 (1982): 121–25.

Schelling, T. C. *The Strategy of Conflict*. Cambridge, MA: Harvard University Press, 1960.

Schmitt, D. P., A. Realo, M. Voracek, and J. Allik. "Why can't a man be more like a woman? Sex differences in Big Five personality traits across 55 cultures." *Journal of Personality and Social Psychology* 94, no. 1 (2008): 168–82.

Semmer, N. K., N. Jacobshagen, L. L. Meier, A. Elfering, T. A. Beehr, W. Kalin, and F. Tschan. "Illegitimate tasks as a source of work stress." *Work and Stress* 29, no. 1 (2015): 32–56.

Semmer, N. K., F. Tschan, L. L. Meier, S. Facchin, and N. Jacobshagen. "Illegitimate tasks and counterproductive work behavior." *Applied Psychology: An International Review* 59, no. 1 (2010): 70–96.

Shafer, E. F., and N. Malhotra. "The effect of a child's sex on support for traditional gender roles." *Social Forces* 90, no. 1 (2011): 209–22.

Skuratowicz, E., and L. W. Hunter. "Where do women's jobs come from? Job resegregation in an American bank." *Work and Occupations* 31, no. 1 (2004): 73–110.

Society for Human Resource Management. "Employee job satisfaction and engagement: Optimizing organizational culture for success." Report, 2015.

Sonnentag, S., and M. Frese. "Stress in Organizations." In *Handbook of Psychology*, Volume 12, edited by W. C. Borman, D. R. Ilgen, and R. J. Klimoski, 453–91. Hoboken, NJ: Wiley, 2003.

Sorenson, S., and K. Garman. "How to tackle U.S. employees' stagnating engagement," Gallup, June 11, 2013.

Sparks, K., B. Faragher, and C. L. Cooper. "Well-being and occupation health in the 21st century workplace." *Journal of Occupational and Organization Psychology* 74 (2001): 489–509.

Stouten, J., D. Rousseau, and D. De Cremer. "Successful organizational change: Integrating the management practice and scholarly literatures." *Academy of Management Annals* 12 (2018): 752–88.

Tewfik, B., T. Kundro, and P. Tetlock. "The help-decliner's dilemma: How to decline requests for help at work without hurting one's image." Unpublished working paper, 2018.

Thaler, R. H., and H. Shefrin. "An economic theory of self-control." *Journal of Political Economy* 89, no. 2 (1981): 392–406.

Tolich, M., and C. Briar. "Just checking it out: Exploring the significance of informal gender divisions amongst American supermarket employees." *Gender, Work, & Organization* 6, no. 3 (1999): 129–33.

Tulshyan, R. "Women of color asked to do more 'office housework.' Here's how they can say no." *Harvard Business Review*, April 6, 2018.

Turco, C. J. "Cultural foundations of tokenism: Evidence from the leveraged buyout industry." *American Sociological Review* 75, no. 6 (2010): 894–913.

Turner, C. S. V. "Women of color in academe: Living with multiple marginality." *Journal of Higher Education* 73, no. 1 (2002): 74–93.

Tuten, T. L., and R. A. August. "Work-family conflict: A study of lesbian mothers." *Women in Management Review* 21, no. 7 (2006): 578–97.

Ury, W. *The Power of a Positive No: How to Say No and Still Get to Yes.* New York: Bantam, 2007.

U.S. Bureau of Labor Statistics. Labor Force Statistics from the Current Population Survey, 2020.

Vaillant, G. E., C. C. McArthur, and A. Bock. *Triumphs of Experience: The Men of the Harvard Grant Study.* Cambridge, MA: Belnap Press, 2012.

Vander Hulst, M. "Long workhours and health." *Scandinavian Journal of Work, Environment & Health* 29, no. 3 (2003): 171–88.

Warner, R. L., and B. S. Steel. "Child rearing as a mechanism for social change: The relationship of child gender to parents' commitment to gender equity." *Gender & Society* 13, no. 4 (1999): 503–17.

Washington, E. L. "Female socialization: How daughters affect their legislator fathers' voting on women's issues." *American Economic Review* 98, no. 1

(2008): 311–32.

Weeden, K. A., Y. Cha, and M. Bucca. "Long work hours, part-time work, and trends in the gender gap in pay, the motherhood wage penalty, and the fatherhood wage premium." *The Russell Sage Foundation Journal of the Social Sciences* 2, no. 4 (2016): 71–102.

Weirup, A., L. Babcock, and T. Cohen. "Gender differences in the response to requests to do non-promotable tasks." Unpublished manuscript, available from authors upon request. 2020.

Weirup, A., L. Babcock, L. Vesterlund, and L. Weingart. "How emotions affect the decision to do non-promotable tasks." Unpublished manuscript, available from authors upon request. 2017.

Wessel, A. "Does having a daughter make fathers more liberal?" Unpublished manuscript. 2020.

Wharton, A. S., and M. Blair-Loy. "Long work hours and family: A cross-national study of employees' concerns." *Journal of Family Issues* 27, no. 3 (2006): 415–36.

Williams, C. L. "The glass escalator: Hidden advantages for men in the 'female' professions." *Social Problems* 39, no. 3 (1992): 253–67.

Williams, J. C., and M. Multhaup. "For women and minorities to get ahead managers must assign work fairly." *Harvard Business Review*, March 5, 2018.

Williams, J. C., M. Multhaup, S. Li, and R. M. Korn. "You can't change what you can't see: Interrupting racial & gender bias in the legal profession." American Bar Association & Minority Corporate Counsel Association (2018).

Williams, J. C., S. Li, R. Rincon, and P. Finn. *Climate control: Gender and racial bias in engineering?*, Center for Worklife Law & Society of Women Engineers (2016).

Williamson, T., C. R. Goodwin, and P. A. Ubel. "Minority tax reform—Avoiding overtaxing minorities when we need them the most." *The New England Journal of Medicine* 384, no. 20 (2021): 1877–79.

Wong, K., A. Chan, and S. C. Ngan. "The effect of long working hours and overtime on occupational health: A meta-analysis of evidence from 1998 to 2018." *International Journal of Environmental Research and Public Health* 16, no. 12 (2019): 2102.

Work Institute, The. 2019 Retention Report.

World Health Organization. "Occupational health: Stress at the workplace." 2020.